Eberhard Schneider

# Das politische System der Russischen Föderation

AF125652

WV studium

Band 187

Eberhard Schneider

# Das politische System
# der Russischen
# Föderation

*Eine Einführung*

2., aktualisierte und
erweiterte Auflage

Westdeutscher Verlag

Die Deutsche Bibliothek – CIP-Einheitsaufnahme
Ein Titeldatensatz für diese Publikation ist bei
Der Deutschen Bibliothek erhältlich.

1. Auflage Juni 1999
2. Auflage April 2001

Der Westdeutsche Verlag ist ein Unternehmen der
Fachverlagsgruppe BertelsmannSpringer.

www.westdeutschervlg.de

Gedruckt auf säurefreiem und chlorfrei gebleichtem Papier.

Umschlaggestaltung: Horst Dieter Bürkle, Darmstadt

ISBN-13:978-3-531-23187-7     e-ISBN-13:978-3-322-80834-9
DOI: 10.1007/978-3-322-80834-9

Für Ingrid

# Inhalt

# Tabellenverzeichnis

# Verzeichnis der Grafiken

# 1     Begriffe und theoretische Konzepte zur politischen Transformation

Bei der Behandlung des neuen politischen Systems der Russischen Föderation stellt sich die Frage, ob es nicht zu früh ist, darüber schon ein Buch zu schreiben, das eine bestimmte Beständigkeit des Untersuchungsgegenstandes voraussetzt. Kann man schon von einem in gewissem Sinne stabilen politischen System Rußlands sprechen, was bedingt, daß die Transformation in wichtigen Bereichen stattgefunden hat und sich zu konsolidieren beginnt? Welche Kriterien können herangezogen werden, um diese Frage zu beantworten?

Nach dem Zusammenbruch der kommunistischen Regime in Mittelost- und Osteuropa vollzieht sich dort eine Transformation, die diese Länder – im Gegensatz zum Nachkriegsdeutschland, wo die Siegermächte diese Aufgabe übernahmen und die deutschen Stellen nur die Ausführenden waren – selbst vornehmen müssen. Diese Transformation umfaßt sowohl das politische als auch das ökonomische System, wodurch das "Dilemma der Gleichzeitigkeit" (Offe 1994: 64) entsteht, denn beide Transformationen bedingen sich gegenseitig. Auf der einen Seite macht erst eine relativ entwickelte Marktgesellschaft Konkurrenzdemokratie als "Verfahren der innerstaatlichen Interessenaustragung und Friedensstiftung"[1] leistungsfähig. Auf der anderen Seite erscheint Demokratisierung als Voraussetzung für wirtschaftliche Liberalisierung (Offe 1994: 68). Deutschland konnte nach dem Zweiten Weltkrieg auf einer Verwaltungs- und Marktwirtschaftstradition aufbauen, auch wenn letztere nach 1939 immer mehr zur Kriegswirtschaft verkommen war. Beides fehlt Rußland. Hinzu kommt, daß Deutschland 1945 zerstört und das alte System militärisch besiegt worden war, während Rußland sich nicht in einer solchen

---

[1]   Offe zitiert Lipset, macht aber leider keine genaue Quellenangabe (Offe 1994: 67).

Nullpunktsituation befand. Im Gegensatz zum Nachkriegsdeutschland, in dem die Siegermächte diese Aufgabe übernahmen
und die deutschen Stellen nur die Ausführenden waren, muß
Rußland die Transformation an sich selbst vornehmen. Zusätzlich
wird der Transformationsprozeß oft durch ethnische Konflikte
belastet. Darüber hinaus stehen nach dem Zusammenbruch des
alten Systems die für die Machtübernahme erforderlichen neuen
Eliten in Rußland nicht zur Verfügung. Und schließlich fehlen
sogar in Ansätzen Elemente einer Zivilgesellschaft, die vermittelnd
zwischen dem alten und dem neuen System wirken könnten.


## 1.1    Begriffe

Zunächst ist eine Begriffsklärung nötig, weil gelegentlich verschiedene Termini zur Bezeichnung ähnlicher Prozesse oder dieselben Begriffe zur Bezeichnung unterschiedlicher Entwicklungen verwendet werden. Gemeint sind die Begriffe "Transition",
"Transformation", "Systemwechsel" und "Systemwandel". "Transition" – abgeleitet vom lateinischen Verb transire – drückt die
Phase des Übergangs von einem alten zu einem neuen Regime
aus (O'Donnel/Schmitter/Whitehead 1986: 6). "Transformation"
ist die vollständige Umwandlung eines Systems in ein anderes,
sozusagen die erfolgreich durchgeführte Transition. "Systemwechsel" ist demnach eigentlich nur ein anderes Wort für "Transformation" (Beyme 1994). Vielleicht drückt der Begriff "Systemwechsel" konsequenter als der Begriff "Transformation" den
erfolgten Austausch des alten durch ein neues System aus. Mit
"Systemwandel" wird dagegen ein Reformprozeß bezeichnet, der
in einem in eine Krise geratenen System durchgeführt wird mit dem
Ziel der Anpassung an die neue Situation, um so das System zu
stabilisieren (Schubert/Tetzlaff/Vennewald 1994). Während also
für einen Systemwechsel der Zusammenbruch des alten Systems
die Minimalvoraussetzung ist, bleibt beim Systemwandel das alte

System erhalten und paßt sich nur an. Diese vier Begriffe stellen gewissermaßen eine Steigerung hinsichtlich der Radikalität der Veränderung dar: Systemwandel, Transition, Transformation, Systemwechsel. Gescheiterter Systemwandel löst Transition aus, die nach einiger Zeit in Transformation übergeht und mit dem Systemwechsel endet.

Wenn von Transition und Transformation gesprochen wird, muß das Ziel der Transition oder der Transformation klar sein, denn tendentia in nihilum est nihilum tendentiae. Die Transformation, die von den ost- und mittelosteuropäischen Ländern im politischen Bereich erhofft wird, ist die Transformation in Richtung Demokratie. Dabei stellt sich die Frage nach den Kriterien, nach denen "Demokratie" definiert werden kann. Folgende sieben Demokratiekriterien wurden formuliert, die angesichts der institutionellen Bandbreite demokratischer politischer Systeme den kleinsten gemeinsamen institutionellen Nenner darstellen:

1. *gewählte Vertreter*, welche die Regierung kontrollieren;
2. *freie Wahlen;*
3. allgemeines *aktives Wahlrecht;*
4. allgemeines *passives Wahlrecht;*
5. *Meinungsfreiheit;*
6. *Informationsfreiheit;*
7. *Vereinigungsfreiheit* (Dahl 1989: 221).

Sie wurden um zwei zusätzliche Merkmale ergänzt:

8. *Dominanz der zivilen Regierung*, also keine Herrschaft des Militärs oder ausländischer Kräfte, und
9. *verfassungsrechtliche Vorkehrungen:* "Sie sollen
   (a) die Durchsetzbarkeit von institutionalisierten Rechten garantieren (unabhängige Gerichtsbarkeit, Einklagbarkeit von Rechten);
   (b) die Änderung der Bedingungen 1 bis 7 der einfachen Mehrheitsentscheidung entziehen und besondere Verfahren zur Änderung von Verfahren institutionalisieren (z.B. qualitative Mehrheiten bei Verfassungsänderungen);

(c) den legislativen und exekutiven Spielraum von Regierun-
gen der Verfassung unterordnen und Institutionen zur effekti-
ven Kontrolle einrichten (Verfassungsgerichtsbarkeit)." (Rüb
1994a: 113)

Diese Merkmalbeschreibungen von Demokratie können folgendermaßen zusammengefaßt werden:

"Ein politisches System zur Herstellung und Durchführung bin-
dender Entscheidungen ist also dann demokratisch, wenn konkur-
rierende kollektive Akteure ihre Normen und Interessen innerhalb
institutionalisierter Regeln durchzusetzen versuchen, der Ausgang
der politischen Konkurrenz unsicher ist und alle verbindlichen
Entscheidungen der politischen Repräsentanten regelmäßig vor
den Staatsbürgern und der Öffentlichkeit zu verantworten sind.
Nicht demokratisch sind dagegen politische Systeme, in denen politische Macht unkontrolliert eingesetzt wird, um die Ergebnisse
von politischen Verfahren im voraus zu bestimmen oder im nachhinein zu korrigieren." (Rüb 1994a: 113)

In diesem Zusammenhang soll auf drei Begriffe hingewiesen
werden, die sich aus der Erforschung des Übergangs von Militär-
diktaturen zu demokratischen Systemen in Südamerika ergeben
haben: "dictablanda", "democradura" und "delegierte Demokratie".

- Mit *"dictablanda"* wird ein hybrides System bezeichnet, das sowohl
  demokratische als auch autokratische Elemente vereint. In diesem Regime hat zwar eine gewisse Liberalisierung stattgefunden, doch ohne
  Demokratisierung. Den Menschen wurden gewisse Rechte zugestanden, ohne sie zu Bürgern einer zivilen Gesellschaft zu machen
  (Schmitter 1994: 59).

- *"Democradura"* ist nach Schmitter zwar eine Demokratie, aber keine
  gefestigte. Umgekehrt wie in der dictablanda gibt es in der democradura Demokratie, aber keine Liberalisierung. Es finden z.B. Wahlen
  statt, aber unter Bedingungen, die den Sieg der Regierungspartei garantieren, indem sie bestimmte sozio-politische Gruppen von der
  Teilnahme an der Wahl ausschließen oder – wenn sie gewählt sind –
  ihnen die Möglichkeit zum Regieren nehmen.

- Von *"delegierter Demokratie"* kann gesprochen werden, wenn Regierungsentscheidungen nicht an die Repräsentationsorgane, sondern an
  den Präsidenten delegiert werden. "Die delegierte Demokratie beruht

auf der Prämisse, daß, wer auch immer die Präsidentschaftswahlen gewinnt, durch diesen Sieg in seinem Sinne regieren kann und lediglich durch die harten Tatsachen existierender Machtverhältnisse und durch die verfassungsmäßig bedingte Wahlperiode beschränkt" wird (O'Dónnel 1994: 59 f.).

## 1.2    Theoretische Konzepte

Der Systemwechsel vollzieht sich in den drei Stufen Liberalisierung, Demokratisierung und Konsolidierung. In der Phase der Liberalisierung versucht das autoritäre Regime, sein politisches System vorsichtig zu öffnen und den Bürgern begrenzte Freiheiten zu gewähren, um die Legitimationsbasis des alten Regimes zu verbreitern und um auf diese Weise an der Macht zu bleiben (Lauth/Merkel 1997: 13). In dieser Phase zerfällt der "herrschende Block" in Reformer und Hardliner (O'Donnel/ Schmitter/ Whitehead 1986: 48). Mißlingt diese Liberalisierung der "semiautoritären" Machtsicherung – wie z.B. unter Gorbatschow –, schließt sich die Phase der Demokratisierung an. Sie beginnt mit der Deinstitutionalisierung des alten Systems und endet mit der Institutionalisierung der Demokratie. Diese Phase ist nach der Durchführung der "Gründungswahlen" zuende und geht dann in die Phase der Konsolidierung der Demokratie über.

Die beim Systemwechsel stattfindenden Transformationsprozesse in *Politik* ("Demokratisierung der politischen Entscheidungsprozesse"), *Wirtschaft* ("Herstellung einer effizienten marktwirtschaftlichen Organisation") und *Gesellschaft* ("Aufbau einer vitalen Zivilgesellschaft") laufen zwar gleichzeitig ab, sind aber von unterschiedlich langer Dauer. Wenn sie gelingen, stabilisieren sie sich gegenseitig. Scheitert allerdings einer dieser drei Transformationsprozesse, "bleiben die Gesellschaften vormodern und die politischen Systeme undemokratisch" (Merkel 1995: 3).

17

Die Transformation vollzieht sich sowohl in der Phase der Demokratisierung als auch der Konsolidierung. Dabei können nach Merkel folgende Ebene unterschieden werden:[2]

1. Die *institutionelle Transformation* umfaßt auf der Makroebene die Herausbildung der zentralen staatlichen Institutionen wie Präsident, Parlament, Regierung und Judikative sowie die Entwicklung eines Wahlsystems. Die rechtliche Verankerung dieser Institutionen erfolgt im Rahmen einer Verfassung, deren Ausfluß das Wahlsystem ist. "Institutions are the rules of the game and organizations are the players." (North 1992: 4) Durch "normative, strukturierende und handlungseingrenzende Vorgaben" wirkt diese institutionelle Transformation, die auf der zentralen Ebene stattfindet, auf die repräsentative Transformation.

2. Die *repräsentative Transformation* auf der Mesoebene beinhaltet die territoriale (durch Parteien) und die funktionale (durch Verbände) Repräsentation der Interessen. Ihr Erfolg entscheidet darüber, wie sich die Normen und Strukturen auf der zentralen Ebene konsolidieren und ob die Verhaltenstransformation erfolgreich sein wird.

3. Die *Verhaltenstransformation* ist erreicht, wenn mächtige Akteure der Mesoebene – z.B. in Rußland das Militär, die Sicherheitsdienste, die Generaldirektoren staatlicher Großbetriebe, die neuen privaten Unternehmer, die Bankiers usw. – ihre Interessen innerhalb der unter 1. und 2. genannten demokratischen Institutionen umzusetzen versuchen und nicht außerhalb von ihnen oder sogar gegen sie. Von diesen drei Transformationen, wenn sie denn erfolgreich verlaufen sind, gehen entscheidende Impulse auf die Herausbildung einer Zi-

---

2  Hier wird im weiteren Merkel gefolgt mit dem Unterschied, daß statt des Begriffs "Konsolidierung" der Begriff "Transformation" verwendet wird (Merkel 1996: 38 f.).

vilgesellschaft aus, die wiederum demokratiestabilisierend wirkt.

4. Mit der Herausbildung einer *Zivil- oder Bürgergesellschaft* als sozio-politischer Unterbau der Demokratie ist die Transformation abgeschlossen. Dieser vierte Transformationsprozeß an der Basis dauert am längsten und wird unter Umständen erst nach einem Generationswechsel abgeschlossen sein. Junge Demokratien können über Dekaden ohne eine entwickelte "civic culture" überleben. Auf der anderen Seite gehen von einer konsolidierten "civic culture" immunisierende Wirkungen gegen Krisen auf der Meso- und der Makroebene aus. Krisenresistent ist eine Demokratie aber erst dann, wenn sich alle vier Transformationen vollzogen haben.

Die Herausbildung eines *Parteiensystems* im Rahmen der *repräsentativen Transformation* kann nach folgenden Kriterien beurteilt werden:

1. Stabilitätsfördernd für das gesamte politische System wirkt sich ein niedriger Fragmentierungsindex aus. Der Fragmentierungsindex[3] mißt die Zersplitterung des Parteiensystems an der Anzahl der Parteien, gewichtet nach ihren Stimmenanteilen bei Wahlen. Wünschenswert erscheint eine nicht zu große Zersplitterung des Parteiensystems.

2. Konsolidierungsvorteile besitzt ferner ein Parteiensystem, wenn keine extreme ideologische Distanz zwischen den relevanten linken und rechten Flügelparteien besteht und wenn es keine Anti-System-Parteien gibt.

3. Eine niedrige bis mittlere Wählerfluktuation wirkt ebenfalls politisch konsolidierend. Allerdings weisen postautoritäre Parteiensysteme in der Transitionsphase eine hohe Wählerfluktuation auf.

---

3 Bildung der Summe der quadrierten Anteile aller Parteien minus 1 (Rae 1968).

Die territoriale Repräsentation der politischen Interessen durch Parteien allein genügt nicht, sondern sie muß durch die funktionale Interessenvermittlung über ein System funktionierender *Verbände* ergänzt werden. Dazu zählen vor allem die Wirtschaftsverbände auf der einen und die Gewerkschaften auf der anderen Seite, die beide über ein "erhebliches Ordnungspotential zur Reduzierung der steuerungspolitischen Unsicherheit" verfügen könnten. Das Verbändesystem soll *inklusiv* und *effizient* sein:

- *inklusiv* ist ein Verbändesystem, wenn die Verbände repräsentativ sind, also nach Möglichkeit das gesamte Feld der Interessen vertreten;
- *effizient* ist ein Verbändesystem, wenn die Verbände kooperativ agieren. Ohne ein "ausdifferenziertes und repräsentatives Verbändesystem sind Gesellschaften weder vor einer etatistischen Suprematie noch vor den sozial-darwinistischen Auswirkungen reiner Marktwirtschaften sicher". Da in Osteuropa das Verbändesystem unterentwickelt ist, wird der Ausgleich über die territoriale Repräsentation versucht. Dies führt zu einer "overparlamentarization" und "overparticipation" (Agh 1995: 251). Dieser Überbelastung ist das sich in Rußland gerade erst entwickelnde Parteiensystem nicht gewachsen.

Die Zivilgesellschaft besteht aus einer Vielzahl pluraler, auf freiwilliger Basis gegründeter Organisationen und Assoziationen. Sie sind im Zwischenbereich von Privatsphäre und Staat angesiedelt. Die Organisationen und Assoziationen der Zivilgesellschaft unterscheiden sich von den Parteien dadurch, daß ihre Akteure sich um politische Angelegenheiten kümmern, ohne nach staatlichen Ämtern zu streben. Sie lassen sich von den Normen der Gewaltfreiheit und der Toleranz leiten (Lauth/Merkel 1997: 16-24).

Die Schlüsselkategorie bei der Stabilisierung eines demokratischen Systems ist dessen *Legitimität*. Dieser Begriff kann, wenn "Legitimität" nicht "normativ-absolut", sondern "wertneutral-relativ" betrachtet wird, folgendermaßen definiert werden: "Legitimität ist der Glaube, daß das Ensemble der existierenden politischen Institutionen und Verfahren besser ist als jede andere Systemalternative. Mit welchen Defekten ein solches System auch behaftet sein mag, es ist legitim, wenn es in der Wahrnehmung der Herrschaftsunterworfenen die am wenigsten schlechte Herrschaftsform darstellt." (Merkel 1996: 52[4])

Die Legitimität eines demokratischen Systems ist nicht statisch, weil sie durch die Legalität und die demokratische Qualität der Verfassungsgebung sowie des Verfassungstextes nicht allein und nicht dauerhaft erzeugt wird, sondern weil sie sich laufend aus unterschiedlichen Quellen nährt. Dabei ist eine spezifische und eine diffuse Unterstützung festzustellen. Die spezifische Unterstützung eines Systems ist aufgrund der Handlungen der Herrschaftsträger und der damit in Verbindung gebrachten Leistungen utilitaristisch motiviert. Umfassender und fundamentaler ist die diffuse Unterstützung, die sich nicht an konkreten Leistungen orientiert und die sogar auch dann noch fortbestehen kann, wenn Bürger einzelne politische Entscheidungen als unliebsam und mit den eigenen materiellen Interessen im Konflikt stehend wahrnehmen.

Posttotalitäre Demokratien erhalten aufgrund der Diskreditierung des autokratischen Vorläufersystems einen gewissen Legitimitätsvorschuß, den sie vermehren oder verspielen können:

"Wird in der Bevölkerung die Verfassungsstruktur als unfair und inadäquat angesehen, fühlen die Bürger ihre Interessen durch das territoriale und funktionale Interessenvermittlungsregime nicht ausreichend vertreten und mündet all dieses in eine negativ wahrgenommene materielle Leistungsbilanz der Regierung (etwa in der Wirtschafts-, Sozialpolitik und der inneren Sicherheit), versiegt die Quelle der diffusen und spezifischen Unterstützung. Ein solches System vermag sich nicht zu konsolidieren." (Merkel 1996: 53)

---

4   Merkel stützt sich bei seiner Definition auf Luhmann (Luhmann 1978: 34) und Lipset (Lipset 1960: 77, bzw. in der deutschen Übersetzung Lipset 1962: 70).

1989 befand sich die Sowjetunion in der Endphase der vom letzten Parteichef der KPdSU, Michail Gorbatschow, eingeleiteten Reformpolitik, mit der er den ersten entscheidenden Schritt auf dem Weg zur Demokratisierung Rußlands unternommen hatte (vgl. dazu: Brown 1996). Gorbatschow hatte bei seiner Amtsübernahme im März 1985 erkannt, daß sich die UdSSR grundlegend reformieren muß, wenn sie überleben will. Mit dem Umbau des Sowjetsystems begann Gorbatschow zuerst in der Wirtschaft. Mit Hilfe der Uskorenije, also der Beschleunigung der wirtschaftlichen Entwicklung, versuchte er, den wirtschaftlichen Niedergang der UdSSR aufzuhalten. Sehr schnell begriff er, daß die Wirtschaft kein isolierter Teil der Gesellschaft ist und daß mehr Offenheit in der Meinungsäußerung und mehr Transparenz der Führungsentscheidungen erforderlich sind. Deshalb führte er die Politik der Glasnost ein. Bald wurde klar, daß in einer immer komplexer werdenden Industriegesellschaft auch eine Reform des politischen Systems erforderlich ist. Diesem Zweck sollte die Politik der Perestrojka dienen. Deshalb wurde auf der 41. Parteikonferenz der KPdSU im Sommer 1988 beschlossen, auch das politische System zu reformieren, und zwar dahingehend, daß der Kongreß der Volksdeputierten als Parlament geschaffen wurde, dessen Mitglieder 1989 aus einer größeren Anzahl von Kandidaten als Mandate zu vergeben waren, geheim gewählt werden konnten. Allerdings stellte die KPdSU eine Liste auf, die keine überzähligen Kandidaten enthielt (vgl. dazu: Sowjetunion 1988. Schneider 1989). Schließlich konnte Gorbatschow durchsetzen, daß die KPdSU ihren in Artikel 6 der Sowjetverfassung verankerten Anspruch im Februar 1990 aufgab, der Kern des sowjetischen politischen Systems zu sein. Sie sollte sich aus den administrativen Organen und Betrieben zurückziehen und sich auf eine rein politische Führungsrolle – in Konkurrenz mit anderen politischen Gruppierungen – beschränken. Schließlich wollte Gorbatschow die KPdSU in eine Art sozialdemokratische Partei umwandeln unter Beibehaltung ihres alten Namens. Diesem Zweck sollte ein neues Parteiprogramm mit wesentlichen sozialdemokratischen Elementen dienen, das 1991 in zwei Entwürfen ausgearbeitet wurde und das auf einem Sonderparteitag Ende 1991 beschlossen werden sollte. Mit Hilfe dieses Programms wollte er die konservativen Kräfte, für die das Programm unannehmbar sein sollte, zwingen, die Partei zu verlassen. Doch dazu kam es nicht mehr.

Die Reaktion des konservativen Teils der KPdSU, des KGB und der Armee ließ nicht lange auf sich warten. Um den Zerfall der KPdSU und der UdSSR zu verhindern, wurde im August 1991 ein weitgehend unblutig verlaufener Putsch gegen Gorbatschow unternommen (vgl. zum Putsch: Gorbatschow 1991. Jelzin 1991. Gorbatschow 1995: 1067-1092). Die Putschisten erreichten nach dem Scheitern des Putsches das Gegenteil von dem, was sie angestrebt hatten: Die KPdSU wurde von Boris Jelzin, der inzwischen am 12. Juni 1991 von der Bevölkerung zum ersten russischen Präsidenten gewählt worden war, verboten. Jelzin hatte – im Gegensatz zu Gorbatschow – erkannt, daß die KPdSU und die UdSSR nicht mehr reformierbar sind.

Nachdem die KPdSU, die nicht nur eine Partei, sondern auch der oberste Wirtschaftsorganisator und die Klammer war, welche die Sowjetrepubliken in der UdSSR zusammenhielt, nicht mehr existierte, konnte die Sowjetunion nicht mehr als Staat weiterbestehen. Auf der konstituierenden Sitzung des neugeschaffenen Staatsrats der UdSSR wurden im Herbst 1991 die drei baltischen Republiken Estland, Lettland und Litauen in die Unabhängigkeit entlassen. Gorbatschows Versuch, mit Hilfe eines neuen Entwurfs des Unionsvertrags die restlichen Sowjetrepubliken zusammenzuhalten, kam zu spät. Bis Ende 1991 erklärten alle verbliebenen Sowjetrepubliken ihre Unabhängigkeit. Am 8. Dezember 1991 gründeten die Staatsoberhäupter der drei slawischen Sowjetrepu-

bliken Rußland, Ukraine und Weißrußland in der Nähe der weiß-
russischen Hauptstadt Minsk die "Gemeinschaft unabhängiger
Staaten" (GUS). Durch diesen Schritt entzog Jelzin Gorbatschow
den rechtlichen Boden für die Ausübung seines Amtes als Präsident der UdSSR, in das Gorbatschow nicht durch eine allgemeine
Wahl gelangt war, sondern das er nur von den Abgeordneten des
Volksdeputiertenkongresses erhalten hatte. Jelzin empfand gegen
Gorbatschow eine tiefe persönliche Abneigung, die aus mehreren
politischen Zusammenstößen mit ihm in früheren Jahre resultierte
und die sich am Schluß zu einer Art Machtkampf auswuchs. Innerhalb der ersten beiden Dezemberwochen 1991 erklärten die
übrigen acht Sowjetrepubliken – außer Georgien – ihre Bereitschaft, der GUS beizutreten, die formell am 21. Dezember 1991
in der kasachischen Hauptstand Alma-Ata in ihrer endgültigen
Form erfolgte.

Nachdem es die KPdSU zur Organisierung der Planwirtschaft
nicht mehr gab, mußte am 2. Januar 1992 in Rußland sofort mit
der Einführung der Marktwirtschaft begonnen werden, wenn man
nicht einen völligen Zusammenbruch der gesamten Wirtschaft
riskieren wollte. Zu diesem Zweck wurden zuerst die Preise freige-
geben, ohne die anderen Elemente einer Marktwirtschaft, die
Privatisierung und die soziale Abfederung der Preisfreigabe, durchzuführen.

Zugleich bildete Jelzin eine Verfassungskommission unter
seinem Vorsitz, welche die Aufgabe hatte, eine neue Verfassung
auszuarbeiten. Aber alle Verfassungsentwürfe scheiterten an der
kommunistischen Mehrheit des 1990 gewählten russischen
Volksdeputiertenkongresses. Der einzige Weg, den Jelzin auf dem
Weg zur Demokratisierung beschreiten konnte, bestand in der
Änderung der noch aus dem Jahr 1978 stammenden und auf sowjetische Art konzipierten russischen Verfassung. Insgesamt
wurde diese Verfassung mehr als 300 mal geändert. Auf diese
Weise entstanden Widersprüche in der Verfassung. Diese waren
insofern von politischer Bedeutung, als der Nachfolger Jelzins im

Amt des Parlamentspräsidenten, den er dem Parlament vorgeschlagen hatte, aus persönlichem Ehrgeiz 1992 und 1993 zu seinem erbittertsten Gegner wurde: Ruslan Chasbulatow. Er vertrat die Interessen der ehemaligen Ideologiesekretäre und Apparatschiks der KPdSU, die im neuen System keine Zukunft hatten. Der Machtkampf wurde hauptsächlich mit dem Instrument der Verfassungsänderungen ausgetragen. Weil das Abstimmungsverhalten des russischen Volksdeputiertenkongresses sehr wechselhaft war, gelang es mal Jelzin, sich neue exekutive Kompetenzen zu sichern, mal Chasbulatow, Jelzin diese wieder abzunehmen. Präsident und Volksdeputiertenkongreß/Chasbulatow blockierten sich politisch gegenseitig. Der Präsident konnte verfassungsrechtlich das Parlament nicht auflösen, und das Parlament erreichte bei Abstimmungen nicht die qualifizierte Mehrheit, um den Präsidenten abzusetzen.

Nachdem Jelzin im April 1993 in einem Referendum, das der Volksdeputiertenkongreß mit allen Mitteln verhindern wollte, die Zustimmung der Mehrheit der Wähler zu seiner Person und zu seiner Politik erhalten hatte, wagte er am 21. September 1993 den entscheidenden Schritt: Unter Verletzung des Textes der damaligen Verfassung löste er den Volksdeputiertenkongreß auf und setzte für den 12. Dezember 1993 Wahlen zu einem neuen Zwei-Kammer-Parlament an, zur Staatsduma und zum Föderationsrat. Zugleich ordnete er für diesen Tag ein Referendum über eine neue Verfassung an, in deren Rahmen das neue Parlament arbeiten sollte.

Die Gegner Jelzins weigerten sich nach Auflösung des Volksdeputiertenkongresses, das damalige Parlamentsgebäude, das Weiße Haus, zu räumen. Trotz der Blockade des Gebäudes gelang es den Insassen, durch unterirdische Gänge ihr in den Wochen vorher angelegtes Waffenarsenal zu vergrößern, so daß sie am 3. Oktober 1993 den gewaltsamen Ausbruch wagen konnten. Sie stürmten das Gebäude des Moskauer Oberbürgermeisters und das Fernsehzentrum, bei dem es die ersten Toten gab. Erst nach Stunden gelang es Jelzin, das Militär zu überreden einzugreifen. Am nächsten Tag schossen aus der Umgebung Moskaus über Nacht herangeholte Panzer das Weiße Haus in Flammen. Nachdem es viele Tote gegeben hatte, gaben die Gegner Jelzins auf und wurden verhaftet (vgl. dazu: Jelzin 1994). Im Februar 1994 beschloß die Staatsduma eine Amnestie für die Putschisten, obwohl teilweise die Prozesse noch gar nicht stattgefunden hatten und verzichtete auf eine Untersuchung der von Jelzin angeordneten militärischen Aktionen. Am Referendum am 12. Dezember 1993 beteiligte sich etwas mehr als die erforderliche Mehrheit der Bevölkerung, die der neuen, der ersten demokratischen Verfassung Rußlands, mehrheitlich zustimmte. Zugleich wurden die 450 Abgeordneten der Staatsduma gewählt.

### 1.4 Anwendung der Transformationstheorie auf Rußland

Werden die genannten Begriffe und Konzepte auf Rußland angewandt, wird gelegentlich von *democradura*, also der nicht gefestigten Demokratie gesprochen (Beichelt 1996: 607). Tatsächlich kann dies mit Blick auf die Staatsdumawahlen von 1993 und 1995 jedoch nicht gesagt werden, denn bei diesen Wahlen siegte jeweils die Opposition: 1993 die "Kommunistische Partei der Russischen Föderation" (KPRF) und die "Liberal-demokratische Partei Rußlands" (LDPR), 1995 die KPRF. Die Siegerparteien bildeten nicht die Regierung, weil die russische Verfassung dies nicht vorsieht – nicht aber, weil sie jemand daran gehindert hätte. Die Regierung wird nicht von den Parteien mit Parlamentsmehrheit gestellt, sondern vom Präsidenten als eine Art Technokratenkabinett, bei dessen personeller Zusammensetzung auch der eine oder andere Oppositionspolitiker berücksichtigt wurde.

Gelegentlich wird Rußland als *delegierte Demokratie* bezeichnet (Brie 1996: 143-178). Dies entspricht wohl eher der

russischen Realität. Aber es trifft nicht zu, daß alle Regierungsentscheidungen an den Präsidenten delegiert sind und daß Parlament und Regierung politisch überhaupt keine Rolle spielen. Der
Präsident ist in wichtigen Fragen an die Zustimmung der Staatsduma gebunden, z.B. bei der Ernennung des Regierungschefs.

Der demokratische Entwicklungsstand Rußlands läßt sich
präziser an den dargestellten *Transformationsstufen* institutionelle,
repräsentative, verhaltensmäßige Transformation, Herausbildung
von Zivilgesellschaft messen. Mit der Präsidentenwahl im Sommer 1996 wurde die institutionelle Transformation Rußlands von
einem staatskommunistischen in einen demokratischen Staat
durch die Bildung der zentralen Verfassungsorgane und die Entwicklung eines Wahlsystems auf der Grundlage einer demokratischen Verfassung abgeschlossen.

Wie diese Transformation auf der zentralen Ebene inhaltlich
gestaltet wird, hängt auch vom Ausmaß eines echten Elitenwech-
sels – nicht eines formalen im Sinne einer Elitenzirkulation – ab.
Tatsache ist, daß sich dieser Elitenwechsel bisher nicht im erforderlichen Umfang vollzogen hat. Dies ist nicht verwunderlich, da
neue Eliten zunächst nicht zur Verfügung standen. Weiter kommt
es darauf an, daß die repräsentative und die Verhaltenstransformation Fortschritte machen und daß sich allmählich eine Zivilgesellschaft entwickelt. Ob die Transformation in Rußland gelingt, hängt
letztlich von den sozialen Strukturen, vom Ausmaß des Wandels
der Wirtschaft sowie deren Wachstumsraten und schließlich von
der Dimension der kulturellen Prozesse in den Bereichen der politischen Sozialisation ab (Schmitter 1995: 48).

# 2    Die neue Verfassung von 1993

## 2.1    Entstehung

Das politische System eines demokratischen Staates hat als Rechtsgrundlage seine Verfassung. An einer neuen Verfassung Rußlands wurde schon bald nach den Wahlen zum Volksdeputiertenkongreß der Russischen Sozialistischen Föderativen Sowjetrepublik (RSFSR) im Frühjahr 1990 gearbeitet. Zu diesem Zweck bildete er am 9. Juni 1990 eine Verfassungskommission, die der damalige Vorsitzende des Obersten Sowjet der RSFSR, Boris Jelzin[5], leitete. Die laufende Tätigkeit der 102 Deputierte zählenden Kommission leitete tatsächlich nicht Jelzin, der als Parlamentsvorsitzender dafür keine Zeit hatte, sondern deren Sekretär Oleg Rumjanzew (Trautmann 1995: 85).

### 2.1.1    Die ersten beiden Entwürfe der Verfassungskommission

Im August 1990 wurde der erste Verfassungsentwurf vorgelegt, zu dem über 10.000 Änderungsvorschläge der Bevölkerung eingingen und zu deren Erfassung das automatisierte Informationssystem "Konstituzija" entwickelt wurde (Trautmann 1995: 86). Nach der Einarbeitung von Änderungsvorschlägen und Ergänzungen verschiedener Gruppen und Institutionen wurde dieser erste Entwurf in einer überarbeiteten Fassung am 12. November 1990 veröffentlicht[6]. Im Januar 1991 sollte er vom Volksdeputiertenkongreß bestätigt werden, doch seine Behandlung wurde nicht einmal auf die Tagesordnung des Parlaments gesetzt. Dieser Entwurf sah nämlich ein starkes Parlament vor, das Jelzin nun

---

5    Das Präsidentenamt sah die damalige Verfassung noch nicht vor.
6    Argumeny i fakty [Argumente und Fakten], 47 (12.11.), 1990.

nicht mehr gefiel. Jelzin wollte dem Beispiel Michail Gorbatschows folgen, der in die damalige sowjetische Verfassung das Amt eines starken Präsidenten eingeführt hatte, und versuchte, in die neue russische Verfassung ebenfalls das Präsidentenamt einzuführen. Da er das mittels einer neuen Verfassung aus zeitlichen Gründen nicht mehr erreichen konnte, wurde in die noch aus Sowjetzeiten stammende Verfassung der RSFSR von 1978 das Amt eines Präsidenten auf Kosten des Amtes eines Parlamentspräsidenten "implantiert". Auf der Grundlage dieser Verfassungsänderung wurde Jelzin am 12. Juni 1991 zum ersten russischen Präsidenten direkt gewählt. Auch der zweite, von der Verfassungskommission im Oktober 1991 veröffentlichte Entwurf wurde ebenfalls nicht vom Volksdeputiertenkongreß behandelt.[7]

### 2.1.2    *Der dritte Entwurf der Verfassungskommission*

Schließlich fand sich der Volksdeputiertenkongreß im April 1992 bereit, den dritten von der Verfassungskommission ausgearbeiteten Entwurf auf die Tagesordnung zu setzen. Dieser Entwurf war hauptsächlich von Sergej Schachraj, dem damaligen Vorsitzenden des Komitees des Obersten Sowjet für Gesetzgebung, und von Oleg Rumjanzew, dem Sekretär der Verfassungskommission, erarbeitet worden. Die Fraktion "Kommunisten Rußlands" des Volksdeputiertenkongresses legte den Abgeordneten einen alternativen Entwurf vor. Ein weiterer alternativer Entwurf stammte von der "Russischen Demokratischen Bewegung" und war hauptsächlich von Sergej Aleksejew, dem ehemaligen Vorsitzenden des Komitees für Verfassungskontrolle der UdSSR – dem Vorläufer des späteren Verfassungsgerichts –, und von Anatolij Sobtschak, dem damaligen Oberbürgermeister von St. Petersburg, entwickelt worden.

---

7    Interview von Rumjanzew, in: Megapolis-Ekspress, 19 (19.5.), 1993.

Hauptstreitpunkt in der Debatte über den Verfassungsentwurf war die Frage der Personalunion von Präsident und Regierungschef. Nach dem Entwurf der Verfassungskommission leitet der Präsident die Tätigkeit der Regierung (Art. 98).[8] Der alternative Verfassungsentwurf von Aleksejew und Sobtschak kannte eine solche Regelung nicht.[9] Diese "Vermischung der Funktion des Staatsoberhaupts mit der Exekutivgewalt" lehnte Sobtschak ab.[10]

Ursprünglich hatte Jelzin vor, dem Volksdeputiertenkongreß einen eigenen Verfassungsentwurf mit noch weitergehenden Präsidialvollmachten vorzulegen. In seiner Rede am 7. April 1992 drohte er damit, daß die Einführung eines "parlamentarischen Republiktyps mit einer dekorativen Präsidialmacht" dem vom Volk gewählten Reformkurs widersprechen würde: "Dies kann das Land in chaotische Fehden und politische Konflikte stürzen und dem regionalen Separatismus den Weg bereiten." Die endgültige Entscheidung über die Verfassung müsse einem Referendum überlassen werden.[11] Dazu waren die Unterschriften von einem Drittel der Deputierten (352) oder von einer Million Wählerinnen und Wähler erforderlich. Die "Russische Demokratische Bewegung" forderte dagegen ein Referendum über die Auflösung des Volksdeputiertenkongresses und die Wahl einer Verfassunggebenden Versammlung.

---

8  Konstitucija Rossijskoj Federacii. Proekt. [Verfassung der Russischen Föderation. Entwurf] Moskau 25.3.1992. Wörtlich übersetzt müßte es "Rußländische Föderation" heißen. Mit dem Wort "Rußländisch" soll ausgedrückt werden, daß die 21 Republiken der Föderation, die nach nicht-russischen Völkern benannt sind, mitgemeint sind. Da aber das Wort "Rußländich" im Deutschen nicht gut klingt, wird der gängige Begriff "Russisch" verwendet.

9  Rossijskoe Dviženie Demokratičeskich Reform [Russische Bewegung für demokratische Reformen] (Hrsg.), Konstitucija Rossijskoj Federacii (Proekt). [Verfassung der Russischen Föderation. (Entwurf)] Moskau 1992, S. 23-26. Deutsch, in: Traut 1994: 116-154.

10 Nezavisimaja gazeta [Unabhängige Zeitung], 28.3.1992. Izvestija [Nachrichten], 28.3.1992.

11 Radio Rußland, ITAR-TASS, 7.4.1992.

Schachraj begründete die Notwendigkeit einer Präsidialrepublik zusätzlich mit der Multinationalität der Russischen Föderation. Die Präsidialrepublik sei die beste Verkörperung einer einigenden Form von Staatlichkeit.[12] Am Ende der Tagung des Volksdeputiertenkongresses wurde die Verabschiedung der neuen Verfassung auf die nächste Sitzung des Volksdeputiertenkongresses im Herbst 1992 verschoben. Bestätigt wurde vom Volksdeputiertenkongreß lediglich die "allgemeine Konzeption" des Verfassungsentwurfs mit 664 Ja- bei 139 Nein-Stimmen.

1992 spitzte sich der Machtkampf zwischen Jelzin auf der einen Seite und dem Volksdeputiertenkongreß unter dessen Vorsitzendem Ruslan Chasbulatow auf der anderen Seite zu. Hierbei ging es im wesentlichen um die Frage, ob der Präsident oder der Volksdeputiertenkongreß das oberste Machtorgan Rußlands ist. Beide einigten sich auf den Kompromiß, über die wesentlichen Bestimmungen des Verfassungsentwurfs am 11. April 1993 ein Referendum durchzuführen. Mitte März 1993 lehnte der Volksdeputiertenkongreß auf einmal die Durchführung eines solchen Referendums ab. Statt dessen beschloß er, die Verfassungsreform nach dem in der Verfassung vorgesehenen Verfahren durchzuführen.[13] Danach wird die Verfassung geändert oder eine neue Verfassung verabschiedet mit einer Zweidrittelmehrheit der Gesamtzahl der Deputierten des Volkskongresses (Art. 185 der damaligen russischen Verfassung). Präsident, Oberster Sowjet und die Verfassungskommission haben sich innerhalb von drei Monaten auf einen Entwurf der grundlegenden Bestimmungen einer neuen Verfassung zu einigen.

---

12  Trud [Arbeit], 10.4.1992.
13  Rossijskaja gazeta [Russische Zeitung], 13.3.1993.

Um in der Verfassungsfrage voranzukommen, berief Jelzin eine in der damaligen russischen Verfassung nicht vorgesehene Verfassungskonferenz für den 5. Juni 1993 nach Moskau ein[14], die sich folgendermaßen zusammensetzte[15]:

1. Gruppe mit 162 Personen: 95 Volksdeputierte und Mitglieder der Verfassungskommission, 50 Vertreter des Präsidenten und der Regierung, 14 Vertreter der Fraktionen des Obersten Sowjet und 3 Vertreter der Akademie der Wissenschaften der Russischen Föderation;

2. Gruppe mit 352 Personen: 176 Leiter der repräsentativen und der exekutiven Organe der Republiken, Regionen, Gebiete, Autonomen Gebiete, Autonomen Kreise sowie der Städte Moskau und St. Petersburg und 176 Experten;

3. Gruppe mit 26 Vertretern der örtlichen Selbstverwaltung;

4. Gruppe mit 176 Personen: darunter 100 Vertreter der politischen Parteien, gesellschaftlichen Bewegungen, Jugend- und sonstiger gesellschaftlicher Organisationen, 58 Gewerkschaftsvertreter sowie 17 Vertreter der Konfessionen;

5. Gruppe mit 46 Unternehmern.

Die Verfassungskonferenz verlief in mehreren Etappen: Während der ersten Etappe tagte sie vom 5. Juni 1993 bis zur Verabschiedung des Verfassungsentwurfs am 12. Juli 1993 abwechselnd als Plenarsitzung und in fünf Arbeitsgruppen.[16] In der

---

14 Dekret Jelzins "O sozyve Konstitucionnogo soveščanija i soveršenii podgotovki proekta Konstitucii Rossijskoj Federacii" ["Über die Einberufung der Verfassungskonferenz und über die Verbesserung der Vorbereitung des Verfassungsentwurfs der Russischen Föderation"] vom 20.5.1993, in: Sobranie aktov Prezidenta i Pravitel'stva Rossijskoj Federacii [Sammlung der Akten des Präsidenten und der Regierung der Russischen Föderation], Nr. 21, 1993, Pos. 1903.

15 Bericht von Sergej Filatow auf der Eröffnungssitzung der Verfassungskonferenz am 5.6.1993.

16 Nachrichtenagentur "ITAR-TASS", 16.6.1993.

zweiten Etappe wurde der Verfassungsentwurf in den Regionen und am 14./15. August 1993 zusammen mit Jelzin in der karelischen Hauptstadt Petrosawodsk diskutiert. Die abschließende Plenarsitzung im September 1993 kam allerdings nicht zustande.

Der Verfassungskonferenz wurde anfangs ein neuer, von Jelzins Arbeitskommission ausgearbeiteter Verfassungsentwurf vorgelegt[17], zu dem die 15 Republiken 2.200 Änderungsvorschläge eingereicht hatten. Der Entwurf der Verfassungskommission[18] wurde auf der Verfassungskonferenz nicht zur Diskussion gestellt. Erst einige Tage später wurde er zugelassen, aber nur in dem Sinne, daß er für Änderungen des Präsidentenentwurfs verwendet werden konnte.

In den fünf Arbeitsgruppen der Verfassungskonferenz, die mit den Teilnehmergruppen identisch waren, gab man die Änderungsvorschläge an die von Jelzins Apparat gestellten Leitungen der Arbeitsgruppen in den Sitzungsräumen. Diese Leitungen übergaben die Vorschläge einem anderen Teil der Leitungen außerhalb der Sitzungsräume, der über die Vorschläge entschieden. Auf der einen Seite wurden auf diese Weise ähnliche Änderungsvorschläge zusammengefaßt und unsinnige oder sich widersprechende ausgesondert. Auf der anderen Seite bot ein solches Vorgehen aber auch Möglichkeiten zur Manipulation der Verfassungsdiskussion. Von den vielen Änderungsvorschlägen, die in einer mehrbändigen Vorlage zusammengestellt wurden, wurden nur wenige akzeptiert.[19] Dann wurde auf den Arbeitsgruppensitzungen jeder Vorschlag aufgerufen. Es mußten mindestens fünf Stimmen für ihn abgegeben werden, damit er im Plenum disku-

---

17  Text, in: Izvestija [Nachrichten], 24.6.1996. Deutsch, in: Traut 1994: 307-340.

18  Rossijskaja gazeta [Russische Zeitung], 8.5.1993.

19  Svodnaja tablica obobščennych popravok k proektu novoj Konstitucii (Osnovnogo Zakona) Rossijskoj Federacii. Svodnaja tablica zamečanij i predloženij po proektu novoj Konstitucii (Osnovnogo Zakona) Rossijskoj Federacii [Aufstellung ausgewählter Änderungsvorschläge zum neuen Verfassungsentwurf (Grundgesetz) der Russischen Föderation]. Moskau 1993.

tiert werden konnte. Jeder Diskussionsteilnehmer hatte zwei Minuten Redezeit. Der Vorschlag galt vom Plenum als angenommen, wenn bei der Abstimmung mindestens 50 % der Teilnehmer für ihn votierten.

Die vom Plenum gebilligten Änderungsvorschläge der fünf Arbeitsgruppen wurden in den Verfassungsentwurf eingearbeitet, über den am Ende der ersten Etappe der Verfassungskonferenz am 12. Juli 1993 abgestimmt wurde. 500 Vorschläge seien – so Jelzin in seinem Referat[20] – in den Verfassungsentwurf einbezogen worden. Nicht ein einziger Artikel sei unberührt geblieben. 433 der 585 an der Abstimmung teilgenommenen Mitglieder der Verfassungskonferenz votierten für den Verfassungsentwurf (= 74,0 %), 62 waren dagegen (= 10,6 %) und 63 enthielten sich der Stimme (= 10,7 %).

Im Mittelpunkt der Diskussion einer neuen Verfassung standen drei Hauptstreitpunkte, die im am 12. Juli 1993 von der Verfassungskonferenz beschlossenen Verfassungsentwurf[21] folgendermaßen geregelt wurden:

1. Die Macht des Präsidenten: Jelzin kann die in seinem zu Beginn der Verfassungskonferenz vorgelegten Entwurf fixierten Rechte für den Präsidenten weitgehend erhalten: Der Volksdeputiertenkongreß wird abgeschafft. An seine Stelle tritt als neues Parlament die Föderalversammlung, die für vier Jahre gewählt wird und die aus zwei Kammern besteht: aus der Staatsduma mit 400 Mitgliedern und dem Föderationsrat mit zwei Abgeordneten pro Föderationssubjekt (Art. 93-95). Der ebenfalls auf vier Jahre gewählte Präsident schlägt der Staatsduma den Regierungschef sowie den Zentralbankpräsidenten zur Bestätigung vor und dem Föderationsrat die Kandidaten für die höchsten Richterämter (Art. 83 f). Wenn die

---

20  Nachrichtenagentur "ITAR-TASS", 12.7.1993. Izvestija [Nachrichten], 13.7.
    1993.
21  Izvestija [Nachrichten], 16.7.1993. Deutsch, in: Traut 1994: 341-380.

Staatsduma den vom Präsidenten vorgeschlagenen Kandidaten für das Amt des Regierungschefs dreimal abgelehnt hat, kann der Präsident die Staatsduma auflösen (Art. 111). Über den Zeitpunkt der Ausschreibung von Neuwahlen macht der Verfassungsentwurf keine Aussage. Unter Umständen könnte der Präsident für längere Zeit darauf verzichten, Neuwahlen auszuschreiben, und ohne Parlament regieren. Die Regierungsmitglieder werden vom Präsidenten ernannt und bedürfen nicht der Zustimmung des Parlaments (Art. 83 e). Allerdings ist der Präsident nicht mehr Chef der Exekutive. Sollte die Staatsduma der Regierung das Mißtrauen aussprechen, kann der Präsident entweder das Kabinett entlassen oder die Staatsduma auflösen (Art. 116). Der Präsident hat auch das Recht, ein Referendum anzuordnen (Art. 84).

2. Das Verhältnis der Föderationssubjekte zur Zentrale: Die Republiken erhalten das Recht auf Souveränität, eigene Staatsbürgerschaft und eigene Staatssprache (Art. 5, 6, 68). Allerdings sorgen andere Verfassungsbestimmungen dafür, daß sich aus diesen Rechten kein Sonderstatus der Republiken ableiten läßt und daß alle Bürger der Russischen Föderation auf dem gesamten Staatsgebiet die gleichen Rechte behalten (Art. 6). Von den entscheidenden Wirtschaftszuständigkeiten verbleiben in alleiniger Kompetenz der Zentrale: die Festlegung der rechtlichen Grundlagen eines einheitlichen Marktes, die Regelung des Finanz-, Währungs-, Kredit- und Zollwesens, die Geldemission, die Grundsätze der Preispolitik, Außenwirtschaftsbeziehungen, die föderalen Energie- und Transportsysteme, die Verkehrswege sowie das Informations- und Kommunikationswesen (Art. 71).

3. Unterschiedlicher Status der Föderationssubjekte: Die nicht gleichrangige Untergliederung der Russischen Föderation mit abgestuften Selbständigkeitsgraden wurde beibehalten: 21 Republiken, 6 Regionen, 49 Gebiete, Moskau und St. Peters-

burg als Städte mit föderaler Bedeutung, das Jüdische Autonome Gebiet und 10 Autonome Kreise (Art. 65).

Am 8. September 1993 bildete Jelzin eine 15köpfige Arbeitsgruppe unter Leitung von Nikolaj Rjabow, die den von der Verfassungskonferenz verabschiedeten Verfassungsentwurf mit dem von der Verfassungskommission der Russischen Föderation erarbeiteten Verfassungsentwurf in Einklang bringen sollte. Am 11. Oktober 1993 faßte Jelzin die fünf Teilnehmergruppen der Verfassungskonferenz zu zwei Kammern zusammen: die ersten beiden Teilnehmergruppen zur staatlichen und die anderen drei Teilnehmergruppen zur gesellschaftlichen Kammer.[22] Der Staatlichen Kammer der Verfassungskonferenz mit 250 Mitgliedern, deren Tätigkeit von Boris Solotuchin und Aleksandr Maksimowitsch Jakowlew koordiniert wurde, gehörten an: je zwei Vertreter der Föderationssubjekte, Regierungsvertreter, Mitglieder der oben erwähnten und am 8. September vom Präsidenten gebildeten Arbeitsgruppe zur Verfassungsreform und Vertreter der Gesetzgebungs- sowie der Menschenrechtskommission beim Präsidenten, die aus ehemaligen Volksdeputierten bestand. Die Gesellschaftliche Kammer der Verfassungskonferenz unter Koordination des St. Petersburger Oberbürgermeisters Anatolij Sobtschak setzte sich aus Vertretern der vom russischen Justizministerium registrierten Parteien, Bewegungen und gesellschaftlichen Organisationen, der Unternehmerverbände, der religiösen Konfessionen, der Verbände der örtlichen Selbstverwaltungen sowie der gesamtrussi-

---

22 Rasporjaženie Prezidenta Rossijskoj Federacii "Ob obrazovanii Gosudarstvennoj palaty Konstitucionnogo soveščanija". Rasporjaženie Prezidenta Rossijskoj Federacii "Ob utverždenii Položenija ob Obščestvennoj palate Konstitucionnogo soveščanija" [Verordnung des Präsidenten der Russischen Föderation "Über die Bildung der Staatlichen Kammer der Verfassungsversammlung". Verordnung des Präsidenten der Russischen Föderation "Über die Bestätigung der Verfügung über die Gesellschaftliche Kammer der Verfassungsversammlung"], in: Sobranie aktov Prezidenta i Pravitel'stva Rossijskoj Federacii [Sammlung der Akten des Präsidenten und der Regierung der Russischen Föderation], Nr. 42, 1993, Pos. 3999.

schen Gewerkschaften zusammen. Aufgabe dieser beiden Kammern war die Ausarbeitung von Vorschlägen zur Ergänzung und Änderung des Verfassungsentwurfs.

Zum Schluß überarbeitete Jelzin noch selbst den Entwurf. Eine Reihe gefährlicher Bestimmungen sei – so Jelzin – aus dem Entwurf entfernt worden, die vom früheren Obersten Sowjet aufgezwungen worden seien. Deutlich erschwert wurde – weiter nach Jelzin – die Verfahrensweise für die Änderung der Verfassung. Ferner habe der Verfassungsentwurf auch eine ausländische (welche wurde leider nicht mitgeteilt) Begutachtung durchlaufen.[23] Am 10. November 1993 wurde schließlich der Entwurf der neuen russischen Verfassung veröffentlicht[24], dem die Bevölkerung bei einem Referendum[25] am 12. Dezember 1993 mit einer relativ knappen Mehrheit von 58,4 % bei einer Beteiligung von 54,8 % zustimmte.

Die Vorwürfe von Manipulationen hinsichtlich der Referendumsbeteiligung durch führende russische Wahlforscher als Ergebnis ihrer Nachprüfungen (Sobjanin/Suchovolskij 1995) wurden nie ausgeräumt, weil letztlich keine politische Seite daran ein Interesse hatte. Denn eine geringere als die als Minimum erforderliche Referendumsbeteiligung von 50 % hätte bedeutet, daß das Verfassungsreferendum rechtlich nicht zustande kam und daß die alte über 300 mal geänderte und in sich widersprüchliche Verfassung der RSFSR von 1978 weiterhin gilt.

---

23 Jelzin in seiner Rede am 9.11.1993 im Russischen Fernsehen, abgedruckt in: Rossijskaja gazeta [Russische Zeitung], 10.11.1993.

24 Izvestija [Nachrichten], 10.11.1993.

25 Ukaz Prezidenta Rossijskoj Federacii "O provedenii vsenarodnogo golosovanija po proektu Konstitucii Rossijskoj Federacii" [Dekret des Präsidenten der Russischen Föderation "Über die Durchführung der außerordentlichen Abstimmung über den Verfassungsentwurf der Russischen Föderation"], in: Sobranie aktov Prezidenta i Pravitel'stva Rossijskoj Federacii [Sammlung der Akten des Präsidenten und der Regierung der Russischen Föderation], Nr. 42, 1993, Pos. 3995.

## 2.2    Verfassungsaufbau

Die neue Verfassung von 1993[26] ist folgendermaßen gegliedert:
- *Präambel,*
- *Erster Abschnitt:*
- Kapitel 1 –    Grundlagen der Verfassungsordnung
  (Artikel 1-16),
- Kapitel 2 –    Rechte und Freiheiten des Menschen und
  Bürgers (Artikel 17-64),
- Kapitel 3 –    Föderativer Aufbau (Artikel 65-79),
- Kapitel 4 –    Der Präsident der Russischen Föderation
  (Artikel 80-93),
- Kapitel 5 –    Die Föderalversammlung (Artikel 94-109),
- Kapitel 6 –    Die Regierung der Russischen Föderation
  (Artikel 110-117),
- Kapitel 7 –    Die Judikative (Artikel 118-129),
- Kapitel 8 –    Die örtliche Selbstverwaltung
  (Artikel 130-133),
- Kapitel 9 –    Verfassungsänderungen und Revision der
  Verfassung (Artikel 134-137).
- *Zweiter Abschnitt:* Schluß- und Übergangsbestimmungen.

Bemerkenswert an der neuen Verfassung – im Gegensatz zu den bisherigen Verfassungen – ist, daß die Rechte und Freiheiten des Menschen und Bürgers den übrigen Verfassungskapiteln über den Staatsaufbau vorangestellt sind. Für die Dauer der ersten Legislaturperiode der ebenfalls am 12. Dezember 1993 gewählten Staatsduma galten die Schluß- und Übergangsbestimmungen. Sie verkürzten u.a. die erste Legislaturperiode wohl deshalb auf zwei Jahre, um mögliche, für die Demokratisierung ungünstigen Kräfteverhältnisse in der ersten Staatsduma schneller wieder ändern zu können. Die Sonderbestimmungen sahen ferner vor, daß die Mitglieder des Föderationsrats auch gewählt werden, daß die Inhaber

---

26  Rosijskaja gazeta [Russische Zeitung], 25.12.1993. Deutsch, in: Osteuropa-Recht, Nr. 4, 1994, S. 296-325 oder in: Frenzke 1994 oder Frenzke 1995: S. 270-317.

von Regierungsämtern zugleich Abgeordnete sein dürfen und daß alle bisherigen Gesetze weiterhin gelten, sofern sie nicht der neuen Verfassung widersprechen.

## 2.3 Änderungsmöglichkeiten

Für die politische Stabilität der Russischen Föderation ist wichtig, daß sich eine Situation wie im zweiten Halbjahr 1992 und im ersten Halbjahr 1993 nicht wiederholt. Damals kam es zum Machtkampf zwischen dem Präsidenten und dem Volksdeputiertenkongreß, der mit Hilfe der damaligen Verfassung durchgeführt wurde, indem der dem Präsidenten feindlich gesonnene Volksdeputiertenkongreß unter Leitung von Ruslan Chasbulatow dem Präsidenten ständig Vollmachten aberkannte. Deshalb wurden in die neue Verfassung von 1993 zusätzlich Hürden eingebaut, die eine Änderung der essentiellen Artikel der Verfassung erschweren.

Um die grundlegenden Artikel der Verfassung (Kapitel 1, 2 und 9) besonders zu schützen, wurden für ihre Änderung in Artikel 135 zusätzliche Hürden errichtet, die dazu führen, daß diese Artikel vom Parlament nicht revidiert werden können. Eine ähnliche Schutzbestimmung ist im Grundgesetz enthalten.[27] Die bedeutungsvollsten Artikel der neuen russischen Verfassung können praktisch nur auf dem Wege der Verabschiedung einer neuen Verfassung geändert werden. Ein Antrag auf Revision dieser besonders geschützten Artikel muß von drei Fünfteln der Stimmen

---

27 Der Artikel 79 des Grundgesetzes legt in Absatz 3 fest, daß eine Änderung des Grundgesetzes, durch welche die Gliederung des Bundes in Länder, die grundsätzliche Mitwirkung der Länder bei der Gesetzgebung oder die in Artikel 1 (Unantastbarkeit der Menschenwürde und Grundrechtsbindung der staatlichen Gewalt) und 20 niedergelegten Grundsätze (Grundlagen der staatlichen Ordnung und das Widerstandsrecht) aufgehoben werden, unzulässig ist. Die übrigen Grundrechte (Art. 2 bis 19) werden im zweiten Absatz des Artikels 19 geschützt, der verbietet, daß ein Grundrecht in seinem Wesensgehalt angetastet wird.

der Gesamtzahl der Abgeordneten des Föderationsrats und der Staatsduma unterstützt werden. Dann muß eine Verfassungsversammlung einberufen werden, die entweder die bestehende Verfassung bestätigt oder eine neue Verfassung ausarbeitet. Diese neue Verfassung muß von zwei Dritteln aller Mitglieder der Verfassungsversammlung verabschiedet werden.

Der andere Weg zur Annahme einer neuen Verfassung wäre die Durchführung eines Referendums. Die Verfassung gilt als angenommen, wenn sich mehr als die Hälfte der Wahlberechtigten am Referendum beteiligt und mehr als die Hälfte der Wähler, die am Referendum teilgenommen haben, ihr zustimmt.

Die Änderung der übrigen Verfassungsartikel erfolgt nach demselben Verfahren, mit dem föderale, d.h. zu den in der Verfassung vorgesehenen Fragen ausgefertigte Gesetze angenommen werden, also mit einer Dreiviertelmehrheit aller Mitglieder des Föderationsrats und mit zwei Dritteln der Stimmen aller Abgeordneten der Staatsduma (Art. 108). Zusätzlich ist die Zustimmung der Gesetzgebungsorgane von zwei Dritteln der 89 Föderationssubjekte erforderlich (Art. 136).

# Verfassungsrevision

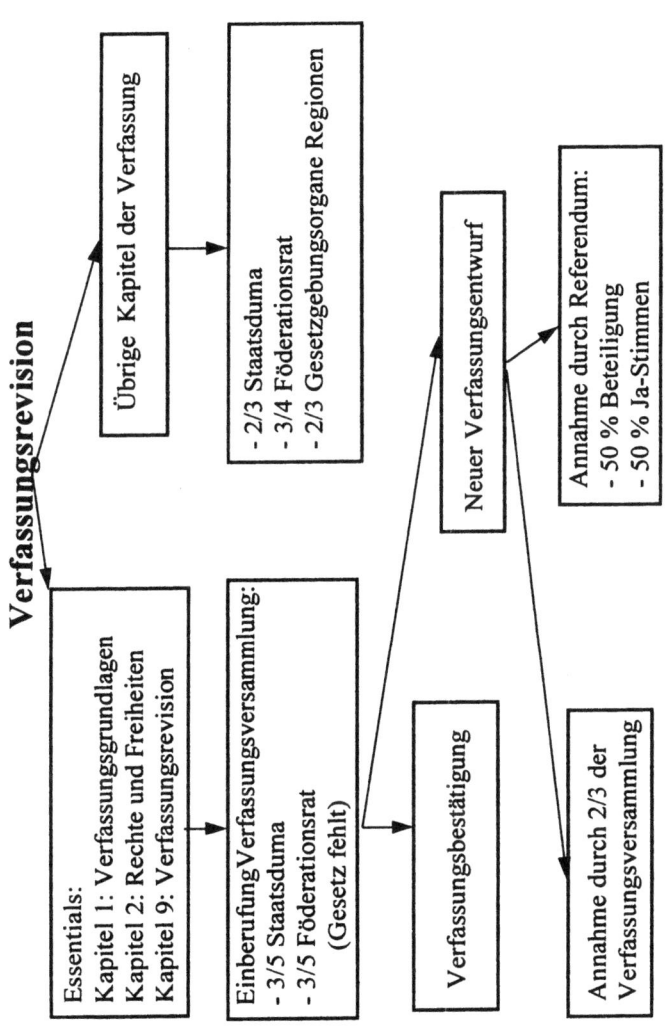

Übrige Kapitel der Verfassung

- 2/3 Staatsduma
- 3/4 Föderationsrat
- 2/3 Gesetzgebungsorgane Regionen

Essentials:
Kapitel 1: Verfassungsgrundlagen
Kapitel 2: Rechte und Freiheiten
Kapitel 9: Verfassungsrevision

Einberufung Verfassungsversammlung:
- 3/5 Staatsduma
- 3/5 Föderationsrat
(Gesetz fehlt)

Verfassungsbestätigung

Neuer Verfassungsentwurf

Annahme durch Referendum:
- 50 % Beteiligung
- 50 % Ja-Stimmen

Annahme durch 2/3 der Verfassungsversammlung

# 3 Die Grundwerte des russischen politischen Systems

Die neue Verfassung stellt einen totalen Bruch mit der sowjetischen Vergangenheit dar. Nicht mehr der "Aufbau der klassenlosen kommunistischen Gesellschaft" ist das höchste Ziel des Staates (Präambel) und nicht mehr die auf den Grundlagen der marxistisch-leninistischen Ideologie basierende KPdSU ist der Kern des politischen Systems (Art. 6 der sowjetischen Verfassung[28]), sondern der Mensch, seine Rechte und Freiheiten sind die höchsten Werte (Art. 2 der russischen Verfassung). Die neue Verfassung beschränkt sich nicht auf eine diesbezügliche allgemeine Aussage, sondern sie verpflichtet in Artikel 2 den Staat, die Rechte und Freiheiten des Menschen anzuerkennen und zu schützen (Okunkov 1994: X).

Den Rechten und Freiheiten des "Menschen und Bürgers" ist das zweite Kapitel der neuen russischen Verfassung gewidmet, wobei sich diese Überschrift durch die Erweiterung der Grundrechtsgewährung nicht nur auf die Bürger, wie zu sowjetischen Zeiten, sondern auch auf die Menschen bezieht. Hinzu kommt, daß das Grundrechtskapitel um 28 auf 47 Artikel erweitert wurde (Westen 1994: 814). Die Grundrechte werden nicht mehr nur den systemkonformen Bürgern gewährt und nicht mehr durch Verfassungsvorbehalte beschränkt, sondern ihre Einhaltung wird juristisch garantiert. Ihnen liegt nicht eine positivistische, sondern eine menschenrechtliche Verankerung zugrunde. Nicht mehr der

---

28 Konstitucija (Osnovnoj zakon) Sojuza Sovetskich Socialističeskich Respublik. Prinjata na vneočerednoj sessii Verchovnogo Soveta SSSR devjatogo sozyva 7 oktjabrja 1977 goda [Verfassung (Grundgesetz) der UdSSR. Angenommen auf der Außerordentlichen Sitzung der 9. Sitzungsperiode des Obersten Sowjet der UdSSR am 7.10.1997], in: Konstitucija (Osnovnoj zakon) Sojuza Sovetskich Socialističeskich Respublik. Konstitucii (Osnovnye zakony) Sojuznych Sovetskich Socialističeskich Respublik [Verfassung (Grundgesetz) der UdSSR. Verfassungen (Grundgesetze) der Sozialistischen Unionsrepubliken]. Moskau 1978, S. 15-46. Deutsch, in: Schneider 1978: S. 42-70.

Staat bestimmt, welche Grundrechte in welcher Form er seinen Bürgern gewährt, sondern die Grundrechte und Grundpflichten sind jedem Menschen unveräußerlich und stehen ihm von Geburt an zu (Art. 17, Abs. 2). Die Grundrechte werden zudem in die "allgemein anerkannten Prinzipien und Normen des Völkerrechts" eingebettet (Art. 17, Abs. 1). Die Rechte und Freiheiten des Menschen und Bürgers gelten unmittelbar. Sie bestimmen Sinn, Inhalt und Anwendung der Gesetze, die Tätigkeit der legislativen und exekutiven Gewalt sowie der örtlichen Selbstverwaltung und werden durch die Judikative gewährleistet (Art. 18).

Die Grenze erlaubter Grundrechtsausübung zieht die Verfassung in den Artikeln 17, 55 und 56. Nach Artikel 17, Absatz 3, darf die Wahrnehmung der Rechte und Freiheiten des Menschen und Bürgers nicht gegen die Rechte und Freiheiten anderer Personen verstoßen. Artikel 55 enthält in Absatz 1 die Bestimmung, daß die Aufzählung der Grundrechte und -freiheiten in der Verfassung nicht als Negierung oder Einschränkung anderer allgemein anerkannter Rechte und Freiheiten des Menschen und Bürgers ausgelegt werden darf. Absatz 2 untersagt in präziser Form, daß keine Gesetze erlassen werden dürfen, welche die Rechte und Freiheiten des Menschen und Bürgers aufheben oder schmälern. Diese Bestimmung ist angesichts des Vorrangs der Verfassung gegenüber einfachem Gesetzesrecht eigentlich überflüssig (Westen 1994: 814). Absatz 3 legt die inhaltlichen Kriterien fest, nach denen die Grundrechte und -freiheiten durch ein föderales Gesetz eingeschränkt werden können:

– Schutz der Grundlagen der Verfassungsordnung,
– Schutz der Moral,
– Schutz der Gesundheit,
– Schutz der Rechte und der legitimen Interessen anderer Personen,
– Sicherung der Landesverteidigung,
– Gewährleistung der Staatssicherheit.

Der Absatz enthält keine Aussagen darüber, in welchem Maß in den obengenannten Bereichen die Grundrechte eingeschränkt werden können. Er beinhaltet nur die allgemeine Bestimmung, daß die Einschränkung in dem Maß erfolgen soll, wie dies im einzelnen notwendig ist. Artikel 56 weist in Absatz 1 darauf hin, daß unter den Bedingungen des Ausnahmezustands, zur Gewährleistung der Sicherheit der Bürger und zum Schutz der Verfassungsordnung einzelne Rechte und Freiheiten beschränkt werden können, allerdings nur auf der Basis eines föderalen Gesetzes, das den Rahmen und die Dauer der Beschränkung festlegt. In Absatz 3 werden folgende Grundrechte und -freiheiten von der Beschränkung ausgenommen: das Recht auf Leben, der Schutz der Persönlichkeitswürde, das Recht auf die Unverletzlichkeit der Privatsphäre, die Glaubens- und die Gewissensfreiheit, die Freiheit unternehmerischer Tätigkeit, das Recht auf Wohnung und die justiziellen Grundrechte.

### 3.1    Gleichheitsgrundsatz

Der Grundrechtskatalog wird in Artikel 19 mit dem Gleichheitsgrundsatz (Abs. 1) eröffnet. Der Staat garantiert in Absatz 2 die Gleichheit der Rechte und Freiheiten des Menschen und Bürgers unabhängig von Geschlecht, Rasse, Nationalität, Sprache, Herkunft, Vermögenslage, Amtsstellung, Wohnsitz, religiöser Einstellung, Überzeugungen, Mitgliedschaft in gesellschaftlichen Vereinigungen sowie von anderen Umständen.

Besonders erwähnt wird in Absatz 3 die Gleichberechtigung von Mann und Frau, welche die gleichen Rechte und Freiheiten und Möglichkeiten zu deren Realisierung haben, ohne daß diese im einzelnen spezifiziert werden. Im Gegensatz zur Breshnew-Verfassung (Art. 35) werden keine spezifischen Maßnahmen zur Verwirklichung der Rechte der Frauen konstitutionell verankert.

## 3.2      Recht auf Leben

Das Recht auf Leben in Artikel 20 wird im zweiten Absatz durch eine Passage über die Todesstrafe ergänzt. Sie bleibt in Rußland solange bestehen, bis sie von einem föderalen Gesetz abschafft wird. Sie darf nur von einem Geschworenengericht für besonders schwere Straftaten gegen das Leben verhängt werden. Angesichts der hohen Kriminalität in Rußland ist das vorläufige Festhalten an dieser Strafe verständlich. Doch mit seiner Aufnahme in den Europarat hat sich Rußland verpflichtet, die Todesstrafe abzuschaffen.

## 3.3      Persönliche Freiheitsrechte

In Artikel 21 wird die *Würde der Person* durch den Staat geschützt (Abs. 1). Spezifiziert wird dieser Schutz durch das Verbot von Folter, Gewalt oder einer "anderen grausamen oder die Menschenwürde erniedrigenden Behandlung oder Bestrafung". Ferner darf niemand ohne seine freiwillige Zustimmung medizinischen, wissenschaftlichen oder anderen Versuchen ausgesetzt werden (Abs. 2).

Das in Artikel 22 verankerte Recht auf *Freiheit und persönliche Unverletzlichkeit* wird in Absatz 2 durch die für die vom Sowjetsystem geprägten Menschen wichtige Bestimmung ergänzt, daß Personen nur auf der Grundlage einer gerichtlichen Entscheidung verhaftet werden dürfen. Bis zu einem Gerichtsbeschluß dürfen Personen nur 48 Stunden in Gewahrsam gehalten werden.

Ebenfalls von großer Bedeutung für die Russen ist Artikel 23, in dem das Recht auf *Unverletzlichkeit des Privatlebens,* auf das Personen- und Familiengeheimnis sowie auf den Schutz der Ehre und des guten Rufs eines Menschen verankert ist (Abs. 1). Jeder hat das Recht auf das Brief-, Telefon-, Post- und Telegrammgeheimnis und das Geheimnis sonstiger Mitteilungen. Eine Einschränkung dieses Rechts ist nur aufgrund eines Gerichtsbeschlusses zulässig (Abs. 2).

Auch das in Artikel 24 fixierte Grundrecht erhält seine Bedeutung vor dem ehemaligen sowjetischen Hintergrund: die Sammlung, Speicherung, Verwendung und Verbreitung von *Informationen über das Privatleben* einer Person sind ohne deren Zustimmung nicht zulässig (Abs. 1). Nach Absatz 2 hat jeder das Recht, in diejenigen Dokumente und Materialien Einsicht zu nehmen, die seine Rechte und Freiheiten unmittelbar berühren und soweit ein Gesetz nichts anderes vorsieht. Die Organe der Staatsgewalt und die Organe der örtlichen Selbstverwaltung sowie deren Amtspersonen sind verpflichtet, entsprechende Möglichkeiten einzuräumen.

Zu den persönlichen Freiheitsrechten gehört ferner das in Artikel 25 verankerte Recht auf *Unverletzlichkeit der Wohnung*. In die Wohnung darf nur in den durch ein föderales Gesetz festgelegten Fällen oder aufgrund eines Gerichtsbeschlusses eingedrungen werden.

Nur aus der Erfahrung der Unterdrückung von nationalen Minderheiten zu Sowjetzeiten ist Artikel 26 zu verstehen, wonach jeder berechtigt ist, seine *nationale Zugehörigkeit* selbst festzulegen und anzugeben (Abs. 1). Er hat das Recht, seine Muttersprache zu gebrauchen und seine Umgangs- und Unterrichtssprache frei zu wählen (Abs. 2).

Ein weiterer großer Fortschritt gegenüber dem Sowjetsystem, das vielen die Aufenthaltsorte zuwies und das Ausreisevisum für die eigenen Bürger einführte, ist Artikel 27, der erstmals in – sowohl hinsichtlich des zaristischen als auch des sozialistischen – Rußland die *Freizügigkeit innerhalb des Staates und nach außen* garantiert: Jeder, der sich legal auf dem Territorium der Russischen Föderation aufhält, hat das Recht, sich frei zu bewegen und den Aufenthalts- und Wohnort frei zu wählen. Jeder kann laut Absatz 2 frei aus Rußland ausreisen und ungehindert in die Russische Föderation zurückkehren.

Artikel 28 garantiert *Glaubens- und Gewissensfreiheit.* Jeder hat das Recht, sich individuell oder mit anderen zu einer beliebigen Religion zu bekennen oder nicht zu bekennen sowie religiöse und andere Überzeugungen frei zu verbreiten und nach ihnen zu handeln. Zu Sowjetzeiten gab es die formale Trennung von Kirche und Staat, die in der Praxis so aussah, daß der Atheismus Staatsreligion war und sich das religiöse Bekenntnis auf den reinen Kirchenraum beschränkte. Der Staat durfte uneingeschränkt den Atheismus marxistisch-leninistischer Prägung propagieren. Wer einer Religion angehörte und das erkennen ließ, hatte keine Chance für eine berufliche Karriere.

Ein großer Schritt auf dem Wege zur Demokratie ist in Artikel 29 die Gewährung der *Freiheit des Gedankens und des Wortes* (Abs. 1). Niemand darf gezwungen werden, seine Überzeugungen zu äußern oder aufzugeben (Abs. 3). Jeder hat das Recht, auf rechtmäßige Weise Informationen frei zu beschaffen, zu erhalten, weiterzugeben, zu erzeugen und zu verbreiten (Abs. 4). Die Freiheit der Massenmedien wird garantiert. Eine Zensur findet nicht statt (Abs. 5). Begrenzt wird die Gedanken- und Redefreiheit durch das Verbot,

– aus sozialen, rassenbedingten, nationalen oder religiösen Gründen Haß und Feindschaft zu schüren (Abs. 2) sowie
– soziale, rassenbedingte, nationale, religiöse oder sprachliche Überlegenheit zu propagieren(Abs. 2).

### 3.4 Politische Freiheitsrechte

Jeder Bürger hat nach Artikel 30 das Recht auf Vereinigung einschließlich des Rechts der Gewerkschaftsgründung. Die Freiheit der Betätigung von gesellschaftlichen Vereinigungen wird garantiert (Abs. 1). Im Gegensatz zur jahrzehntelangen Praxis des fast erzwungenen Beitritts zur kommunistischen Staatsgewerkschaft legt Absatz 2 fest, daß niemand zum Eintritt in eine Vereinigung oder zum Verbleiben in ihr gezwungen werden kann.

Ohne jeden Gesetzesvorbehalt wird in Artikel 31 das Versammlungs-, Kundgebungs- und Demonstrationsrecht sowie das Recht, Streikposten aufzustellen, gewährt. Die einzige Einschränkung, die gemacht wird, besteht darin, daß sich die Bürger friedlich und ohne Waffen zu versammeln haben.

### 3.5 Mitwirkungsrechte

Die Mitwirkungsrechte umfassen:
- das Recht auf die unmittel- und mittelbare (durch Vertreter) Teilnahme an der Verwaltung der Angelegenheiten des Staates (Art. 32, Abs. 1),
- das aktive und passive Wahlrecht (Art. 32, Abs. 2),
- das Recht, an einem Referendum teilzunehmen (Art. 32, Abs. 2),
- den gleichen Zugang zum Staatsdienst (Art. 32, Abs. 4),
- das Recht auf die Beteiligung an der Rechtsprechung (Art. 32, Abs. 5).
- das Recht, sich persönlich an die staatlichen Organe und die Organe der örtlichen Selbstverwaltung zu wenden sowie individuelle bzw. kollektive Eingaben an diese zu richten (Art. 33).

Um den Wert des Wahlrechts in der neuen Verfassung beurteilen zu können, muß es in Verbindung mit Absatz 3 des Artikels 13 betrachtet werden, der den Pluralismus in Form von politischer und Parteienvielfalt anerkennt. Das Wahlrecht wird also in einem Staat ausgeübt, der sich zur Gewaltenteilung bekennt (Art. 10).

### 3.6 Wirtschaftsrechte

Die in Artikel 8 deklarierte Freiheit der Wirtschaftstätigkeit und die in Artikel 9 fixierte Möglichkeit des privaten Besitzes von Grund und Boden werden in folgenden Wirtschaftsrechten konkretisiert:

- Unternehmens- und Gewerbefreiheit (Art. 34, Abs. 1),
- Recht auf Privateigentum (Art. 35, Abs. 1),
- Recht auf Besitz in Form des Eigentums (Art. 35, Abs. 2),
- Recht auf Vererbung (Art. 35, Abs. 4).
- Recht auf Privateigentum an Grund und Boden (Art. 36, Abs. 1).

Die Grenze bei der unternehmerischen Tätigkeit zieht Artikel 34, Absatz 2, dort, wo sie auf Monopolbildung und unlauteren Wettbewerb ausgerichtet ist. Das Vermögen darf nur aufgrund einer gerichtlichen Entscheidung entzogen werden. Eine Zwangsenteignung für den Staatsbedarf ist nur bei einer gleichwertigen Entschädigung möglich (Art. 35, Abs. 3). Die freie private Nutzung von Grund und Boden darf die Umwelt nicht schädigen und die Rechte sowie gesetzlich geschützte Interessen anderer Personen nicht beeinträchtigen (Art. 36, Abs. 2).

Im Sowjetsystem konnte niemand Grund und Boden erwerben, da der Staat Eigentümer des gesamten Bodens war. Die neue Verfassung sieht vor, daß "Bürger und ihre Vereinigungen" Grund und Boden erwerben können, aber nicht, wenn es sich um Ausländer handelt (Westen 1994: 817). Hinzu kommt, daß diese Verfassungsbestimmung noch nicht in ein Gesetz umgesetzt wurden. Das bedeutet, daß zur Zeit auch kein Russe Grund und Boden erwerben, sondern höchstens langfristig mieten kann. Grundbesitz kann noch nicht zur Absicherung von Krediten eingesetzt werden, was das Investieren in Rußland – auch durch Ausländer – erleichtern könnte.

### 3.7  *Soziale Grundrechte und Freiheiten*

Da der Staat nicht mehr Eigentümer aller Betriebe ist, kann er nicht mehr, wie in der bisherigen sowjetischen Verfassung, das Recht auf Arbeit gewähren, das mit der Pflicht zur Arbeit identisch war. Da der russische Staat nicht mehr über alle Produktionsmittel verfügt, dürfte er eigentlich kein Recht auf Arbeit mehr einräumen. Artikel 37 macht es erstaunlicherweise trotzdem, ergänzt es aber durch das wichtige Recht auf Schutz gegen Arbeitslosigkeit (Abs. 3). Das Streikrecht wird anerkannt (Abs. 4), und auch das Recht auf Erholung wird gewährt (Abs. 5). Der Schutz vor Arbeitslosigkeit beinhaltet laut Verfassungskommentar des Instituts für Staat und Recht der Russischen Akademie der Wissenschaften die Gesetzgebung über die Beschäftigung, den Schutz der Arbeiter vor ungerechtfertigter Arbeitslosigkeit und die Bezahlung von Arbeitslosenhilfe (Topornin 1994: 212).

Der Staat schützt in Artikel 38 *Mutter und Kind* sowie die Familie (Abs. 1). Die Eltern haben gleiches Recht und gleiche Verpflichtung für die Erziehung ihrer Kinder (Abs. 2), und umgekehrt haben Kinder, die das 18. Lebensjahr vollendet haben und erwerbsfähig sind, für ihre erwerbsunfähigen Eltern zu sorgen (Abs. 3).

Artikel 39 garantiert die soziale Absicherung im *Alter, im Fall von Krankheit,* Invalidität, Verlust des Ernährers, für die Erziehung der Kinder sowie in anderen gesetzlich festgelegten Fällen (Abs. 1). Was dieses soziale Grundrecht in der Praxis wert ist, kann dem Umstand entnommen werden, daß der Staat nicht einmal die niedrigen Renten und Löhne regelmäßig zahlt, sondern sie monatelang zurückhält.

Obwohl sich der staatliche Anteil an den Wohnungen immer weiter verringert, verkündet Artikel 40 das Recht auf Wohnraum (Abs. 1). Die Staatsorgane und die Organe der örtlichen Selbstverwaltung fördern den Wohnungsbau und schaffen so – fast im Sinn einer materiellen Garantie (Westen 1994: 818) – die Bedingungen für die Verwirklichung des Rechts auf Wohnraum (Abs. 2). Bedürftigen wird benötigter Wohnraum aus den Staats-, Gemeinde- oder anderen Wohnraumbeständen kostenlos oder zu einem erschwinglichen Preis zur Verfügung gestellt (Abs. 3).

Trotz der angespannten Haushaltslage wird in Artikel 41 das Recht auf *Gesundheitsschutz* und unentgeltliche medizinische Hilfe proklamiert, die allerdings nicht nur zu Lasten entsprechender Haushaltsmittel, sondern auch von Versicherungsbeiträgen und anderen Einnahmen gehen soll (Abs. 1). Es wird dabei nicht übersehen, in welchem katastrophalen Zustand sich das Gesundheitswesen befindet, weswegen im zweiten Absatz staatliche Programme zum Schutz und zur Verbesserung der Gesundheit der Bevölkerung angekündigt werden. In diesem Zusammenhang wird auch das private Gesundheitswesen erwähnt. Wohl als Reaktion auf die staatliche Vertuschungspolitik bei dem Atomunglück in Tschernobyl und anderen Katastrophen schreibt Absatz 3 vor, daß Amtspersonen, die Tatsachen oder Umstände verheimlichen, die eine Gefahr für Leben und Gesundheit der Menschen darstellen, dafür gemäß föderalem Gesetz haften.

Jeder hat nach Artikel 43 das Recht auf *Bildung* (Abs.1), zu dem die Unentgeltlichkeit der Schulbildung, Berufsausbildung und Hochschulbildung gehört (Abs. 2 und 3). Jeder hat das Recht auf *schöpferische Betätigung,* und die Freiheit der Lehre wird garantiert (Art. 44, Abs. 1). Dem Recht auf Teilnahme am kulturellen Leben (Abs. 2) steht die Pflicht zur Erhaltung des historischen und kulturellen Erbes gegenüber (Abs. 3).

Bemerkenswert ist das Recht eines jeden auf eine wohlbehaltene *Umwelt,* auf verläßliche Information über den Zustand der Umwelt und auf Ausgleich für den Schaden, der seiner Gesundheit oder seinem Besitz durch eine ökologische Rechtsverletzung zugefügt worden ist (Art. 42).

### 3.8    *Justizielle Grundrechte*

Zu den justiziellen Grundrechten gehören der gerichtliche Schutz der Rechte und Freiheiten des Menschen (Art. 46, Abs. 1), das Recht, Beschlüsse und Handlungen oder die Untätigkeit von staatlichen Organen, Organen der örtlichen Selbstverwaltung, von gesellschaftlichen Vereinigungen und von Amtspersonen vor Gericht anzufechten (Abs. 2). Jeder hat das Recht, sich nach Ausschöpfung aller innerstaatlichen Mittel des Rechtsschutzes an zwischenstaatliche Organe für den Schutz der Rechte und Freiheiten des Menschen zu wenden (Abs. 3), also z.B. auch an den Europäischen Gerichtshof zur Wahrung der Menschenrechte.

Weitere Artikel gewähren:

- das Recht auf einen gesetzlichen Richter und in bestimmten Fällen auf ein Geschworenengericht (Art. 47),
- das Recht auf Rechtsbeistand (Art. 48),
- die gesetzliche Unschuldsvermutung, die Nichtverpflichtung, seine Unschuld zu beweisen, und den Grundsatz, im Zweifel für den Angeklagten (Art. 49),
- den Grundsatz, daß niemand für ein und dieselbe Straftat mehrfach verurteilt wird (Art. 50, Abs. 1),
- das Verbot der Verwendung rechtswidrig erlangter Beweismittel (Art. 50, Abs. 2),
- das Recht auf Einlegen von Rechtsmitteln (Art. 50, Abs. 3)
- das Recht, ein Gnadengesuch zu stellen (Art. 50, Abs. 3),
- die Freistellung von der Verpflichtung, gegen sich selbst, seinen Ehegatten oder gegen nahe Verwandte auszusagen (Art. 51).

Die Rechte der Opfer von Straftaten oder von Machtmißbrauch werden vom Gesetz geschützt. Der Staat sichert den Betroffenen Zugang zur Gerichtsbarkeit und Entschädigung für den ihnen zugefügten Schaden zu (Art. 52). Jeder hat ein Recht auf staatlichen Ausgleich für den Schaden, der ihm durch ungesetzliche Handlungen oder durch Unterlassung von Organen der Staatsgewalt oder ihrer Amtspersonen entstanden ist (Art. 53). Das sind nach Jahrzehnten des staatlichen Terrors unter Stalin gegen die eigene Bevölkerung geradezu revolutionäre Bestimmungen. Da aber Artikel 54, Abs. 1, festlegt, daß ein Gesetz, das die Haftbarkeit festlegt oder verschärft, nicht rückwirkend gilt, können Artikel 52 und 53 nicht zur juristischen Aufarbeitung der sowjetischen Vergangenheit genutzt werden. Das Verbot der Rückwirkung eines Gesetzes schließt auch ein, daß niemand für eine Tat zur Rechenschaft gezogen werden darf, die zum Zeitpunkt ihrer Begehung nicht als Rechtsverletzung galt (Art. 54, Abs. 2).

# 4    Der Präsident

## *4.1    Präsidentielles oder parlamentarisches System*

Angesichts der Machtfülle des russischen Präsidenten ist folgende Frage zu untersuchen: Handelt es sich beim politischen System der Russischen Föderation um ein parlamentarisches oder ein präsidentielles Regierungssystem? Das *präsidentielle System* hat folgende Charakteristika:

1. Präsident und Parlament sind für einen bestimmten Zeitraum unabhängig voneinander direkt gewählt (duale Legitimität), und ihr jeweiliges Verbleiben im Amt ist unabhängig von der Amtsperiode des anderen.

2. Der Präsident verfügt über erhebliche Vollmachten, durch die er über einen bestimmten Zeitraum unabhängig vom Parlamentsvertrauen agieren kann.

3. Der Präsident entscheidet über die Zusammensetzung von Kabinett und Verwaltung.

4. Die Absetzung des Präsidenten kann nur durch ein Impeachment erfolgen (Linz 1990. Linz 1994: 6).

Das Problem präsidentieller Systeme besteht in der dualen Legitimität von Präsident und Parlament. Außerdem sind präsidentielle Systeme für die Herausbildung starker Parteien nicht förderlich, denn der Präsident ist eher an klientelistischem Verhalten interessiert.

Für ein *parlamentarisches System* ist folgendes typisch:

1. Die einzige demokratisch legitimierte Institution ist das Parlament; sollte doch eine Direktwahl des Präsidenten durch das Volk vorgesehen sein, kann der Präsident nicht um die Macht mit dem Regierungschef konkurrieren.

2. Die Regierung ist vom Vertrauen des Parlaments oder zumindest von dessen Duldung abhängig.

In jüngster Zeit spricht man außerdem vom Typ eines *semipräsidentiellen Systems,* für das folgendes charakteristisch ist:

1. Präsident und Parlament sind – wie beim präsidentiellen System – direkt gewählt (duale Legitimität).

2. Es gibt eine doppelte Exekutive: den direkt vom Volk gewählten Präsidenten – wie beim präsidentiellen System – und die vom Parlament abhängige Regierung – wie beim parlamentarischen System.

3. Der Präsident ist – wie im präsidentiellen System – mit konkurrierender exekutiver und legislativer Macht ausgestattet, hat aber – in Abweichung vom präsidentiellen System – nur begrenzten Einfluß auf die Zusammensetzung der Regierung (Rüb 1994b: 265 f.).

Steffani erklärt das Abberufungsrecht des Parlaments bezüglich der Regierung zum primären Kriterium für ein parlamentarisches System. "Sämtliche anderen möglichen Merkmale treten demgegenüber zurück, da sie nahezu alle in der einen oder anderen Weise mit dem Kriterium 'Abberufbarkeit' vereinbar sind." Er lehnt die Einführung des Typus eines semipräsidentielles Systems als ein "parlamentarisch-präsidentielles Mischsystem" ab. Denn wenn das Unterscheidungskriterium der Abberufbarkeit der Regierung durch das Parlament zugrunde gelegt wird, dann erfüllt eine vom Parlament abhängige Regierung im semipräsidentiellen System dieses Hauptkriterium eines parlamentarischen Systems (Steffani 1996: 50).

Wenn das russische politische System letztlich als parlamentarisches Regierungssystem bezeichnet werden könnte, so unterscheidet es sich hinsichtlich der Vollmachten des Präsidenten weitgehend von anderen westeuropäischen parlamentarischen Regierungssystemen. Im Grunde treffen auf Rußland eher die Kriterien eines präsidentiellen Systems zu. Der einzige Umstand, mit dem der parlamentarische Charakter des russischen Regierungssystems belegt werden kann, besteht darin, daß die Staatsduma die Ablösung einer ihr nicht genehmen Regierung erzwingen kann. Sie kann dies allerdings nur in einem bestimmen Zeitraum tun, und zwar dadurch, daß sie innerhalb von drei Monaten der Regierung zweimal das Mißtrauen ausspricht oder die Vertrauensfrage, die ihr die Regierung stellt, abschlägig bescheidet. Die Erzwingung der Ablösung kann nur innerhalb des ersten Jahres nach ihrer Wahl oder ein halbes Jahr vor der Präsidentenwahl erfolgen, denn in diesen Zeiträumen verfügt der Präsident nicht über die Option, die Staatsduma aufzulösen. Diesen Umstand berücksichtigt Steffani und spricht im Fall Rußlands von einem "parlamentarischen Regierungssystem mit Präsidialdominanz".

## 4.2 Kompetenzen des Präsidenten

Der russische Präsident wird vom Volk für vier Jahre in allgemeinen, gleichen, unmittelbaren und geheimen Wahlen gewählt. Er muß mindestens 35 Jahre alt, Bürger der Russischen Föderation und dort mindestens zehn Jahre ansässig sein. Er kann nur einmal direkt wiedergewählt werden (Art. 81).

Er ist nicht nur Staatsoberhaupt, sondern auch Leiter der Exekutive. Die Verfassung kennt zwar das Amt eines Regierungschefs, räumt aber dem Präsidenten die Möglichkeit ein, bei Kabinettssitzungen den Vorsitz zu führen (Art. 83 b). Der Präsident ernennt den Premier, wobei er die Zustimmung der Staatsduma einholen muß. Für die Ernennung der Minister braucht er nicht deren Einwilligung, muß sich aber an den Personalvorschlägen seines Premiers orientieren. Der Präsident kann von sich aus nicht einzelne Kabinettsmitglieder abberufen, sondern nur über den Rücktritt der gesamten Regierung entscheiden (Art. 83 c).

Der Präsident geht insofern eine engere Bindung an den Regierungschef ein, als dieser im Fall der Verhinderung des Präsidenten dessen vorläufige Vertretung übernimmt (Art. 92). Das Amt des Vizepräsidenten wurde 1993 abgeschafft. Jelzin hatte aus den Ereignissen vom Herbst 1993 gelernt, als sich sein damaliger Vizepräsident Aleksandr Ruzkoj – zusammen mit dem Vorsitzenden des Volksdeputiertenkongresses, Ruslan Chasbulatow – an die Spitze eines gewaltsamen Putsches gegen ihn stellte. Aus diesem Grund hat er das Amt des Vizepräsidenten nicht in die neue Verfassung aufgenommen.

Wenn der Präsident zurücktritt oder wenn er aus Gesundheitsgründen dauerhaft – bisher ist der Begriff "dauerhaft" in diesem Zusammenhang nicht definiert worden – nicht in der Lage ist, seine Vollmachten auszuüben, die im Extremfall wohl nur noch im Unterschreiben von Dekreten und Gesetzen bestehen dürften, oder wenn er amtsenthoben wird, vertritt der Regierungschef ihn nur eine begrenzte Zeit. Spätestens drei Monate nach dem Zeitpunkt der vorzeitigen Beendigung der Wahrnehmung der Vollmachten müssen Präsidentschaftswahlen stattfinden (Art. 92, Abs. 2).

Die Haupteinwirkungsform des Präsidenten ist das Dekret (Art. 90), mit dem er jede Materie mit unmittelbarer Rechtswirkung regeln kann, sofern er damit nicht gegen die Verfassung oder ein föderales Gesetz verstößt. "Mit dieser in seiner Wirkung einer (konkurrierenden) legislativen Kompetenz gleichkommenden Dekretbefugnis kann er das Gesetzgebungsrecht des Parlaments unterlaufen." (Furtak 1996: 951).

Der Präsident genießt, wie die Parlamentsabgeordneten, Immunität. Jedes Jahr muß er der Föderalversammlung (Föderationsrat und Staatsduma zusammen) einen Bericht zur Lage der Nation vorlegen (Art. 84 und 91). Das Veto des Präsidenten gegen ein Gesetz kann mit einer Zweidrittelmehrheit der Staatsduma und des Föderationsrats überstimmt werden (Art. 107). Der Präsident hat außerdem das Recht, ein Referendum anzusetzen (Art. 84 c). Wenn die Wähler ein Referendum abhalten wollen, müssen sie nach dem Referendumsgesetz von 1995 mindestens zwei Millionen Unterschriften sammeln. Das Referendum kommt nur dann rechtlich zustande, wenn sich mindestens die Hälfte aller Wahlberechtigten am Referendum beteiligt und hat nur dann Erfolg, wenn mindestens die Hälfte der Teilnehmer die Referendumsfrage mit "ja" beantwortet.[29]

Als Gegengewicht zur starken exekutiven Stellung des Präsidenten sieht die Verfassung die Möglichkeit eines Impeachments vor. Das Absetzungsverfahren muß nach einem komplizierten Verfahren durchgeführt werden, an dem folgende Organe beteiligt sind:

1. Die *Staatsduma* (a) beschließt mit mindestens einem Drittel aller Abgeordneten (150) die Initiative zu einer Anklage des Präsidenten wegen Hochverrats oder eines anderen schweren Verbrechens. Unter Vorlage des Gutachtens einer (b) Sonderkommission, die von der Staatsduma zu diesem Zweck mit einfacher Mehrheit aller Abgeordneten (226) eingesetzt wird, kann dann eine entsprechende Klage gegen den Präsidenten (c) mit zwei Dritteln der Stimmen aller Abgeordneten (300) beschlossen werden.

2. Das *Oberste Gericht* hat danach in einem Gutachten zu bestätigen, daß die Handlungen des Präsidenten tatsächlich Merkmale eines Verbrechens aufweisen.

3. Das *Verfassungsgericht* muß anschließend in einem weiteren Gutachten bekunden, daß das vorgeschriebene Verfahren der Anklageerhebung eingehalten wurde (Art. 93).

4. Der *Föderationsrat* entscheidet innerhalb von drei Monaten ebenfalls mit Zweidrittelmehrheit (119) über die Amtsenthebung (Art. 93).

Der Präsident hat das Recht, die Wahl der Staatsduma in Übereinstimmung mit den Verfassungsbestimmungen anzuberaumen (Art. 84). Er kann aber auch die Staatsduma unter folgenden Bedingungen auflösen:

– wenn die Staatsduma den vom Präsidenten vorgeschlagenen Kandidaten für das Amt des Regierungschefs dreimal abgelehnt hat und er keinen anderen Kandidaten vorschlagen will (Art. 111),

---

29  Rossijskaja gazeta [Russische Zeitung], 19.10.1995.

– wenn die Staatsduma innerhalb von drei Monaten der Regierung erneut ihr Mißtrauen ausgesprochen hat und der Präsident an der Regierung festhalten will (Art. 117, Abs. 3),
– wenn die Staatsduma auf Antrag des Regierungschefs der Regierung das Vertrauen verweigert (Art. 117, Abs. 4).

In den letzten beiden Fällen darf die Staatsduma nicht im ersten Jahr nach ihrer Wahl aufgelöst werden (Art. 109, Abs. 3). Nicht auflösen darf der Präsident die Staatsduma ein halbes Jahr vor Ablauf seiner Amtszeit (Art. 109, Abs. 5), von dem Zeitpunkt an, zu dem sie Anklage gegen ihn erhebt bis zur Verabschiedung eines entsprechenden Beschlusses des Föderationsrats (Art. 109, Abs. 4), und solange auf dem gesamten Territorium der Russischen Föderation Kriegs- oder Ausnahmezustand herrscht (Art. 109, Abs. 5).

Im Fall der Auflösung der Staatsduma hat der Präsident den Termin für die Neuwahl der Staatsduma so anzusetzen, daß die neugewählte Duma spätestens vier Monate nach der Auflösung wieder zusammentreten kann (Art. 109, Abs. 2). Dies hat am dreißigsten Tag nach ihrer Wahl zu geschehen (Art. 99, Abs. 2).

Der Präsident ist Garant der Verfassung sowie der Rechte und Freiheiten des "Menschen und Bürgers" (Art. 80) und übt das Begnadigungsrecht aus (Art. 89). Er schlägt dem Föderationsrat die Richter

– des Verfassungsgerichts,
– des Obersten Gerichts und
– des Obersten Schiedsgerichts sowie
– den Generalstaatsanwalt vor.

Darüber hinaus kann der Präsident dem Föderationsrat empfehlen, den Generalstaatsanwalt zu entlassen. Die Richter der übrigen föderalen Gerichte ernennt der Präsident von sich aus (Art. 83).

Der Präsident bestimmt nicht nur die Hauptrichtungen der Innen- und Außenpolitik (Art. 80), sondern hat auch die Leitung der Außenpolitik inne (Art. 86). Er vertritt sein Land in internationalen Angelegenheiten (Art. 80) und ernennt und entläßt nach Konsultationen mit den entsprechenden Komitees – so heißen in

Rußland die Ausschüsse – der Staatsduma und des Föderationsrats die diplomatischen Vertreter Rußlands in ausländischen Staaten und bei internationalen Organisationen (Art. 83). Der Präsident führt Verhandlungen und unterzeichnet internationale Verträge (Art. 86) sowie Ratifikationsurkunden (Art. 86). Er nimmt schließlich die Beglaubigungs- und Abberufungsurkunden der bei ihm akkreditierten diplomatischen Vertreter entgegen (Art. 86).

Der Präsident ist Oberkommandierender der Streitkräfte (Art. 87) und ernennt und entläßt das Oberkommando (Art. 83). Im Fall einer erfolgten oder unmittelbar drohenden Aggression verhängt der Präsident über das gesamte Land oder einzelne Landesteile den Kriegszustand. Über diesen Schritt hat er unverzüglich den Föderationsrat und die Staatsduma zu unterrichten (Art. 87). Auch über die Verhängung des Ausnahmezustands über das gesamte Territorium oder einzelne Landesteile muß der Präsident beide Parlamentskammern informieren (Art. 88). Der Föderationsrat muß die entsprechenden Dekrete des Präsidenten bestätigen (Art. 102 b und c).

Zur Lösung von Meinungsverschiedenheiten zwischen den Staatsorganen des Bundes und der Föderationssubjekte oder zwischen den 89 Föderationssubjekten untereinander kann der Präsident Schlichtungsverfahren einleiten. Falls keine einvernehmliche Lösung erreicht wird, ist er berechtigt, den Streitfall den entsprechenden Gerichten zu übertragen (Art. 85, Abs. 1). Der Präsident ist befugt, die Gültigkeit von Verwaltungsakten der Republiken und Gebiete in dem Falle, daß sie der Verfassung, föderalen Gesetzen oder internationalen Verträgen widersprechen bzw. die Rechte und Freiheiten des "Menschen und Bürgers" verletzen, solange auszusetzen, bis die entsprechenden Gerichte darüber entschieden haben (Art. 85, Abs. 2).

Das russische Präsidialsystem ist keine Kopie des französischen, orientiert sich aber eher an diesem als am amerikanischen. Es weicht allerdings in folgenden Punkten vom französischen

Modell ab und steht dem amerikanischen näher: Amtszeit des Präsidenten, Möglichkeit eines Impeachments, Vetorecht des Präsidenten, Recht auf Gesetzesinitiative, jährliche "State of the Union-Message" (zum Vergleich des russischen mit dem französischen und amerikanischen Präsidialsystem siehe: Schneider 1996b: 7-16). Der französische Staatsrechtler Gelard quantifizierte die Anteile der beiden westlichen Vorbilder so, daß sich die für ihn atypische russische Verfassung" zu 50 % aus französischer konstitutioneller Inspiration, zu 30 % aus amerikanischer Inspiration und zu 20 % aus imperialem russischen Erbe" zusammensetze.[30]

Konkret weicht das russische Regierungssystem in folgenden Punkten vom französischen ab:

- Unvereinbarkeit von Regierungsamt und Abgeordnetenmandat;
- uneingeschränkte Richtlinienkompetenz des Präsidenten;
- fehlende Gegenzeichnungspflicht für die Amtshandlungen des Präsidenten durch ein parlamentarisch verantwortliches Regierungsmitglied;
- direkte Unterstellung dem Präsidenten von Schlüsselressorts;
- Balance der Gewalten: ein Veto der beiden Parlamentskammern zwingt den Präsidenten nur dann zur Unterschrift unter ein vom ihm nicht gebilligtes Gesetz, wenn er nicht selbst gesetzgeberisch tätig werden will (Furtak 1996: 966 f.).

---

30  Zitat nach: Steinsdorff 1995: 489.

# Verfassungsorgane Rußlands

V O L K

wählt

## Präsident

ernennt → Sicherheitsrat

ernennt → Minister

ernennt → Premier

schlägt vor

Oberste Richter

schlägt vor

Regierung

stimmt zu

## P a r l a m e n t
(=Föderalversammlung)
(628 Abgeordnete)

wählt

### Föderationsrat
(178 Abgeordnete)

89 Föderationssubjekte entsenden je 2 Vertreter

### Staatsduma
(450 Abgeordnete)

| Liste | Direkt |
|-------|--------|
| (225) | (225) |

ernennt

Copyright by Eberhard Schneider 1997

Am 12. Juni 1991 wurde Boris Jelzin zum ersten russischen Präsidenten gewählt, auch wenn die damalige RSFSR noch Teil der Sowjetunion war. Nach Ablauf der in der damaligen Verfassung festgelegten fünfjährigen Amtszeit fand am 3. Juli 1996 die erste Wahl eines Präsidenten der inzwischen selbständig gewordenen Russischen Föderation statt. Sie erfolgte auf der Grundlage der neuen Verfassung vom 12. Dezember 1993 und des Präsidentenwahlgesetzes vom 17. Mai 1995.

Die wegen des Rücktritts Jelzins vorgezogene Präsidentenwahl fand am 26. März 2000 statt und wurde nach einem neuen Wahlgesetz durchgeführt, das Jelzin noch vor seinem Rücktritt am 31. Dezember 1999 unterschrieben hatte.[31]

An der Präsidentenwahl beteiligten sich laut offiziellen Angaben 68,64 % (75.070.776) der Wahlberechtigten, 0,93 % weniger als 1996 und 6,89 % mehr als bei der Staatsdumawahl 1999. Damit war die Wahl rechtlich gültig, denn das Wahlgesetz fordert eine Mindestwahlbeteiligung von 50 % (Art. 72, Abs. 4 des neuen Präsidentenwahlgesetzes vom 31.12.1999). Der Sieger konnte bereits im ersten Wahlgang ermittelt werden, weil er mehr als die Hälfte der Wählerstimmen bekommen hatte (Art. 72, Abs. 3): Putin erhielt 52,94 % (39.740.434) der Stimmen, Gennadij Sjuganow 29,21 % (21.928.471), Grigorij Jawlinskij 5,80 % (4.351.452), Aman-geldy Tulejew 2,95 % (2.217.361), Wladimir Shirinowskij 2,70 % (2.026.513), Konstantin Titow 1,47 % (1.107.269), Ella Pamfilowa 1,01 % (758.966), Stanislaw Goworuchin 0,44 % (328.723), Jurij Skuratow 0,43 % (319.263), Aleksej

---

31  Federal'nyj zakon "O vyborach Prezidenta Rossijskoj Federacii" [Föderales Gesetz „Über die Wahlen des Präsidenten der Russischen Föderation"], in: Sobranie zakonodatel'stva Rossijskoj Federacii [Sammlung der Gesetzgebung der Russischen Föderation], 1 (čast II [Teil II]), 2000, Pos. 11. Zum neuen Präsidentenwahlgesetz vgl.: Schneider 2000.

Podberjoskin 0,13 % (98.175) und Umar Dshabrailow 0,10 % (78.498). Gegen alle Kandidaten votierten 1,88 % (1.414.648).[32]

Putin führte – verglichen mit den anderen Präsidentschaftskandidaten – kaum einen aktiven Wahlkampf, was auch nicht nötig war, denn er inszenierte seine amtlichen Tätigkeiten als Premier und amtierender Präsident so wählerwirksam, daß die Berichterstattung darüber bereits Wahlkampf war. Trotzdem kostete der Wahlkampf Geld. Dem Vernehmen nach haben die "Bankiers des Kreml", Roman Abramowitsch und Alexander Mamut, Putins Wahlkampagne finanziert.[33] Abramowitsch, der zur Beresowskij-Connection gehört, ist Staatsdumaabgeordneter und hält mehr als die Hälfte der Aktien der Ölgesellschaft "Sibneft". Beresowskij-Freund Alexander Mamut, der Aufsichtsratsvorsitzender der MDM-Bank und Berater des Leiters der Administration des Präsidenten ist, steht der Bank of New York nahe, die sich im Zentrum des im vergangenen Jahr bekanntgewordenen Geldwäscheskandals befindet.[34]

KP-Chef Sjuganow legte am 4. April 2000 gegen das Wahlergebnis bei der Zentralen Wahlkommission Einspruch und bei der Moskauer Staatsanwaltschaft Beschwerde ein, denn bei der Stimmabgabe seien zahlreiche Unregelmäßigkeiten vorgekommen. In den Republiken Baschkortostan (Putin-Stimmen 60,34 %[35]), Dagestan (76,69 %), Inguschetien (85,42 %), Kabardino-Balkarien (74,72 %), Mordwinien (59,86 %), Nordossetien-Alanija (64,66 %) und Tatarstan (68,74 %) sowie in den Gebieten Kaliningrad (60,16 %) und Saratow (58,29 %) seien die Ergebnis-

---

32  Rossijskaja gazeta [Russische Zeitung], 7.4.2000.

33  Jensen, Donald, Putin to meet oligarchs, in: RFE/RL Newsline, Vol. 4, No. 144, Part I, 28.7.2000:

34  Jamestown Foundation (Hrsg.), Monitor. A daily briefing on the Post-Soviet-States. Vol. VI, No. 153 (7.8. 2000).

35  Wostok Newsletter 3/2000, S. 2 f.

se gefälscht worden.[36] Der "Jabloko"-Vorsitzende Jawlinskij erklärte, daß es in wenigen Regionen wohl zu Unregelmäßigkeiten bei der Stimmauszählung gekommen sei. Am Sieg Putins sei aber nicht zu zweifeln. Die OSZE hatte – mit Ausnahme von Tschetschenien – von einer freien und fairen Wahl gesprochen.[37]

Putin übersprang mit nur 2,9 % (2,2 Mio. Stimmen) die Fünfzig-Prozent-Hürde der abgegebenen Stimmen knapp. So ist nicht auszuschließen, daß einige Präsidenten und Gouverneure dafür gesorgt haben, daß in ihrem Föderationssubjekt mit entsprechenden Mehrheiten für Putin votiert wurde, um die Stichwahl zu vermeiden, vielleicht nach dem Motto: "Putin wird ohnehin gewählt, warum sollen wir in Zeiten leerer Kassen Geld für einen zweiten Wahlgang ausgeben." So versammelte der Präsident der Republik Tatarstan, Mintimer Schajmijew, die Bürgermeister, Fabrikdirektoren und lokalen Verantwortlichen, um ihnen klar zu machen, daß man für Putin stimmen müsse. Nach der Ausage eines anwesenden Bürgermeisters erklärte er: "Nach der Wahl werde ich die Qualität der Arbeit jedes einzelnen überprüfen. Wir werden die Ergebnisse jedes Wahllokals anschauen und sehen, wie viele Leute gewählt haben und wie sie gewählt haben. Und wir werden sehen, wie jeder lokale Führer gearbeitet hat, für wen er gearbeitet hat und ob er es wert ist, daß man ihn auf seinem Posten beläßt."[38] Auf dem Lande war es noch einfacher. Dort füllten die Kolchosdirektoren die Stimmzettel nicht selten entweder selbst für Putin aus oder drohten den Wählern, daß sie ihre Arbeit verlören, kein Geld, keine Lebensmittel und kein Brennholz bekämen, wenn sie ihr Kreuzchen an der falschen Stelle machten.

Auffallend ist daß sich die Zahl der Wahlberechtigten zwischen den Staatsdumawahlen im Dezember 1999 und den vorgezogenen Präsidentenwahlen im März 2000 bei einem jährlichen

36 Nezavisimaja gazeta [Unabhängige Zeitung], 5.4.2000.
37 Frankfurter Allgemeine Zeitung, 5.4.2000 und 9.10.2000.
38 Frankfurter Allgemeine Zeitung, 9.10.2000.

Bevölkerungsrückgang um 800.000 bis 900.000 dennoch innerhalb von drei Monaten um 1,3 Mio. vermehrt hat. Das ist nur verständlich, wenn auf Putin ausgestellte Stimmzettel hinzugefügt wurden. So erreichte in der Hauptstadt der Republik Dagestan, Machatschkala, nach Aussage des Vorsitzenden der Kommission der Staatsduma zur Kontrolle der Wahlen, Alexander Salij, die Wahlbeteiligung 110 %. Anhand von konkreten Beispielen für Wahlfälschungen z.B. in der Republik Dagestan kann von 550.000 zugunsten Putins gefälschten Stimmzetteln ausgegangen werden, was einem Viertel aller Stimmen entspricht, die Putin in dieser Kaukasusrepublik erhalten hat.

Beweise, daß Wahlfälschungen von Putin angeordnet wurden, sind nicht bekanntgeworden. Daß aber der Wahlkampfstab Putins, dem drei stellvertretende Leiter der Präsidialadministration und hohe Beamte des Innenministeriums angehörten, in diese Vorgänge involviert war, kann angenommen werden. Wahrscheinlich wäre ohne Wahlfälschung eine Stichwahl erforderlich gewesen, die Putin mit hoher Wahrscheinlichkeit gewonnen hätte. Die demnach für den Sieg Putins eigentlich unnötigen Wahlfälschungen schaden dem Ansehen Putins im Nachhinein erheblich, um so mehr, als befaßte Gerichte deren Untersuchung bislang verschleppen.[39]

Sjuganow blieb mit seinem Wahlergebnis von 29,21 % knapp (2,82 %) unter seinem Resultat von 32,03 % im ersten Wahlgang von 1996. Der seit 1993 bestehende Trend deutlicher Stimmengewinne von Wahl zu Wahl (12,4 %, 22,3 %, 32,0 %, 40,3 %) ist bei Sjuganow und der KPRF zu Ende gegangen.

Jawlinskij schnitt mit 5,80 % 1,54 % schlechter ab als vor vier Jahren. Während er 1996 beim ersten Präsidentenwahlgang geringfügig mehr Stimmen erhielt als "Jabloko", blieb er dieses Mal knapp unter dem Staatsdumawahlergebnis von 1999. Shirinowskij

---

39 Vgl. dazu: The Moscow Times, 9.9.2000. Frankfurter Allgemeine Zeitung, 9.10.2000.

setzte mit 2,70 % den seit 1993 anhaltenden Trend der Halbierung seiner Wahlergebnisse von Wahl zu Wahl fort.

## 4.4    *Administration des Präsidenten*

Quasi als Nachfolger des Apparats des Zentralkomitees (ZK) der KPdSU richtete sich Jelzin einen riesige Administration mit 1.945 Mitarbeitern[40] ein, die sinnigerweise im ehemaligen ZK-Gebäude residiert. In Artikel 83 unter dem Buchstaben "i" ist die Administration des Präsidenten verankert: der Präsident bildet die Verwaltung, also die Administration des Präsidenten der Russischen Föderation. Schätzungsweise 60 bis 70 % aller wichtigen politischen Entscheidungen werden in der Präsidialadministration vorbereitet und entworfen. Es ist daher auch kein Wunder, wenn es zwischen der Regierung, die ebenfalls vom Präsidenten gebildet wird, und der Präsidialadministration ein Konkurrenzverhältnis gibt. Deshalb ist es nicht wichtig, sich mit dieser Administration näher zu befassen.

Nach seiner Wiederwahl bildete Jelzin durch seine Verfügung "Über die Administration des Präsidenten der Russischen Föderation" vom 2. Oktober 1996 die Administration um. Die Administration des Präsidenten besteht aus:

- dem Leiter der Administration (Aleksandr Woloschin, *vgl. Biographie im Anhang*),
- dem Ersten Stellvertretenden Leiter der Administration,
- den Stellvertretenden Leitern der Administration, die zugleich die Kanzlei des Präsidenten sowie die verschiedenen Hauptverwaltungen des Präsidenten leiten,
- den Helfern des Präsidenten, zu denen auch der Leiter des Protokolls des Präsidenten gehört,
- dem Pressesekretär des Präsidenten,
- den Referenten des Präsidenten,

---

40  Izvestija [Nachrichten], 14.2.1998.

- den Bevollmächtigten Vertretern des Präsidenten,
- den Beratern des Präsidenten,
- der Kanzlei des Präsidenten,
- den Hauptverwaltungen der Administration,
- dem Apparat des Sicherheitsrats,
- den Verwaltungen der Administration,
- den Abteilungen der Administration,
- weiteren selbständigen Unterteilungen der Administration sowie aus
- Beratungs- und Konsultationsorganen beim Präsidenten.[41]

Dem Präsidenten unterstehen direkt:
- der Leiter der Administration sowie dessen Stellvertreter,
- der Sekretär des Sicherheitsrats,
- die Helfer des Präsidenten,
- der Pressesekretär des Präsidenten und
- die Referenten des Präsidenten.

Sie nehmen also in der Administration des Präsidenten den höchsten Rang ein.

Der Chef der Administration leitet organisatorisch die Tätigkeit:
- der Helfer des Präsidenten,
- des Pressesekretärs des Präsidenten,
- seiner Stellvertreter,
- der Leiter der Hauptverwaltungen der Administration,
- der Leiter der anderen selbständigen Untergliederungen der Administration,
- der Referenten des Präsidenten,
- der Bevollmächtigten Vertreter des Präsidenten sowie
- der Berater.

Der Chef der Administration unterbreitet dem Präsidenten Vorschläge für die personelle Besetzung der Leitungsfunktionen in der Präsidialadministration bzw. für die Entlassung ihrer Amtsinhaber. Er nimmt daher eine Schlüsselfunktion nicht nur in der

---

41 Sobranie zakonodatel'stva Rossijskoj Federacii [Sammlung der Gesetzgebung der Russischen Föderation], Nr. 41, 1996, Pos. 4689.

Präsidialadministration, sondern im gesamten russischen Exekutivsystem ein.

Das genaue Unterstellungsverhältnis wird leider nicht mitgeteilt. Die erste Untergliederung der Präsidentenadministration sind die Hauptverwaltungen, von denen im Dekret des Präsidenten vom 3. Juni 2000[42] folgende genannt werden:

- Territorien,
- Innenpolitik,
- Kontrolle und
- Staat und Recht.

Ferner wurden folgende Verwaltungen gebildet:

- Außenpolitik,
- Kader,
- Wirtschaft,
- Experten,
- Staatliche Auszeichnungen,
- Staatsbürgerschaftsfragen,
- Begnadigung,
- Protokoll,
- Presse,
- Organisation,
- Kanzlei,
- Information und Dokumentation,
- Bürgereingaben,
- Referentur,
- Kosakentum.

Zur Administration gehören ferner:

- die Apparate des Sicherheitsrats, für Außenpolitik und der Helfer sowie der Referenten des Präsidenten,
- das Archiv des Präsidenten,
- die Bibliothek des Präsidenten,

---

42 Ukaz Prezidenta Rossijskoj Federacii „O formirovanii Administracii Prezidenta Rossijskoj Federacii" [Dekret des Präsidenten der Russischen föderation „Über die Bildung der Administration des Präsidenten der russischen Föderation"], in: Rossijskaja gazeta [Russische Zeitung], 6.6.2000.

- die Abteilungen für Datenbanken, für programm-technische Versorgung und für Geheimsachen sowie die Kommissionen für die Vorbereitung von Verträgen über die Abgrenzung der Kompetenzen zwischen der Föderation und den Föderationssubjekten, für die Rehabilitierung der Opfer politischer Repression und für Menschenrechte,
- die Arbeitsapparate der Bevollmächtigten Vertreter des Präsidenten in den Föderationssubjekten, beim Verfassungsgericht, in der Föderalversammlung und in den Föderalen Bezirken,
- Arbeitsapparat (Sekretariat) der Richterkammer für Streitfragen auf dem Gebiet der Information beim Präsidenten,
- das Sekretariat des Leiters der Präsidialverwaltung sowie
- das Zentrum für Präsidentenprogramme.

Eines der wichtigsten Entscheidungsinstrumente in der Russischen Föderation sind die Dekrete des Präsidenten. Deshalb ist der Entstehungsprozeß eines Dekrets nicht unwichtig. Die Verordnung Jelzins vom 5. Februar 1995 "Über die Vorbereitung und die Eintragung der Dekrete und Verfügungen des Präsidenten" sowie eine Reihe von Verordnung mit Ausführungsbestimmungen legen fest, welche Organe am Zustandekommen eines Dekrets zu beteiligen sind:

- die föderalen Organe der Exekutive,
- die Exekutiven der Föderationssubjekte,
- die Hauptverwaltung für Staat und Recht der Präsidialadministration,
- die anderen Strukturen der Präsidialadministration sowie
- der Leiter der Präsidialadministration, der die Entwürfe beglaubigt und damit bestätigt, daß sie mit allen betroffenen Stellen abgesprochen wurden.

Die Dekrete lassen sich grob in zwei Gruppen einteilen: die staatlichen, die Verfassung und Politik betreffen, und die lobbyistischen, die sich auf Branchen, die gewisse Steuervorteile haben wollen, oder auch auf Territorien beziehen können, die Mittelzuwendungen von der Zentrale oder Befreiungen von der Abführung regionaler Einnahmen an Moskau anstreben. Die staatlichen Dekrete werden im allgemeinen von der Hauptverwaltung für Staat und Recht der Administration des Präsidenten, von den Präsidentenberatern, von den Kommissionen des Sicherheitsrats oder von der Regierung initiiert und dienen meist der Schließung von Verfassungslücken. Die Hauptverwaltung für Staat und Recht hat alle Dekrete auf ihre juristische Korrektheit, auf ihre zeitgerechte Herausgabe, auf den Zusammenhang mit bereits bestehenden normativen Dokumenten und auf die wechselseitigen Einflüsse im System der außenpolitischen Beziehungen hin zu prüfen. Ein Dekret des Präsidenten ist erst dann rechtsverbindlich, wenn es vom Leiter der Administration des Präsidenten gegengezeichnet ist.

Nach Aussage des ehemaligen Leiters der Präsidialadministration, Anatolij Tschubajs, in einem Interview mit Radio Rußland am 2. Oktober 1996 haben alle Berater des Präsidenten die Möglichkeit, dem Präsidenten beliebige Vorschläge vorzulegen, die innerhalb von höchstens anderthalb Tagen auf den Tisch des Präsidenten gelangen. Innerhalb von maximal sechs bis acht Stunden kommen die Papiere vom Präsidenten mit seiner Entscheidung zurück.[43]

---

43 Zitiert nach: Deutsche Welle (Hrsg.), Monitor-Dienst Osteuropa, 4.10.1996, S. 1.

# ADMINISTRATION DES PRÄSIDENTEN

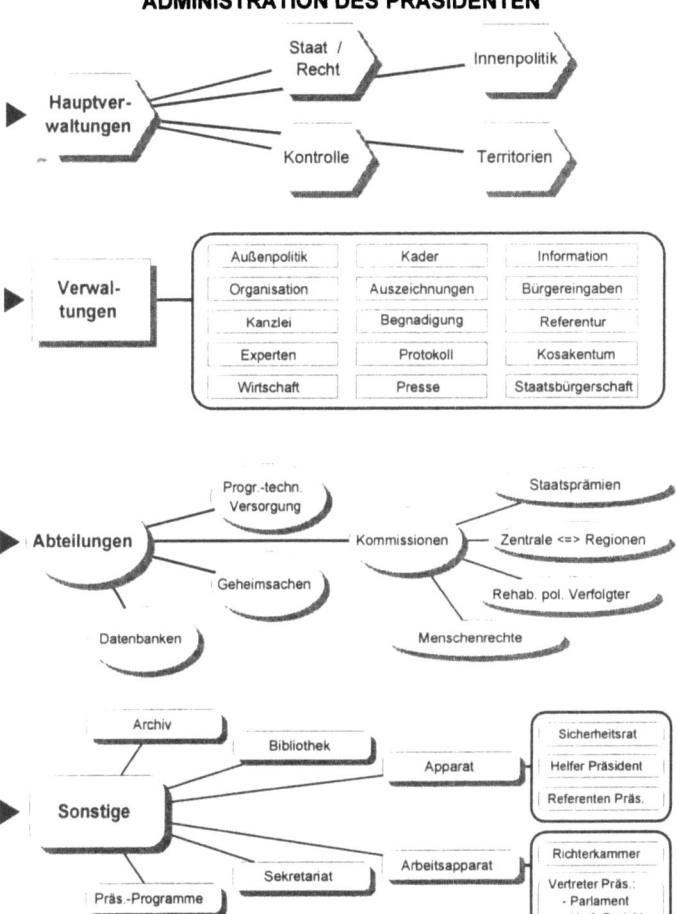

**Hauptverwaltungen**
- Staat / Recht
- Innenpolitik
- Kontrolle
- Territorien

**Verwaltungen**

| Außenpolitik | Kader | Information |
|---|---|---|
| Organisation | Auszeichnungen | Bürgereingaben |
| Kanzlei | Begnadigung | Referentur |
| Experten | Protokoll | Kosakentum |
| Wirtschaft | Presse | Staatsbürgerschaft |

**Abteilungen**
- Progr.-techn. Versorgung
- Geheimsachen
- Datenbanken
- Kommissionen
  - Staatsprämien
  - Zentrale <=> Regionen
  - Rehab. pol. Verfolgter
  - Menschenrechte

**Sonstige**
- Archiv
- Bibliothek
- Präs.-Programme
- Sekretariat
- Apparat
  - Sicherheitsrat
  - Helfer Präsident
  - Referenten Präs.
- Arbeitsapparat
  - Richterkammer
  - Vertreter Präs.:
    - Parlament
    - Verf.-Gericht
    - Föd. Bezirke

Die Präsidialadministration hat in der zweiten Amtszeit des Präsidenten, vor allem nach seiner Bypass-Operation im Herbst 1996, an Bedeutung verloren. Der Präsidialapparat wurde weitgehend verändert sowie personell ausgedünnt. Er ist nicht mehr jene Institution, in der die operative Politik geplant wird. Mit Ausnahme der Sicherheitspolitik, die nach wie vor vom Sicherheitsrat grundsätzlich formuliert wird – vor allem nach seiner Zusammenlegung mit dem Verteidigungsrat –, sind fast alle anderen Bereiche der Planung – vor allem in der Wirtschafts- und Sozialpolitik – zur Regierung abgewandert oder werden – wie die Außenpolitik – arbeitsteilig zwischen dem Außenministerium und der Präsidialadministration entwickelt. Zudem räumte Jelzin der neuen Regierung durch seine Anordnung vom 5. Mai 1998 größere Selbständigkeit ein, denn die Regierungsentscheidungen müssen vorher nicht mehr die Präsidialadministration durchlaufen. Diese derzeitige Situation einer geschwächten Präsidialadministration muß, wenn einmal – wie sich bei der Ablösung von Tschernomyrdin im März 1998 zeigte – von der starken Stellung des Leiters der Präsidialadministration, Jelzins Tochter – der Beraterin des Präsidenten für das Ansehen des Präsidenten – Tatjana Djatschenko und des Leiters der Hauptverwaltung Staat und Recht abgesehen wird, nicht von Dauer sein. Es ist durchaus denkbar, daß sich eines Tages die Gewichte von der Regierung wieder zur Präsidialadministration verlagern.

## 4.5 *Institution der Vertreter des Präsidenten*

Das Institut der Bevollmächtigten Vertreter des Präsidenten in den Regionen wurde von Jelzin nach dem August-Putsch 1991 gebildet, um seine Politik in der Provinz besser durchsetzen zu können. Eine ähnliche Konstruktion gibt es international lediglich in Indien und in Pakistan (Busygina 1996: 664 f.). Die Institution der Vertreter des Präsidenten wird in der Verfassung (Art. 83, lit. j) in der

Form kurz erwähnt, daß der Präsident seine Vertreter ernennt und entläßt.

Das Statut der Präsidentenvertreter vom Juli 1997[44] legt deren Aufgaben folgendermaßen fest:

- Zusammenwirken mit dem Präsidenten bei der Realisierung von dessen verfassungsmäßigen Vollmachten;
- Information des Präsidenten über die politische, soziale und wirtschaftliche Lage in der Region;
- Zusammenwirken mit den föderalen und regionalen Exekutivorganen sowie den Organen der örtlichen Selbstverwaltung bei der Realisierung der Grundrichtungen der Innen- und Außenpolitik, die vom Präsidenten bestimmt wird;
- Zusammenwirken mit den politischen Parteien sowie gesellschaftlichen und religiösen Organisationen, die in der Region tätig sind;
- Erfüllung weiterer Aufträge des Präsidenten.

Das politische Verhalten der Vertreter des Präsidenten läßt sich folgendermaßen klassifizieren:

- Die "zahmen Vertreter" identifizieren sich mit der Exekutive der Region und treiben im Fahrwasser der Politik des Gouverneurs. Solche Vertreter repräsentieren dann eher die Interessen der Region gegenüber Moskau und nicht umgekehrt, wie es eigentlich sein sollte. Das wurde möglich, weil die Vertreter des Präsidenten der "zweiten Welle" 1992/93 nicht mehr unter den Abgeordneten des Volksdeputiertenkongresses ausgewählt wurden, sondern unter den Kandidaten, die in der Regel der Gouverneur Moskau vorschlägt.
- Die "Schmutz-Aufwühler" üben in erster Linie Kontrollfunktion im Sinn Moskaus aus und haben keine stabile Verbindung zur regionalen Administration.
- Die "Vielseitigen" verbinden ihre Tätigkeit mit der Wahrnehmung anderer, meist privater kommerzieller Aufgaben.
- Die "Tribune" sind Vertreter des Präsidenten, deren Tätigkeit nicht nur in der Region wahrgenommen werden soll, sondern gleich im ganzen Land (Busygina 1996: 672-675), weil sie wohl politischen Ehrgeiz haben.

In einer Befragung der Vertreter des Präsidenten im Juni 1995 hielten sich diejenigen für mächtig, die mit den Gouverneuren in

---

44   Rossijskaja gazeta [Russische Zeitung], 16.7.1997.

einer Art politischer Symbiose leben und die sich regelmäßig mit ihnen treffen. Die übrigen Vertreter des Präsidenten waren der Meinung, daß sie über keine reale Macht verfügen oder daß sie ihre Autorität ständig unter Beweis stellen müssen. Die wichtigsten Mängel ihres Amtes sahen die Vertreter des Präsidenten in folgender Rangfolge:

- ungenügender Umfang ihrer Vollmachten,
- oder die Vollmachten wurden als ausreichend angesehen, aber es fehlen die Mechanismen zu ihrer Realisierung,
- der Präsident beachtet seine eigenen Vertreter zu wenig und widmet statt dessen größere Aufmerksamkeit den Gouverneuren (Busygina 1996: 671).

Es war Aufgabe der Vertreter des Präsidenten, die Wahlkampagne der neuen politischen Bewegung "Unser Haus Rußland" des damaligen Premiers Wiktor Tschernomyrdins, die manche auch als die neue "Partei der Macht" bezeichneten, in ihren Regionen zu fördern. Das knappe Ergebnis von 10,1 % bei der Staatsdumawahl 1995 zeigt, daß die Vertreter des Präsidenten dabei nicht sehr erfolgreich waren. Eine bessere Figur machten sie bei der Präsidentenwahlkampagne 1996.

Mit seinem Erlaß vom 13. Mai 2000 "Über die Vollmachten des Präsidenten der Russischen Föderation im Föderalen Bezirk" verringerte Putin die Zahl der 89 Bevollmächtigten Vertreter des Präsidenten in den Föderationssubjekten auf sieben, die für größere Einheiten, sogenannte "Föderale Bezirke", zuständig sind.[45] Diese entsprechen weitgehend den Militärbezirken.[46] Die neuen

---

45 Ukaz Prezidenta Rossijskoj Federacii "O polnomočnom predstavitele Prezidenta Rossijskoj Federacii v Federal'nom okruge, in: Sobranie zakonodatel'stva Rossijskoj Federacii, 20, 2000, Pos. 2112. Dieses Dekret enthält eine Liste der sieben Föderationsbezirke, aus der hervorgeht, welche Föderationssubjekte ihnen jeweils angehören.

46 Lediglich das Gebiet Kaliningrad gehört keinem Militärbezirk an, sondern bildet eine eigene militär-administrative Einheit. Das Gebiet Nishnij Nowgorod gehört nicht zum Wolga-Militärbezirk, sondern zum Moskauer Militärbe-

Bevollmächtigten Vertreter des Präsidenten, von denen nur zwei Zivilisten sind und fünf aus den Sicherheitsstrukturen Armee, Polizei und FSB kommen, sind:

– der ehemalige Vertreter des Präsidenten im Gebiet Leningrad, Georgij Poltawtschenko, der früher einige Zeit im KGB tätig gewesen war, zuständig für den Zentralen Bezirk mit der Stadt Moskau und den Gebieten Belgorod, Brjansk, Iwanowo, Jaroslawl, Kaluga, Kostroma, Kursk, Lipezk, Moskau, Orjol, Rjasan, Smolensk, Tambow, Tula, Twer, Wladimir sowie Woronesh, mit Residenz in *Moskau*;

– der Erste Stellvertretende FSB-Direktor, Generalleutnant Viktor Tscherkessow, der zu Sowjetzeiten in St. Petersburg wegen der Verfolgung der Dissidenten zweifelhafte Berühmtheit erlangt hatte[47], zuständig für den Bezirk Nord-West mit St. Petersburg, den Republiken Karelien und Komi, den Gebieten Archangelsk, Kaliningrad, Leningrad, Murmansk, Nowgorod, Pskow sowie Wologda und dem Autonomen Kreis der Nenzen, mit Residenz in *St. Petersburg;*

– der Armeegeneral Viktor Kasanzew, zuständig für den Bezirk Nordkaukasus mit den Republiken Adygeja, Dagestan, Inguschetien, Kabardino-Balkarien, Kalmykien, Karatschajewo-Tscherkessien, Nordossetien-Alanija sowie Tschetschenien, den Regionen Krasnodar und Stawropol und den Gebieten Astrachan, Rostow sowie Wolgograd, mit Residenz in *Rostow am Don;*

– der ehemalige Premier und jetzige Kovorsitzende der "Union der rechten Kräfte", Sergej Kirijenko, zuständig für den Wolga-Bezirk mit den Republiken Baschkortostan, Mari El, Mordwinien, Tatarstan, Tschuwaschien sowie Udmurtien, den Gebieten Kirow, Nishnij Nowgorod, Orenburg, Pensa, Perm, Samara, Saratow sowie Uljanowsk und dem Autonomen Kreis der Komi-Permjaken, mit Residenz in *Nishnij Nowgorod;*

– der Stellvertretende Innenminister, Generaloberst Petr Latyschew, zuständig für den Ural-Bezirk mit den Gebieten Kurgan, Swerdlowsk, Tjumen sowie Tscheljabinsk und den Autonomen Kreisen der Chanten und Mansen sowie der Jamal-Nenzen, mit Residenz in *Jekaterinburg;*

zirk. (Ukaz Prezidenta Rossijskoj Federacii "O voenno-administrativnom delenii Rossijskoj Federacii", in: Sobranie zakonodatel'stva Rossijskoj Federacii, 31,1989, Pos. 3839.

47 Frankfurter Allgemeine Zeitung, 20.5.2000.

- der GUS-Minister Leonid Dratschewskij, zuständig für den Bezirk Sibirien mit den Republiken Altaj, Burjatien, Chakassien und Tuwa, mit den Regionen Altaj und Krasnojarsk, den Gebieten Irkutsk, Kemerowo, Nowossibirsk, Omsk, Tomsk sowie Tschita und den Autonomen Bezirken der Aginer Burjaten, der Ust-Ordynsker Burjaten, der Ewenken sowie von Tajmyr, mit Residenz in *Nowossibirsk;*
- der Armeegeneral Konstantin Pulikowskij, der von 1994 bis 1996 Kommandeur im Tschetschenienkrieg war, zuständig für den Fernöstlichen Bezirk mit der Republik Sacha (Jakutien), den Regionen Chabarowsk und Primorje, den Gebieten Amur, Kamtschatka, Magadan und Sachalin, mit dem Jüdischen Autonomen Gebiet und den Autonomen Kreisen der Korjaken und der Tschuktschen, mit Residenz in *Chabarowsk.*

Das Institut der Bevollmächtigten Vertreter des Präsidenten in den Regionen war von Jelzin nach dem Augustputsch 1991 geschaffen worden, um seine Politik in der Provinz besser durchsetzen zu können. Eine ähnliche Konstruktion gibt es im internationalen Vergleich lediglich in Indien und in Pakistan.[48] Dieses Institut der Vertreter des Präsidenten wird in der Verfassung (Art. 83, lit. k) nur kurz in der Form erwähnt, daß der Präsident seine Vertreter ernennt und entläßt.

Die sieben neuen, vom Präsidenten eingesetzten (und abzuberufenden) und nur ihm verantwortlichen Präsidentenvertreter in den Föderalen Bezirken, die Mitglieder der Administration des Präsidenten sind, haben u.a. folgende Aufgaben:

- die Umsetzung der föderalen Entscheidungen des Präsidenten sowie der föderalen Staatsorgane vor Ort und die Einhaltung der föderalen Gesetze zu überwachen;
- die Umsetzung der Personalpolitik des Präsidenten zu kontrollieren;
- die Zusammenarbeit der föderalen mit den regionalen Exekutivorganen, den Organen der örtlichen Selbstverwaltung, den politischen Parteien und sonstigen öffentlichen sowie religiösen Vereinigungen zu organisieren;

---

48 Busygina, Irina M., Das Institut der Vertreter des Präsidenten in Rußland. Probleme des Werdegangs und Entwicklungsperspektiven, in: Osteuropa, 1996, S. 664 f.

- an der Arbeit der regionalen Exekutivorgane und sogar der Organe der örtlichen Selbstverwaltung teilzunehmen (wozu sie auch ihre Stellvertreter entsenden können, die vom Leiter der Präsidialverwaltung ernannt werden);
- dem Präsidenten die Aussetzung von Rechtsakten der regionalen Exekutive vorzuschlagen, die föderalen Gesetzen widersprechen.

Um die Position der neuen Präsidentenvertreter aufzuwerten, wurden sie Mitglieder des Sicherheitsrats.[49] Ferner wurde ihnen jeweils ein Stellvertretender Generalstaatsanwalt zugeordnet. Nach Meinung von Generalstaatsanwalt Wladimir Ustinow wird deren Ernennung es in den Föderalen Bezirken ermöglichen, die Tätigkeit der Rechtsschutzorgane besser zu koordinieren. Sie hätten nicht vor, sich in die Tätigkeit der Staatsanwälte der Föderationssubjekte einzumischen.[50]

Ferner entsendet der Präsident Bevollmächtigte Vertreter zum Verfassungsgericht sowie zum Föderationsrat und zur Staatsduma. Alle – auch die Präsidentenvertreter in den Föderationssubjekten – unterhalten Arbeitsapparate, die Teil der Administration des Präsidenten sind.

### 4.6    Präsidialrat

Der Präsidialrat setzt seit 1993 die Arbeit des ein Jahr zuvor gebildeten Konsultativrats beim Präsidenten fort. Der Präsidialrat hat die Funktion eines Konsultativorgans beim russischen Präsidenten. Rechtsgrundlage für die Tätigkeit des Präsidialrats sind Verfassung und Gesetze der Russischen Föderation sowie Dekrete und Verordnungen des Präsidenten, vor allem Jelzins Dekret vom 22. Februar 1993.

Die Hauptaufgaben des Präsidialrats sind:

---

49  Ukaz Preszidenta Rossijskoj Federacii "Ob utverždenii sostava Soveta Bezopasnosti Rossijskoj Federacii", in: Rossijskaja gazeta, 30.5.2000.

50  Interfax, russ., 7.6.2000, zitiert nach: Monitor-Dienst der Deutschen Wellle.

- Ausarbeitung von Vorschlägen zur Strategie auf dem Gebiet der Innen- und Außenpolitik, die auf die Durchführung umfassender wirtschaftlicher, politischer und sozialer Reformen gerichtet sind;
- Bestimmung des Mechanismus für eine effektive Strategie der gesamtnationalen Entwicklung der Russischen Föderation;
- Vorbereitung von Vorschlägen zur Verbesserung der Effektivität der Tätigkeit der Organe der exekutiven Gewalt Rußlands sowie
- Sicherstellung der Beziehungen des Präsidenten zu den politischen Parteien sowie gesellschaftlichen Bewegungen, Gewerkschaften, Berufs-, Frauen-, Jugend- und anderen gesellschaftlichen Vereinigungen und religiösen Organisationen.

Der Präsidialrat wird vom Präsidenten geleitet und soll mindestens einmal im Monat tagen. Zur Vorbereitung der Sitzungen des Präsidialrates können seine Mitglieder Arbeitsgruppen bilden. Über die Bildung von Arbeitsgruppen entscheidet der Leiter der Administration des Präsidenten. In der praktischen Politik spielt der Präsidialrat allerdings offensichtlich keine große Rolle. Das widerspricht nicht seiner monatlichen Tagungshäufigkeit, denn das formale Zusammentreffen garantiert noch nicht automatisch politischen Einfluß. Außerdem gibt es keine Erkenntnisse darüber, ob der Präsidialrat tatsächlich monatlich zusammentritt.

Die Tätigkeit des Präsidialrates wird durch die Administration des Präsidenten sichergestellt. Die organisatorisch-technische Vorbereitung der Sitzungen des Präsidialrates wird von der Organisationsverwaltung der Administration des Präsidenten durchgeführt.

Der Präsidialrat besteht aus dem Vorsitzenden – dem Präsidenten –, dem Stellvertretenden Vorsitzenden und 23 Mitgliedern, die von Jelzin in drei Etappen am 3. April 1992, 11. Februar 1993 und 26. April 1994 berufen wurden. Zu ihnen gehören: ein Stellvertretender Regierungschef, ein Stellvertretender Vorsitzender des Föderationsrats, ein Botschafter, zwei Gouverneure, der Oberbürgermeister von Moskau, der zugleich kraft seines Amtes Mitglied des Föderationsrats ist, Wissenschafter und Gehilfen des Präsidenten, die in der Administration des Präsidenten eingebunden sind. Sie werden als wichtige Persönlichkeiten und nicht als Vertreter von bestimmten Institutionen berufen, so daß es durchaus sein kann, daß nach dem Ausscheiden eines Mitglieds des Präsidialrats ein andere Persönlichkeit vom Präsidenten in den Präsidialrat berufen wird, die eine andere Funktion innehat als das ausgeschiedene Präsidialratsmitglied. Die Tätigkeit im Präsidialrat ist ehrenamtlich.

## 4.7    *Sicherheitsrat*

In Nachahmung der USA schuf Jelzin 1992 einen Sicherheitsrat, den er leitet (Art. 83). Die Tätigkeit des Sicherheitsrats wurde von Jelzin nach seiner Wiederwahl zum Präsidenten in dem Dekret vom 10. Juli 1996 "Über Fragen des Sicherheitsrats der Russischen Föderation" präzisiert. Das war ein Zugeständnis an Lebed, den Jelzin im Juni 1996 zum Sekretär des Sicherheitsrats ernannt hatte. Diesen taktischen Schritt unternahm er, um Lebeds Wählerstimmen bei der Stichwahl zum Präsidenten 1996 zu erhalten. Zugleich ernannte Jelzin Lebed zu seinem Tschetschenien-Beauftragten mit dem Auftrag, den Tschetschenien-Krieg zu beenden. Als Lebed dies wider Jelzins Erwarten gelang, wurde er vom Präsidenten im Oktober 1996 beider Funktionen enthoben. Die Aufgabendefinition und die Organisationsreform des Sicherheitsrats, die Jelzin vornahm, dürfte weitgehend auf Lebeds Konzept zurückzuführen sein.

Die Aufgaben des Sicherheitsrats sind:
- Unterstützung des Präsidenten bei der Erfüllung seiner verfassungsmäßigen Pflicht, die Rechte und Freiheiten der Menschen und Bürger zu schützen sowie die Souveränität, Unabhängigkeit und staatliche Integrität der Russischen Föderation zu wahren;
- Behandlung von Fragen der militärischen, wirtschaftlichen, gesellschaftlichen und Informationssicherheit des Landes;
- Ausarbeitung von Empfehlungen an den Präsidenten für die Beschlußfassung in Fragen der Innen- und Außenpolitik, auf dem Gebiet

der Gewährleistung der Sicherheit von Personen, Gesellschaft und Staat;

– Vorbereitung operativer Entscheidungen zur Verhinderung von Ausnahmesituationen, die zu gravierenden sozialen und politischen, wirtschaftlichen, militärischen, ökologischen und sonstigen Konsequenzen führen können, sowie von Maßnahmen zu deren Beseitigung, falls diese Ausnahmesituationen dennoch eintreten;

– Definition der lebenswichtigen Interessen der Gesellschaft und des Staates sowie Aufdecken von inneren und äußeren Gefahren für die Sicherheitsobjekte;

– Erarbeitung von Grundzügen einer Strategie zur Gewährleistung der Sicherheit der Russischen Föderation;

– Vorbereitung von Beschlüssen des Präsidenten in Fragen der Verteidigungsfähigkeit des Landes und der militär-technischen Zusammenarbeit.

Dem Sicherheitsrat gehören laut Verordnung des Präsidenten vom 31. Juli 1996[51] an:

Vorsitzender:

- Präsident der Russischen Föderation

Sekretär:

- Sergej Iwanow *(vgl. Biographie im Anhang)*

Weitere Ständige Mitglieder:

- Premier
- Außenminister
- Direktor des Föderalen Sicherheitsdienstes (FSB)
- Verteidigungsminister

---

51 Ukaz Prezidenta "Ob utverždenii sostava Soveta Bezopasnosti Rossijskoj Federacii" [Dekret des Präsidenten "Über die Bestätigung des Statuts des Sicherheitsrats der Russischen Föderation"], in: Sobranie zakonodatel'stva Rossijskoj Federacii [Sammlung der Gesetzgebung der Russischen Föderation], Nr. 32, 1996, Pos. 3896.

Mitglieder:

- Leiter der Administration des Präsidenten
- Vorsitzender der Staatsduma
- Vorsitzender des Föderationrats
- Innenminister
- Generalstaatsanwalt
- Justizminister
- Minister für Zivilverteidigung und Ausnahmesituationen
- Generaldirektor der Föderalen Agentur für regierungsamtliche Kommuniktion und Information (FAPSI)
- Direktor der Auslandsaufklärung
- Direktor des Föderalen Grenzdienstes
- Präsident der Akademie der Wissenschaften der Russischen Föderation
- Generalstabschef der Streitkräfte
- Bevollmächtigte Vertreter des Präsidenten in den 7 neuen Föderalen Bezirken (Sibirien, Süd, Wolga, Ural, Zentral, Fernost, Nordwest)

Stimmrecht haben nur die Ständigen Mitglieder des Sicherheitsrats.

Die Hauptaufgabe des Sicherheitsrats besteht darin, die Tätigkeit der Ministerien und Behörden zu koordinieren. Eine weitere wichtige Aufgabe des Sicherheitsrats ist die Ausarbeitung von Empfehlungen an den Präsidenten, denen Entwürfe von Dekreten und Gesetzen beigefügt sein können (Rybkin 1997: 351).

Der Sekretär des Sicherheitsrats:

- wird vom Präsidenten ernannt oder entlassen,
- untersteht als Amtsperson unmittelbar dem Präsidenten,
- leitet die Arbeit des Sicherheitsrats,
- schlägt im Auftrag des Präsidenten Kandidaten für höchste Staatsposten vor;
- überprüft die Tätigkeit der föderalen Organe bezüglich der Gewährleistung der Sicherheit im Land.

Die wichtigsten Aufgaben des Sekretärs des Sicherheitsrats sind laut diesem Dekret folgende:

- unmittelbare Leitung und Organisation der Tätigkeit des Apparats des Sicherheitsrats,
- persönliche Teilnahme (oder Teilnahme durch einen Vertreter) an den Sitzungen der Kollegien, Militärräte und Arbeitsgruppen der föderalen sowie der regionalen (gemeint sind die Föderationssubjekte) Exekutivorgane über Sicherheitsfragen;
- Bildung von Arbeitskommissionen aus Vertretern der föderalen Exekutiv-, Rechtsschutz und sonstiger Organe zur Kontrolle der Umsetzung der Beschlüsse des Sicherheitsrats durch die föderalen und regionalen Exekutivorgane, hinsichtlich der Realisierung der Strategie auf dem Gebiet der Innen-, Außen- und Militärpolitik, der militärtechnischen Zusammenarbeit, der Informationssicherheit sowie zum Erkennen von Bedrohungen der Sicherheit von Personen, Gesellschaft und Staat;
- Aufforderung der föderalen und regionalen Exekutivorgane, die Gründe und die Bedingungen zu beseitigen, die eine Bedrohung für die Sicherheit der Person, der Gesellschaft und des Staates darstellen.

Wenn nötig, kann der Sekretär des Sicherheitsrats seine Vollmachten den Umständen entsprechend verändern. Der Sekretär trägt die persönliche Verantwortung für die Gewährleistung der Tätigkeit des Sicherheitsrats und die Erfüllung seiner Beschlüsse.

Am 1. August 1996 unterschrieb Jelzin ein weiteres Dekret über das Statut des Apparats des Sicherheitsrats, der den Rang einer selbständigen Unterabteilung der Administration des Präsidenten erhielt. Der Apparat des Sicherheitsrats wurde um 20 % auf 200 Personen reduziert (Rybkin 1997: 348).

In seinem Dekret vom 28. März 1998[52] organisierte Jelzin den Apparat des Sicherheitsrats neu und schuf sechs Verwaltungen:

- innere staatliche und öffentliche Sicherheit,

---

52 Ukaz Prezidenta Rossijskoj Federacii "Ob apparate Soveta Bezopasnosti Rossijskoj Federacii" [Dekret des Präsidenten der Russischen Födertion "Über den Apparat des Sicherheitsrats der Russischen Föderation"], in: Sobranie zakonodatel'stva Rossijskoj Federacii [Sammlung der Gesetzgebung der Russischen Föderation] 1998, Nr. 14, Pos. 1536.

- Verteidigungssicherheit,
- internationale Beziehungen,
- wirtschaftliche Probleme der Sicherheit,
- Sicherheit der Verteidigungsindustrie,
- föderale Verfassungssicherheit.

Das Hauptinstrument des Sicherheitsrats sind die interadministrativen Kommissionen, von denen es bisher zehn gibt. Die wichtigsten sind:

- die Kommissionen für Verteidigungssicherheit,
- für die Bekämpfung der Korruption und organisierten Kriminalität und
- für öffentliche Gesundheit.

Dem Sicherheitsrat gab Jelzin in seinem Dekret vom 1. August 1997[53] einen Wissenschaftlichen Rat bei, der vom Sekretär des Sicherheitsrats geleitet wird. Ihm gehören 100 Mitglieder an: Wissenschaftler und Politiker, zum Teil dieselben Personen, die dem Sicherheitsrat angehören. Die dürfen sich dann selbst wissenschaftlich beraten. Der Wissenschaftliche Rat bildet Sektionen, zu denen er anerkannte Wissenschaftler heranziehen kann. Der Wissenschaftliche Rat soll durch seine Prognosen, Analysen und Gutachten die Tätigkeit des Sicherheitsrats absichern.

Durch sein Dekret vom 25. Juli 1996[54] bildete Jelzin den Verteidigungsrat, der die Kompetenzen des Sicherheitsrats etwas einschränkte. Jelzin wollte durch diesen Schritt die Macht Aleksandr Lebeds, des damaligen Sekretärs des Sicherheitsrats, schmälern. Der Sicherheitsrat mußte einen Teil seiner Zuständigkeiten an den Verteidigungsrat abtreten, in erster Linie Funktionen, welche die strategische Planung des militärischen Aufbaus betrafen. Nachdem Lebed bereits im Herbst 1996 als Sekretär des

---

53  Rossijskaja gazeta [Russische Zeitung], 7.8.1997.

54  Ukaz Prezidenta Rossijskoj Federacii "O Sovete oborony Rossijskoj Federacii" [Dekret des Präsidenten der Russischen Föderation "Über den Verteidigungsrat der Russischen Föderation"], in: Sobranie zakonodatel'stva Rossijskoj Federacii [Sammlung der Gesetzgebung der Russischen Föderation], Nr. 31, 1996, Pos. 3699.

Sicherheitsrats entlassen worden war, entschloß sich Jelzin im Rahmen der Straffung des Exekutivapparats und infolge der Ernennung des Vorsitzenden des Verteidigungsrats, Andrej Kokoschin, zum neuen Sekretär des Sicherheitsrats, den Verteidigungsrat im März 1998 aufzulösen.

Über die konkrete Arbeit des Sicherheitsrats gibt es wenig Informationen. Ausgehend von seiner personellen Zusammensetzung wurde er einmal mit dem Politbüro verglichen. Dieser Vergleich ist insofern nicht ganz abwegig, als die Regierung mehr eine Art Wirtschaftskabinett ist und die sonstigen politischen Fragen offensichtlich im Sicherheitsrat behandelt werden. Das politische Gewicht des Sicherheitsrats änderte sich im Lauf der Zeit. Eine unrühmliche Rolle spielte er im Herbst 1994 im Entscheidungsprozeß, den Tschetschenien-Krieg zu beginnen. Die wichtigsten Dokumente, die in letzter Zeit vom Sicherheitsrat verabschiedet wurden, sind die "Konzeption der nationalen Sicherheit" (von Jelzin am 17.12.1997 unterzeichnet), die Militärdoktrin (von Putin am 21. April 2000 unterzeichnet), der Militärreformbeschluß (August 2000) und die Informationssicherheitdoktrin (September 2000).

## 4.8    Staatsrat

Am 1. September 2000 bildete Putin per Erlaß einen Staatsrat, dem neben dem russischen Präsidenten als Vorsitzenden alle 89 Präsidenten und Gouverneure der Föderationssubjekte von Amts wegen angehören.[55] Ursprünglich waren nur die 20 wichtigsten Exekutivchefs als Mitglieder vorgesehen, doch die übrigen protestierten erfolgreich gegen ihren Ausschluß von der Mitgliedschaft. Dieser neue Staatsrat wiegt die Entmachtung des Föderationsrats bei weitem nicht auf. Er gibt den Präsidenten und Gou-

---

55  Rossijskaja gazeta, 5.9.2000. Neue Zürcher Zeitung, 4.9.2000.

verneuren die Möglichkeit, sich mindestens einmal im Vierteljahr in Moskau zu Beratungen zu treffen. Der Staatsrat soll zur "Realisierung der Vollmachten des Staatsoberhaupts zu Fragen des koordinierten Funktionierens und des Zusammenwirkens der Staatsorgane" beitragen.

Im Vordergrund steht das Verhältnis der Zentralregierung zu den Regionen. Ferner kann der Staatsrat über Gesetzes- und Erlaßprojekte des Präsidenten, über den föderalen Haushalt, über Fragen der Personalpolitik und weitere wichtige Fragen von allgemeinstaatlicher Bedeutung beraten. Da der Staatsrat nur beratende Funktion hat, war eine Änderung der Verfassung, die das neue Organ nicht kennt, nicht erforderlich.

Vorsitzender des Staatsrats ist der Präsident, der ein halbjährlich rotierendes siebenköpfiges Präsidium als operatives Arbeitsorgan beruft. Der Staatsrat erhält ein Sekretariat, das vom Stellvertretenden Leiter der Präsidialadministration (seit 7.12.1999), Alexander Sergejewitsch Abramow, geleitet wird. Abramow wurde 1957 im Gebiet Moskau geboren und war von 1997 bis 1999 Stellvertretender Vorstandsvorsitzender der "Alfa-Bank".

Dem ersten Präsidium des Staatsrats, das mindestens einmal im Monat zusammentritt, gehören folgende Regionalpolitiker an: Viktor Iwanowitsch Ischajew (Gouverneur des Kraj Chabarowsk), Wladimir Anatoljewitsch Jakowlew (Oberbürgermeister von St. Petersburg), Viktor Melchiorowitsch Kress (Gouverneur des Gebiets Tomsk), Jurij Michajlowitsch Lushkow (Oberbürgermeister von Moskau), Magomedali Magomedowitsch Magomedow (Vorsitzender des Staatsrats [Regionalparlament] der Republik Dagestan), Leonid Julianowitsch Rokezkij (Gouverneur des Gebiets Tjumen) und Mintimer Scharipowitsch Schajmijew (Präsident der Republik Tatarstan).

# 5    Das Parlament

Das Parlament ist die Föderalversammlung, die aus den beiden Kammern Föderationsrat und Staatsduma besteht (Art. 94 und 95, Abs. 1).


## 5.1    Der Föderationsrat

Der Föderationsrat ist das einzige staatliche Organ auf der zentralen Ebene, das die Interessen der Regionen vertritt. Jedes der 89 Föderationssubjekte entsendet in den Föderationsrat jeweils zwei Vertreter: bisher den Präsidenten der Republik oder den Gouverneur des Gebiets bzw. der Region – beide müssen sich inzwischen in regelmäßigen Abständen der Wahl durch die Bevölkerung stellen – und den Vorsitzenden des Parlaments der Republik oder des Gebiets, der sich vorher als regionaler Abgeordneter ebenfalls durch Wahlen demokratisch legitimieren mußte (Art. 95, Abs. 2).

Durch das Gesetz "Über das Verfahren zur Bildung des Föderationsrats der Föderalen Versammlung der Russischen Föderation" vom 5. August 2000[56], das vom Föderationsrat nach anfänglichen Widerständen gebilligt wurde, erreichte Putin, daß statt der Republikpräsidenten bzw. Gouverneure und der Vorsitzenden der regionalen Parlamente nur noch deren Vertreter dem Föderationsrat angehören. Sie sind dort als Vollzeitparlamentarier tätig. Als Begründung führte Putin seinen Wunsch an, daß die Gouverneure alle ihre Kräfte "auf die konkreten Probleme ihrer Territorien

56  Federal'nyj zakon "O porjadke formirovanija Soveta Federacii Federal'nogo Sobranija Rossijskoj Federacii" [Föderales Gesetz „Über die Bildung des Föderationsrats der Föderalen Versammlung der Russischen Föderation"], in: Rossijskaja gazeta [Russische Zeitung], 8.8.2000.

richten. Dafür sind sie von der Bevölkerung schließlich ge-wählt."[57]

Der Föderationsrat ist als Oberhaus des Parlaments das einzige staatliche Organ auf zentraler Ebene, das die Interessen der Regionen vertritt. Jedes der 89 Föderationssubjekte entsandte bisher jeweils zwei Vertreter in den Föderationsrat: den Präsidenten der Republik oder den Gouverneur des Gebiets bzw. der Region – beide müssen sich inzwischen in regelmäßigen Abständen der Wahl durch die Bevölkerung stellen – und den Vorsitzenden des Parlaments der Republik oder des Gebiets, der sich vorher als regionaler Abgeordneter ebenfalls durch Wahlen demokratisch legitimieren mußte[58] (Art. 95, Abs. 2, der Verfassung).

Nach dem neuen Gesetz wird der Vertreter der Exekutive eines Föderationssubjekts im Föderationsrat durch Erlaß des Republikpräsidenten/Gouverneurs ernannt. Innerhalb von drei Tagen muß der Chef der Exekutive das regionale Parlament über die Ernennung informieren. Der Vertreter der Exekutive im Föderationsrat gilt dann als bestätigt, wenn das Regionalparlament nicht innerhalb von drei Wochen mit zwei Dritteln gegen seine Ernennung stimmt. Eine Zustimmung des Parlaments zur Ernennung des Vertreters der Exekutive ist nicht erforderlich. Der Vertreter der Exekutive muß wie der Vertreter der Legislative eine Einkommens- und Vermögenserklärung vorlegen.

Der Vertreter der Legislative der Region im Föderationsrat wird vom Vorsitzenden des regionalen Parlaments vorgeschlagen. Eine Gruppe aus mindestens einem Drittel der Abgeordneten des regionalen Parlaments kann jedoch eine alternative Kandidatur

---

57  Rossijskaja gazeta [Russische Zeitung], 19.5.2000.

58  Federal'nyj zakon "O porjadke formirovanija Soveta Federacii Federal'nogo Sobranija Rossijskoj Federacii" [Föderales Gesetz „Über die Bildung des Föderationsrats der Föderalen Versammlung der Russischen Föderation"], in: Sobranie zakonodatel'stva Rossijskoj Federacii [Sammlung der Gesetzgebung der Russischen Föderation], 50, 1995, Pos. 4869.

einbringen. Der Vertreter der Legislative der Region wird dann vom regionalen Parlament gewählt. Er ist für die Dauer der Legislaturperiode des regionalen Parlaments im Amt. In Föderationssubjekten mit einem Zweikammerparlament werden die Vertreter der Reihe nach von jeder Kammer für die Hälfte der Zeit gewählt. Das Gesetz sieht eine vorzeitige Entlassung der beiden Vertreter der regionalen Exekutive und Legislative vor, die auf die gleiche Weise wie deren oben beschriebene Ernennung erfolgt.

Anfangs stimmten nur 13 Föderationsratsmitglieder für das Gesetz, während 129 es ablehnten. Eine Schlichtungskommission, die daraufhin von Staatsdumaabgeordneten und Föderationsratsmitgliedern gebildet wurde, erreichte schließlich den Kompromiß, daß die gewählten Präsidenten/Gouverneure bis zum Ende ihrer Amtszeit dem Föderationsrat angehören dürfen. Erst ab dem 1. Januar 2002, wenn die Amtszeit aller gegenwärtigen Exekutivchefs abgelaufen ist, greift die neue Regelung in vollem Umfang. Am 26. Juli 2000 votierten schließlich 119 Föderationsratsmitglieder für diese geringfügig geänderte neue Fassung des Gesetzes und nur 18 dagegen.[59]

Die 178 Mitglieder des Föderationsrats genießen während der gesamten Dauer ihrer Vollmachten Immunität, über deren Aufhebung der Föderationsrat auf Vorschlag des Generalstaatsanwalts entscheidet (Art. 98) Im Föderationsrat spielt die Parteipolitik keine Rolle. Aus diesem Grund gibt es im Föderationsrat keine Fraktionen.

Der Föderationsrat hat folgende Zuständigkeiten (Art. 102, Abs. 1):

– Bestätigung von Grenzänderungen zwischen den Föderationssubjekten;

– Bestätigung der Verhängung des Kriegs- und des Ausnahmezustandes durch den Präsidenten;

---

59 Izvestija [Nachrichten], 27.7.2000.

- Entscheidung über die Möglichkeit eines Einsatzes der Truppen außerhalb der Russischen Föderation;
- Anberaumung der Präsidentschaftswahlen;
- Amtsenthebung des Präsidenten;
- Ernennung der Richter des Verfassungsgerichts, des Obersten Gerichts und des Obersten Schiedsgerichts der Russischen Föderation;
- Ernennung und Amtsenthebung des Generalstaatsanwalts;
- Ernennung und Amtsenthebung des stellvertretenden Vorsitzenden des Rechnungshofs sowie der Hälfte seiner Prüfer.

Ein von der Staatsduma gebilligtes föderales Gesetz gilt als beschlossen, wenn der Föderationsrat innerhalb von 14 Tagen mit der Hälfte seiner Mitglieder diesem Gesetz zustimmt oder wenn es nicht innerhalb von zwei Wochen vom Föderationsrat behandelt wird. Falls ein föderales Gesetz vom Föderationsrat abgelehnt wird, können die beiden Parlamentskammern einen Schlichtungsausschuß bilden, um die entstandenen Unstimmigkeiten zu überwinden. Anschließend muß das föderale Gesetz erneut von der Staatsduma behandelt werden. Ist die Staatsduma mit dem Beschluß des Föderationsrats nicht einverstanden, gilt das föderale Gesetz als angenommen, wenn bei einer erneuten Abstimmung zwei Drittel aller Abgeordneten der Staatsduma für dieses Gesetz stimmen (Art. 105).

Artikel 106 legt fest, daß bestimmte von der Staatsduma beschlossene föderale Gesetze auf jeden Fall im Föderationsrat behandelt werden müssen (Art. 106). Diese Gesetze können den Föderationsrat nicht einfach dadurch passieren, daß die Zweiwochenfrist verstreicht. Es sind Gesetze zu folgenden Inhalten:
- Föderationshaushalt,
- föderale Steuern und Abgaben,
- Regelung von Finanz-, Währungs-, Kredit-, und Zollangelegenheiten sowie der Geldemission,
- Ratifizierung und Aufkündigung internationaler Verträge,
- Status und des Schutz der Staatsgrenze der Russischen Föderation,
- Krieg und Frieden.

Der Föderationsrat, der in Moskau nicht ständig tagt, entscheidet mit einfacher Mehrheit aller seiner Mitglieder, es sei denn, die Verfassung schreibt ein anderes Verfahren vor (Art. 102, Abs. 3).

Der Föderationsrat bildete auf der Grundlage von Artikel 101, Abs. 3, folgende Komitees für:

- Agrarpolitik,
- Angelegenheiten der Föderation, föderale Verträge und Regionalpolitik;
- Angelegenheiten der GUS,
- Angelegenheiten der nördlichen Territorien und nationaler Minderheiten,
- Budget und Steuerpolitik sowie Finanz-, Währungs- und Zollfragen;
- internationale Angelegenheiten,
- Sicherheits- und Verteidigungsfragen,
- Sozialpolitik,
- Verfassungsgesetzgebung, Gerichts- und Rechtswesen,
- Wirtschaftspolitik,
- Wissenschaft, Kultur, Bildung, Gesundheitswesen und Ökologie.

Für die Erledigung bestimmter oder zeitlich begrenzter Aufgaben kann der Föderationsrat Kommissionen bilden (Art. 101, Abs. 3 der Verfassung und Art. 38 der Geschäftsordnung). Ferner kann der Föderationsrat Anhörungen durchführen (Art. 101, Abs. 3).

Die Sitzungsperiode des Föderationsrats dauert vom 15. September bis zum 15. Juli. Der Föderationsrat tritt laut Artikel 45 seiner Geschäftsordnung nicht seltener als einmal innerhalb von drei aufeinander folgenden Wochen zusammen. Die Tagesordnung der Sitzungen des Föderationsrats wird vom Rat des Föderationsrat festgelegt, dem der Vorsitzende des Föderationsrats sowie dessen Stellvertreter und die Vorsitzenden der Komitees des Föderationsrats angehören (Art. $12^2$, Abs. 1 der Geschäftsordnung in der Fassung vom 27.1.1999).

Vorsitzender des Föderationsrats ist seit Februar 1996 Jegor Strojew (vgl. die *Biographie im Anhang*). Der erste Föderationsrat bestand aus gewählten Abgeordneten, von denen 70 Mitglieder von Parteien waren. Die größte Parteizugehörigkeit wiesen mit 37 die von Jegor Gajdar geführte Reformpartei "Wahl Rußlands" und mit 14 die KPRF auf. Bei den anderen Parteien bewegt sich die

Mitgliedschaft der Föderationsmitglieder im einstelligen Zahlenbereich (Clark 1995).

## 5.2 Die Staatsduma

### 5.2.1 Vorgeschichte

Das Wort "Duma" stammt aus dem Altrussischen und heißt so viel wie "Rat" oder "Versammlung". Die heutige Staatsduma hat im alten Rußland verschiedene Vorläufer: Vom 10. bis 17. Jahrhundert, also bis zur Zeit Peters des Großen, gab es die Bojaren-Duma, die ein den Zaren beratendes Organ war. Diese Duma wurde von den Moskauer Fürsten bzw. vom Zaren von Fall zu Fall vor wichtigen Entscheidungen einberufen. Von 1785 bis 1917 existierte ferner die Städte-Duma. Und schließlich führte der letzte Zar Nikolaus II. am 17. Oktober 1905 als Reaktion auf die Revolution vom Frühjahr 1905 die Staatsduma als Vorläufer eines Parlaments ein. Durch diesen Schritt wurde die unbegrenzte zaristische Autokratie beendet und der Übergang zur konstitutionellen Monarchie eingeleitet.

Durch ein weiteres Gesetz vom 24. Dezember 1905 und durch das vom Zaren oktroyierte Staatsgrundgesetz vom 6. Juni 1906 erhielt die Staatsduma begrenzte Legislativ-, Interpellations- und Budgetkontrollfunktionen (Thatcher 1995). Die Mitglieder der Staatsduma wurden über Wahlmänner nach ungleichem und indirektem Wahlrecht gewählt aus folgenden vier Gruppen: Grundbesitzer 2.000 für einen Wahlmann, Städter 4.000, Bauern 30.000 und Arbeiter sogar 90.000 für einen Wahlmann.

Da die ersten beiden Staatsdumi eine linksliberale bzw. bäuerlich-sozialistische Mehrheit hatten, tagten sie nur kurze Zeit (10.5.-22.7.1906 bzw. 5.3.-17.6.1907) und wurden von der Regierung bald wieder aufgelöst, weil sie die Unterordnung der Regierung unter die Staatsduma forderten. Daraufhin verfügte der Zar ein neues Wahlgesetz, welches das Wahlmännergremium zugunsten der Gutsbesitzer und der Großbourgeoisie so veränderte, daß die Regierung in der III. (14.11.1907-22.6.1912) und IV. Staatsduma (28.11. 1912-10.3.1917) eine Mehrheit hatte. Die IV. Staatsduma wurde vom Zaren vertagt. Während der Februar-Revolution 1917, die den Zaren stürzte, bildete die IV. Staatsduma ein zeitweiliges Komitee, aus dem später die Provisorische Regierung hervorging. Lenin bezeichnete die Staatsduma als reines Propagandaforum.

## 5.2.2    Bildung der Staatsduma

Die Staatsduma der Russischen Föderation besteht aus 450 Abgeordneten, die für vier Jahre gewählt werden (Art. 96, Abs. 1), und zwar zur Hälfte nach Listen und zur Hälfte direkt, wobei – im Gegensatz zum deutschen Wahlrecht – die gewählten Abgeordneten getrennt nach Listen- und nach Direktmandaten gezählt werden. Deshalb wird beim russischen Wahlrecht nur von einem bedingt proportionalen Wahlrecht gesprochen (Dunleavy/Margetts 1995: 12). Das passive Wahlrecht gilt ab dem 21. Lebensjahr (Art. 97, Abs. 1).

Im Gegensatz zu vielen westlichen Demokratien schreibt die russische Verfassung eine strikte Gewaltenteilung vor: Ein Abgeordneter der Staatsduma darf nicht im Staatsdienst stehen oder einer anderen bezahlten Tätigkeit nachgehen mit Ausnahme einer unterrichtenden, wissenschaftlichen oder schöpferischen Tätigkeit, denn er arbeitet hauptberuflich (Art. 97, Abs. 3). Ein Abgeordneter der Staatsduma darf weder dem Föderationsrat noch anderen regionalen Parlamenten oder örtlichen Selbstverwaltungsorganen angehören (Art. 97, Abs. 2).

Auch die Abgeordneten der Staatsduma genießen Immunität, die nur die Staatsduma auf Vorschlag des Generalstaatsanwalts aufheben darf (Art. 98). Die Staatsduma tagt normalerweise in öffentlicher Sitzung, wenn nicht die betreffende Geschäftsordnung etwas anderes vorschreibt. Staatsduma und Föderationsrat können aber auch gemeinsam tagen, um die Botschaften des Präsidenten und des Verfassungsgerichts oder Reden ausländischer Staatsführer zu hören (Art. 100).

### 5.2.3 Kompetenzen

Die Kompetenzen der Staatsduma sind aufgrund der starken Stellung des Präsidenten geringer als z.B. diejenigen des Deutschen Bundestags und erstrecken sich laut Verfassungsartikel 103 auf folgende Bereiche
- Beschluß von Gesetzen dem Überstimmen eines Präsidentenvetos,
- Zustimmung zur Ernennung des Regierungchefs;
- Beschlußfassung über die Frage des Vertrauens in die Regierung;
- Ernennung und Amtsenthebung des Vorsitzenden der Zentralbank;
- Ernennung und Amtsenthebung des Vorsitzenden des Rechnungshofs sowie der Hälfte seiner Prüfer;
- Ernennung und Amtsenthebung des Menschenrechtsbeauftragten;
- Verkündung einer Amnestie;
- Anklageerhebung gegen den Präsidenten mit dem Ziel seiner Amtsenthebung.

Die Hauptätigkeit der Staatsduma ist die Verabschiedung von Beschlüssen (Art. 103, Abs. 2). Für die Wahrnehmung der oben angeführten Kompetenzen sowie die Verabschiedung von Beschlüssen, die meistens Gesetze sind, von denen das Haushaltsgesetz normalerweise das wichtigste ist, legt die Verfassung unterschiedliche Mehrheiten fest:
- einfache Mehrheit aller Abgeordneten für die Verabschiedung von Gesetzen, die keine föderalen Verfassungsgesetze sind (Art. 103, Abs. 3),
- ein Drittel der Abgeordneten für die Initiative, gegen den Präsidenten ein Impeachmentverfahren einzuleiten (Art. 95, Abs. 2),
- zwei Dritteln der Stimmen aller Abgeordneten für die Verabschiedung föderaler Verfassungsgesetze (Art. 108, Abs. 2), das Überstimmen eines Präsidentenvetos (Art. 107, Abs. 3) und die Anklageerhe-

bung im Rahmen eines Impeachmentverfahrens gegen den Präsidenten (Art. 93, Abs. 2),

- drei Fünfteln der Stimmen aller Abgeordneten zur Einberufung einer Verfassungsversammlung (Art. 135, Abs. 2).

Föderalen Verfassungsgesetzen müssen zu den in der Verfassung vorgesehenen folgenden Fragen verabschiedet werden (Art. 108, Abs. 1):

- Verhängung des Ausnahmezustands über das ganze Land oder einzelne Landesteile (Art. 56, Abs. 2),
- Aufnahme in die Russische Föderation und die Bildung eines neuen Föderationssubjekts innerhalb der Russische Föderation (Art. 65, Abs. 2),
- Änderung des Status' eines Föderationssubjekts (Art. 66, Abs. 5),
- Beschreibung und Ordnung der offiziellen Verwendung von Staatsflagge, Staatswappen und Staatshymne sowie Festlegung des Status' der Hauptstadt (Art. 70, Abs.1-2),
- Festlegung des Status' des Sicherheitsrats (Art-. 83 g),
- Verfahren zur Festlegung eines Referendums (Art. 84 c),
- Verfahrensordnung für die Tätigkeit der Regierung (Art. 114, Abs. 2),
- Festlegung des Gerichtssystems (Art. 118, Abs. 2),
- Verfahren des Verfassungsgerichts zur Überprüfung der Verfassungsmäßigkeit eines Gesetzes (Art. 125, Abs. 4),
- Einberufung einer Verfassungsversammlung (Art. 135, Abs. 2),
- Änderung der Verfassung in den Kapiteln 3 bis 8 (Art. 136).

*5.2.4     Struktur*

Die Staatsduma bildet Komitees, die während der gesamten Legislaturperiode bestehen, und darüber hinaus für die Erfüllung inhaltlich oder zeitlich begrenzter Aufgaben Kommissionen (Art. 101, Abs. 3), die nach Erfüllung ihrer Aufgaben aufgelöst werden.

Die 1999 gewählte Staatsduma bildete folgende Komitees für (in Klammern die Fraktions- bzw. Gruppenzugehörigkeit des Komiteevorsitzenden):

- Agrarfragen (Gruppe „Landwirtschaft und Industrie"),
- Angelegenheiten der Föderation und Regionalpolitik (KPRF-Fraktion),
- Angelegenheiten der Frauen, Familie und Jugend (KPRF-Fraktion),
- Angelegenheiten der gesellschaftlichen Vereinigungen und religiösen Organisationen (KPRF-Fraktion),
- Angelegenheiten der GUS und Verbindungen zu den Landsleuten (Fraktion „Volksmacht – Ganz Rußland"),
- Angelegenheiten der Nationalitäten (Gruppe „Landwirtschaft und Industrie"),
- Arbeit, Sozialpolitik und Veteranenangelegenheiten (KPRF-Fraktion),
- Bildung und Wissenschaft (KPRF-Fraktion),
- Eigentum (Fraktion „Einheit"),
- Energiewirtschaft, Transport und Kommunikation (Fraktion „Einheit"),
- Fragen der örtlichen Selbstverwaltung (Fraktion „Einheit"),
- Geschäftsordnung und Organisation der Staatsdumaarbeit (Fraktion „Einheit"),
- Gesetzgebung (Fraktion „Union rechter Kräfte"),
- Gesundheitswesen und Sport (Gruppe „Volksdeputierte"),
- Haushalt und Steuern (Gruppe „Regionen Rußlands"),
- Kreditorganisationen und Finanzmärkte (Gruppe „Volksdeputierte"),
- Industrie, Bauwesen, Hochtechnologie (KPRF-Fraktion),
- Informationspolitik (LDPR-Fraktion),
- Internationale Angelegenheiten (Gruppe „Volksdeputierte"),
- Kultur und Tourismus (KPRF-Fraktion),
- Natürliche Ressourcen und deren Nutzung (Fraktion „Einheit"),
- Ökologie (Fraktion „Einheit"),
- Probleme des Nordens und des Fernen Ostens (Gruppe „Volksdeputierte"),
- Sicherheit (Fraktion „Einheit"),
- Staatsaufbau (KPRF-Fraktion),
- Verteidigung (Gruppe „Volksdeputierte"),
- Wirtschaftspolitik und Unternehmertum (KPRF-Fraktion).

Der Vorsitz in den Komitees wurde unter den Fraktionen – entsprechend ihrer Stärke – aufgeteilt (vgl. Tabelle 8 und 9).

## 5.2.5    Geschäftsordnung

Die Staatsduma tagt als ständiges Organ vom 12. Januar bis zum 20. Juli und vom 1. Oktober bis zum 25. Dezember, jeweils mittwochs und freitags. Die Tätigkeit der Staatsduma wird durch den Staatsdumarat vorbereitet, dem der Vorsitzende sowie die Vorsitzenden der Fraktionen und Gruppen angehören und der wöchentlich zusammentritt. Beratende Stimme haben in diesem Gremium die Stellvertretenden Vorsitzenden und die Komitees der Staatsduma (Art. 13 und Art. 38 der Geschäftsordnung der Staatsduma[60]).

Der Staatsdumarat entwirft das Arbeitsprogramm für die Staatsduma, bestimmt den monatlichen Terminkalender für die zu behandelnden Fragen und leitet die Gesetzentwürfe den entsprechenden Komitees zu (Art. 14 der Geschäftsordnung), entscheidet also darüber, welche Gesetzentwürfe zu welchem Zeitpunkt von der Staatsduma behandelt werden.

Zur Durchführung der laufenden Arbeit der Staatsduma wurde ein Apparat aufgebaut, der 1.140 Mitarbeiter umfaßt (Rybkin 1997: 86).

Der erste Vorsitzende der Staatsduma war Iwan Rybkin. Der zweite Staatsdumavorsitzende ist seit Januar 1996 Gennadij Selesnjow (siehe Biographie im Anhang).

## 5.2.6    Wahlen

Bisher wurde die Staatsduma dreimal gewählt: am 12. Dezember 1993, am 17. Dezember 1995 und am 19.Dezember 1999. Aus letztlich nicht ganz einleuchtenden Gründen wurde in den Schluß-

---

60  Reglament Gosudarstvennoj Dumy Federal'nogo Sobranija – parlamenta Rossijskoj Federacii [Geschäftsordnung der Staatsduma der Föderalen Versammlung – des Parlaments der Russischen Föderation]. Moskau 1994.

und Übergangsbestimmungen (Nr. 7) der Verfassung vorge-
schrieben, daß die erste Staatsduma nur für die halbe Legislaturperiode von zwei Jahren gewählt wird. Vielleicht hatte man wenig
Vertrauen in das Ergebnis der ersten Staatsdumawahl und wollte in
diesem Fall die Möglichkeit einer vorzeitigen Korrektur schaffen.

Von den 1993 sich zur Kandidatur gestellten 13 Parteien,
Wählervereinigungen und Wahlblöcke siegte die nationalistische
LDPR von Wladimir Shirinowskij (vgl. Schneider 1994b) mit
22,8 %, gefolgt von der reformerischen "Wahl Rußlands" (WR)
Jegor Gajdars mit 15,4 %, der KPRF mit 12,4 %, der zentristi-
schen Wählervereinigung "Frauen Rußlands" (FR) mit 8,1 %, der
kommunistischen "Argrarpartei Rußlands" (APR) mit 7,9 %, der
reformerischen Wählervereinigung "Jabloko" (JBL) unter Grigorij
Jawlinskij mit 7,8 %, der zentristischen "Partei der russischen
Einheit und Eintracht" (PREE) mit 6,8 % und der zentristischen
"Demokratischen Partei Rußlands" (DPR) mit 5,5 %. Die übrigen
Parteien und Wählervereinigungen blieben unter 5 % (vgl.
Schneider 1994a und Lentini 1995).

1995 traten 43 Parteien und Wählervereinigungen an, die – um
registriert zu werden – 200.000 Unterschriften in mindestens 15
Föderationssubjekten sammeln mußten, um zu verhindern, daß
eine Liste kandidiert, die nur eine beschränkte regionale Bedeutung
hat. Der Wahlkampf verlief 1995 offener und professioneller als
die Wahlkampagne von 1993 (Belin/Orttung 1997: 67). Von den
angetretenen Parteien und Wählervereinigungen konnten nur vier
die Fünf-Prozent-Hürde überwinden. Bereits vor Beginn der Wahl
hatte der Präsident vergeblich versucht, das Wahlrecht dahingehend zu ändern, daß die Abgeordneten nur noch direkt gewählt
werden und keine Parteien mehr zur Wahl antreten dürfen. Mit
Blick auf die nächste Staatsdumawahl 1999 gibt es wiederum
Bemühungen von seiten des Präsidenten, das Listenwahlrecht
abzuschaffen, was die Herausbildung eines tragfähigen Parteiensystems erschweren dürfte. Jelzin ist über das gute Abschneiden
der KPRF verärgert, begründet sein Vorgehen aber damit, daß

aufgrund der Fünf-Prozent-Klausel bei der Staatsdumawahl 1995 49,5 % der Parteiwählervoten keine Widerspiegelung in der Staatsduma fanden.

Die KPRF konnte ihr Listenergebnis von 1993 um 9,9 % auf 22,3 % verbessern (vgl. Tabelle 1). Die LDPR mußte hinnehmen, daß ihr Listenergebnis von 1993 auf 11,2 % halbiert wurde. "Unser Haus Rußland" (UHR) – die neue "Partei der Macht" des damaligen Premiers Wiktor Tschernomyrdin – erreichte mit enttäuschenden 10,1 % – trotz aller offiziellen und halboffiziellen Unterstützung – nur das drittbeste Listenergebnis. Von den demokratischen Parteien schaffte nur Jabloko mit 6,9 % gerade eben den Sprung ins Parlament.

Befragungen des Meinungsforschungsinstituts "Russian Opinion Market Research" (ROMIR) 1993 und des "Allrussischen Zentrums zur Erforschung der öffentlichen Meinung" (WZIOM) 1995 ergaben eine unterschiedliche Stabilität der Wählerschaft der großen Parteien. Die KPRF wählten 1995 68 % ihrer Wähler von 1993 wieder, die LDPR 47 % und Jabloko 43 % (Wyman 1996: 279; vgl. dazu auch: White/Rose/McAllister 1997).

Ende Dezember 1995 führte WZIOM unter 1.600 Personen eine Umfrage über das Elektorat der vier Parteien, Blöcke und politischen Bewegungen durch, die in der Staatsduma Fraktionen bilden konnten.[61] Das Ergebnis ist in Tabelle 2 zusammengefaßt. Bei der Analyse des Elektorats fällt bei der Altersvariablen auf, daß sich die Wählerschaft der KPRF fast zur Hälfte aus Personen zusammensetzt, die über 55 Jahre alt sind. Die KPRF, die selbst zum großen Teil aus älteren Mitgliedern besteht, findet also vor allem bei denjenigen Resonanz, die keine aktiven Funktionen mehr in Rußland innehaben. Den höchsten Prozentsatz an Wählern unter 24 Jahren weist mit 15 % die Reformgruppierung Jabloko auf, die entschieden für die Marktwirtschaft eintritt, was eher bei der jungen Generation Zustimmung findet.

---

61 Izvestija [Nachrichten], 11.1.1996.

*Tabelle 1: Elektorat der Staatsduma 1995 (in %)*

|  | KPRF | LDPR | UHR | JBL |
|---|---|---|---|---|
| *Alter:* | | | | |
| 18-24 Jahre | 5 | 10 | 9 | 15 |
| 25-39 Jahre | 14 | 30 | 29 | 33 |
| 40-54 Jahre | 32 | 33 | 31 | 28 |
| älter als 55 Jahre | 49 | 26 | 31 | 25 |
| *Bildung:* | | | | |
| Hochschule | | | | |
| Mittelschule | 10 | 4 | 19 | 30 |
| weniger als | 38 | 44 | 53 | 45 |
| Mittelschule | 50 | 51 | 28 | 25 |
| *Berufe:* | | | | |
| Unternehmer | 1 | 2 | 3 | 4 |
| Spezialisten | 8 | 4 | 15 | 21 |
| Arbeiter | 29 | 48 | 23 | 22 |
| Rentner | 46 | 23 | 32 | 20 |
| *Stadt/Land:* | | | | |
| Moskau | 4 | 2 | 7 | 13 |
| Großstadt | 36 | 27 | 45 | 46 |
| Kleinstadt | 32 | 36 | 28 | 39 |
| Dorf | 32 | 37 | 27 | 15 |
| *Sozialismus* *unterstützen:* | | | | |
| ja | 58 | 34 | 14 | 24 |
| nein | 22 | 44 | 65 | 49 |
| *Eigene Lage:* | | | | |
| gut-passabel | 6 | 10 | 25 | 16 |
| erträglich | 51 | 45 | 57 | 63 |
| unerträglich | 39 | 39 | 15 | 17 |

Das Elektorat von Jabloko besteht außerdem zu einem Drittel aus Hochschulabsolventen, während die Wahlpropaganda von Sjuganow und Shirinowskij bei Wählern mit dem niedrigsten Bildungsstand Widerhall findet: Sie stellen die Hälfte der KPRF- und der LDPR-Wähler. Die Untersuchung der Berufsstruktur bestätigt für die KPRF die Aussage hinsichtlich der Altersvariablen: Fast die Hälfte der KPRF-Wähler sind Rentner. Auf der anderen Seite fällt auf, daß vom LDPR-Elektorat 48 % Arbeiter sind, ein Drittel mehr als bei der KPRF-Wählerschaft. Es wäre nicht das erste Mal in der europäischen Geschichte dieses Jahrhunderts, daß nationalistische Positionen mit sozialistischen Elementen – die man verbal bekämpft – vermengt werden. Die Wählervereinigung Jabloko, die mehr eine gebildete Wählerschaft anspricht, weist mit 13 % den höchsten Vertretungsgrad in Moskau auf. UHR ist mit 45 % am stärksten in den Großstädten vertrete, wo auch Jabloko mit 46 % ihre stärkste Basis unter der Wählerschaft hat. Die LDPR erreichte zu 37 % etwas stärker als die KPRF die Wählerschaft in den Dörfern. Die LDPR hat also hinsichtlich ihres Elektorats demnach zwei "Standbeine": die Arbeiterschaft und die Landbevölkerung.

Auf die Frage, ob die Wähler die Ideen des Sozialismus unterstützen, antworteten – wie zu erwarten – die meisten KPRF-Wähler mit "ja", nämlich 58 %, aber auch 34 % der LDPR-Wähler, die demnach nicht alle von sozialistischen Vorstellungen Abschied genommenhaben, sondern ihnen – wenn auch in ein nationalistisches Gewand gekleidet – zu einem Drittel weiterhin anhängen. Die Beantwortung der Frage nach der eigenen Situation macht deutlich, daß sowohl die KPRF als auch die LDPR mit je 39 % ihre Wählerschaft viel stärker am untersten Ende der sozialen Skala rekrutiert als UHR und Jabloko, was den höchsten Werten bei der Berufsvariablen entspricht ("Rentner" bei der KFRR bzw. "Arbeiter" bei der LDPR). Am besten situiert ist das UHR-Elektorat, denn ein Viertel von ihnen kommt mit seiner jetzigen Lage zurecht. Das sind vermutlich die 18 % Unternehmer und Spezialisten, die sich bei der Berufsvariablen für UHR aussprachen.

Laut dieser Umfrage wurde die Wahlentscheidung zu 40 % am stärksten durch das Fernsehen beeinflußt. Das ist in einem Land mit elf Zeitzonen und einem starken Rückgang der Zeitungsauflagen nicht verwunderlich. Aber an zweiter Stelle rangiert mit 24 % bereits die persönlich getroffene Wahlentscheidung. An dritter Stelle wurden mit 13 % die speziellen Wahlwerbespots im Fernsehen (predvybornyje roliki) genannt, gefolgt mit 10 % von den Ratschlägen von Freunden und Bekannten. Wahlwerbung im Radio und Artikel von bekannten Persönlichkeiten und Journalisten beeinflußten die Wähler nur zu je 9 %. Wahlplakate, die man in gewisser Häufigkeit und Größe nur in den Millionenstädten sah, sowie Postwurfsendungen hatten auf die Wahlentscheidung nur zu 7 % eine Auswirkung. Am Ende der Antwortskala rangieren mit 4 % persönliche Treffen mit Parteipolitikern.

Die Wahl zur dritten Staatsduma am 19. Dezember 1999 brachte das in Tabelle 1 zusammengestellte Ergebnis[62], wobei nur diejenigen Parteien und Bewegungen in der Reihenfolge des Wahlzettels aufgeführt sind, die mehr als fünf Prozent der Stimmen erhielten. Die Wahlbeteiligung war mit 61,85 % etwas geringer als 1995 (64,3 %).[63] Die nach dem Wahlgesetz erforderliche Mindestwahlbeteiligung von 25 % (Art. 79, Abs. 2a und Art. 80, Abs. 12b) wurde erreicht. Damit war die Wahl rechtlich gültig ist.

---

62  Mitteilung der Zentralen Wahlkommission, in: Rossijskaja gazeta [Russische Zeitung] 29.12.1999.

63  Interfax russ., zitiert nach: Deutsche Welle Monitor-Dienst Osteuropa, 30.12.1999.)

*Tabelle 2: Ergebnis der Staatsdumawahl 1999*

| Partei / Bewegung / Block / Wählervereinigung | Listen-ergebnis (in %) | Anzahl Listen-mandate | Anzahl Direkt-mandate |
|---|---|---|---|
| *"Jabloko"* | *5,93* | *16* | *4* |
| *"Bär" ("Einheit")* | *23,32* | *64* | *9* |
| *"Block Shirinowskij"* | *5,98* | *17* | |
| *"Vaterland – Ganz Rußland" (VGR)* | *13,33* | *37* | *31* |
| *"Kommunistische Partei der Russischen Föderation" (KPRF)* | *24,29* | *67* | *46* |
| *"Union rechter Kräfte" (URK)* | *8,52* | *24* | *5* |

Die Angaben zu den Parteien, Bewegungen und Blöcken, die mehr als 5 % der Stimmen bekommen haben und somit in die Staatsduma einziehen konnten, repräsentieren 81 % der Wähler. 1999 erhielten sechs Parteien mehr als 5 % der Stimmen, zwei Parteien zwischen 2 und 5 %, zwei Parteien zwischen 1 und 2 % und 16 weniger als 1 %. 1995 sah das Wahlergebnis folgendermaßen aus: Vier Parteien erhielten mehr als 5 % der Stimmen, sechs Parteien zwischen 2 und 5 %, fünf Parteien zwischen 1 und 2 % und neun Parteien weniger als 1 %. Das bedeutet, daß die Wähler 1999 ihre Stimmen nicht so zersplittert abgegeben haben wie 1995, was auf eine gewisse Konsolidierung des Parteiensystems hinweisen könnte. In den Ein-Mandat-Wahlkreisen wurden 91 Abgeordnete und nach Parteilisten 66 Abgeordnete, also insgesamt 157 Abgeordnete, wiedergewählt. Die Erneuerungsquote beträgt demnach 65,11 %.

Von den bisher in der Staatsduma mit Fraktionen vertretenen Parteien halbierte der "Block Shirinowskij" mit 5,98 % sein Wahlergebnis von 1995 (11,18 %). Die Liste der "Liberaldemokratischen Partei Rußlands" (LDPR) Wladimir Shirinowskijs war von der Zentralen Wahlkommission zur Staatsdumawahl nicht zugelassen worden, weil der zweite Spitzenkandidat, Anatolij Bykow, Direktor des Krasnojarsker Aluminiumwerks und Kontrahent Lebeds mit angeblichen Mafiaverbindungen, unvollständige Angaben zu seinen Einkommensverhältnissen gemacht hatte. Shirinowskij stellte daraufhin umgehend eine neue Liste mit dem Namen "Block Shirinowskij" auf, die er anführte und die von der Zentralen Wahlkommission registriert wurde. Das Wahlergebnis von 1999 entspricht dem Stimmenanteil, den Wladimir Shirinowskij 1996 bei der Präsidentenwahl erringen konnte (5,7 %). Mit diesem Prozentwert, mit dem er – entgegen den Prognosen – die Fünf-Prozent-Hürde gerade überspringen konnte, ist offensichtlich das Wählerpotential der Shirinowskij-Anhänger ausgeschöpft.

Die jelzinkritischen Demokraten von "Jabloko" schöpften mit 5,93 % ihr Elektorat offenbar ebenfalls aus. Bei der Staatsdumawahl 1995 erreichten sie 6,89 % und bei der Präsidentenwahl 1996 7,3 % der Wählerstimmen. Es war nicht von Vorteil für "Jabloko", daß sie den ehemaligen Premier Sergej Stepaschin nach Jawlinskij als Spitzenkandidaten aufstellte. Zudem dürfte "Jabloko" geschadet haben, daß Jawlinskij vorsichtig den Tschetschenien-Krieg kritisiert hatte.

Die "Kommunistische Partei der Russischen Föderation" (KPRF) konnte mit 24,29 % ihr Wahlergebnis der letzten Staatsdumawahl von 1995 (22,3 %) sogar geringfügig verbessern und erreichte das beste Wahlergebnis bei einer Staatsdumawahl. Wenn bedacht wird, daß es bei der jetzigen Staatsdumawahl nicht mehr nur um die Frontstellung Kommunisten gegen Demokraten, sondern auch um Jelzin-Nomenklatura gegen Lushkow-Nomenklatura ging, und wenn berücksichtigt wird, daß die KPRF praktisch mit drei Listen antrat, kann man wohl davon ausgehen, daß der Stimmenanteil der Kommunisten zum gegenwärtigen Zeitpunkt nicht wesentlich zu verbessern ist.

Von den neuen Parteien, Bewegungen und Wahlblöcken erreichte Lushkows "Vaterland – Ganz Rußland" (VGR) mit rund

13,33 % nur etwas mehr als die Hälfte der prognostizierten Prozente, aber immerhin viele Direktmandate. Der Grund ist in der Schmutzkampagne zu suchen, die wochenlang im landesweit zu empfangenden Ersten Fernsehprogramm gegen Lushkow lief, auf dessen inhaltliche Gestaltung Jelzin über den Oligarchen Boris Beresowskij Einfluß hatte. (Das Hauptwahlkampfmittel ist in Rußland das Fernsehen.) In polemischen, demagogischen politischen Magazinen wurden Lushkow Bestechung bis zu Mordaufträgen vorgeworfen. Auf diese "Kompromate" (kompromittierendes Material) antwortete Lushkow in Sendungen anderer Fernsehkanäle, zu denen er Zugang hat, die aber nicht landesweit empfangen werden können. Hinzu kommt, daß Lushkow von der Bevölkerung Verbindungen zur Mafia unterstellt werden, so daß die von der Administration des Präsidenten ausgestreuten "Kompromate" bei der Bevölkerung auf einen nicht völlig unfruchtbaren Boden fielen.

Die "Union der rechten Kräfte" (URK), zu der sich die Marktwirtschaftler vereinigt hatten, die ehemals in Regierungsverantwortung standen, konnte mit 8,52 % in die Staatsduma einziehen, weil sie eine gewisse Unterstützung von seiten der Präsidentenadministration/Regierung erhalten hatte.

Politisch gesehen ist die eigentliche Gewinnerin der Wahl, die mit 23,32 % nur knapp hinter den Kommunisten blieb, Sergej Shojgus neue Bewegung "Einheit", die unter dem Namen "Bär" zur Wahl angetreten war. Die erst im Sommer als neue Quasi-"Partei der Macht" gegründete Bewegung ohne substantielles politisches Programm lag in den Voraussagen Ende Oktober noch unter 5 %. Sie profitierte nicht nur von der gegen Lushkow geführten Schmutzkampagne, sondern vor allem von Wladimir Putins Aussage, als Premier sei er zu parteipolitischer Neutralität verpflichtet, als Staatsbürger werde er allerdings "Bär" wählen. Daß diese Aussage so wahlwirksam war, hat ihre Ursache in der seit Beginn des Tschetschenien-Kriegs nahezu kometenhaft angestiegenen Popularität Putins. Dieser Krieg, der bisher in den russischen Medien als erfolgreich dargestellt wurde, findet bei der Bevölkerung weitgehende Zustimmung, nicht nur wegen der von Tschetschenen begangenen kriminellen Handlungen, die dem ganzen Volk angelastet werden, sondern vor allem auch wegen der Anschläge auf die drei Hochhäuser in Rußland mit Hunderten von Toten, derer sie bezichtigt werden und die bis heute unbewiesen sind.

In den 225 Ein-Mandat-Wahlkreisen wurden 216 Direktkandidaten gewählt. In neun Ein-Mann-Wahlkreisen müssen die Wahlen wiederholt werden, denn dort haben mehr Wähler bei "Gegen alle Kandidaten" ihr Kreuz auf dem Wahlzettel gemacht als für den Kandidaten mit den meisten Kandidatenstimmen.[64] 111 Kandidaten waren von Parteien und Bewegungen aufgestellt worden. Mit 46 hat die KPRF die meisten Direktmandate erhalten, aber weniger als 1995 (58). An zweiter Stelle bei den Direktmandaten rangiert mit 31 Lushkows VGR, während die Bewegung bei der Listenwahl nur den dritten Platz erreichen konnte. Dieses gute Ergebnis von VGR in den Ein-Mandat-Wahlkreisen ist offensichtlich das Resultat der Wahlkampfbemühungen von "Ganz Rußland". Die neue "Partei der Macht" "Bär" errang nur neun Direktmandate, was ihre geringe Verankerung in den Provinzen zeigt. URK konnte immerhin fünf Direktmandate gewinnen.

5.2.7    *Fraktionen*

Laut Geschäftsordnung der Staatsduma dürfen nur diejenigen Abgeordneten eine Fraktion bilden, die über eine Liste gewählt wurden, die mindestens fünf Prozent der Stimmen bekommen hat. Zu einer Fraktion können sich die Listenabgeordneten und die

---

64  Interfax russ. 23.12.1999, zitiert nach: Deutsche Welle Monitor-Dienst Osteuropa, 27.12.1999, S. 3.

von der betreffenden Partei aufgestellten und gewählten Direktabgeordneten zusammenschließen. Es können sich zudem Direktabgeordnete einer Fraktion anschließen, die nicht von der Partei
aufgestellt wurden. Ferner können sich Listen- und Direktabgeordnete auch einer anderen Gruppierung anschließen, um ihr zur
Fraktionsstärke zu verhelfen. Dadurch wird die Stärke der Fraktion dann zahlenmäßig kleiner als die Gesamtzahl der Listen- und
der Direktabgeordneten einer Partei. Dies ist z.B. bei der Fraktion
der "Kommunistischen Partei der Russischen Föderation" (KPRF)
der Fall ist. In Tabelle 3 sind die Fraktionen kursiv gesetzt und in
der Reihenfolge ihrer zahlenmäßigen Stärke aufgeführt. Abgeordnete, die von einer Partei aufgestellt und gewählt wurden, die
aber als Liste unter fünf Prozent blieb, bzw. Direktabgeordnete,
die nicht von einer Partei aufgestellt wurden, können sich nicht zu
Fraktionen, wohl aber zu Gruppen zusammenschließen. Rechtlich
gibt es zwischen Fraktionen und Gruppen keinen Unterschied.)[65]

Voraussetzung für die Bildung einer Gruppe ist eine Mindest-
zahl von 35 Mitgliedern. Falls diese Zahl von einer Gruppe nicht
erreicht wird, kann sie versuchen, Direktabgeordnete zu gewinnen, die von keiner Partei aufgestellt wurden, bzw. Abgeordnete
von einer ihr politisch nahestehenden großen Fraktion "abzuwer-
ben".

Die KPRF-Fraktion könnte rein rechnerisch 113 Abgeordnete
umfassen, zählt aber nur 90 Abgeordnete, weil sie 23 – wahr-

---

65 Kommersant Daily, 19.1.2000; RFE/RL Newsline, Vol. 4, Nr. 18, Part I,
26.1.2000, S. 3. ) Die unter "Insgesamt" angegebene Zahl muß nicht der Addition der Listen- und Direktmandate entsprechen, weil Fraktionen Mitglieder
an andere Fraktionen "abgeben" können, ferner, weil nicht von einer Partei
aufgestellte direkt gewählte Abgeordnete sich einer Fraktion anschließen
können und weil auf einer Liste gewählte Abgeordnete oder von einer Partei
aufgestellte Abgeordnete es ablehnen können, sich "ihrer" Fraktion anzuschließen und es z.B. bevorzugen, fraktionslos zu bleiben. Schließlich können
die Abgeordneten ihre Fraktionsentscheidung jederzeit ändern. Die Prozentzahlen sind auf die zur Zeit gewählten 441 Abgeordneten (= 100%) bezogen.

scheinlich – an die Gruppe "Landwirtschaft und Industrie" abge
geben hat. Die Fraktionsstärke von 113 Abgeordneten würde 75,8
% derjenigen von 1995 entsprechen, was einen Rückgang gegenüber 1995 um ein Viertel bedeutet. "Jabloko" muß eine Verringerung um 25 Abgeordnete hinnehmen, was eine Halbierung der
Fraktion gegenüber 1995 bedeutet. Noch größer ist die Schrump-
fung der LDPR-Fraktion um 34 Abgeordnete oder zwei Drittel.
Zahlenmäßig praktisch unverändert blieben dagegen die Gruppen
gegenüber 1995, sofern sie sich wieder gebildet bzw. unter ähnli-
chem Namen wieder formiert haben. Die Zahl der Abgeordneten,
die fraktions- bzw. gruppenlos bleiben wollten, hat sich gegenüber 1995 von 35 auf 17 halbiert. Das ist Ausdruck einer stärkeren Fraktionen- bzw. Gruppenorientierung der Abgeordneten. Die
neue Staatsduma ist politisch weniger polarisiert als ihre Vorgängerin von 1995. Die Fraktionen der Kommunisten und Nationali-
sten verkleinerten sich um ein Viertel bzw. zwei Drittel. Die jelzinkritischen Demokraten von "Jabloko" mußten eine Halbierung
ihrer Fraktionsstärke hinnehmen.

Tabelle 3: Fraktionen der Staatsduma (1)

| Fraktion | Listenmandate | | | Direktmandate | | | Anzahl der Mandate / Insgesamt (2) | | | In % (3) | | |
|---|---|---|---|---|---|---|---|---|---|---|---|---|
| | 1999 | 1995 | 1993 | 1999 | 1995 | 1993 | 1999 | 1995 | 1993 | 1999 | 1995 | 1993 |
| KPRF | 67 | 99 | 32 | 46 | 58 | 13 | 90 | 149 | 45 | 20,4 | 33,1 | 10,1 |
| Einheit | 64 | – | – | 9 | – | – | 82 | – | – | 18,6 | – | – |
| VGR (4) | 37 | – | – | 31 | – | – | 45 | – | – | 10,2 | – | – |
| URK (5) | 24 | – | – | 5 | – | – | 32 | – | – | 7,3 | – | – |
| "Jabloko" | 16 | 31 | 20 | 4 | 16 | 7 | 21 | 46 | 27 | 4,8 | 10,2 | 6,1 |
| LDPR/Block Shirinowskij | 17 | 50 | 59 | 0 | 1 | 4 | 17 | 51 | 63 | 3,9 | 11,3 | 14,2 |
| Volksdeputierte | – | – | – | – | – | – | 57 | – | – | 12,9 | – | – |
| Neue regionale Politik/ Russische Regionen/ Regionen Rußlands | – | 0 | – | – | 0 | 67 | 41 | 42 | 67 | 9,3 | 9,3 | 15,1 |
| APR (6)/Agrarier/ Landwirtschaft und Industrie | – | 0 | 21 | – | 20 | 34 | 39 | 35 | 55 | 8,8 | 7,8 | 12,4 |
| UHR (7) | 0 | 45 | – | – | 10 | – | – | 55 | – | – | 12,2 | – |
| Volksmacht | – | 0 | – | – | 9 | – | – | 37 | – | – | 8,2 | – |
| Fraktionslos | – | – | – | – | 35 | 43 | 17 | 35 | 43 | 3,9 | 7,8 | 9,7 |

(1) Kommersant Daily, 19.1.2000; RFE/RL Newsline, Vol. 4, Nr. 18, Part I, 26.1.2000, S. 3.

(2) Die unter "Insgesamt" angegebene Zahl muß nicht der Addition der Listen- und Direktmandate entsprechen, weil Fraktionen Mitglieder an andere Fraktionen "abgeben" können, ferner, weil nicht von einer Partei aufgestellte direkt gewählte Abgeordnete sich einer Fraktion anschließen können und weil auf einer Liste gewählte Abgeordnete oder von einer Partei aufgestellte Abgeordnete es ablehnen können, sich "ihrer" Fraktion anzuschließen und es z.B. bevorzugen, fraktionslos zu bleiben. Schließlich können die Abgeordneten ihre Fraktionsentscheidung jederzeit ändern. Bei der Berechnung der Prozentzahlen wurden die 441 Abgeordneten gleich 100% gesetzt. Neun Abgeordnete müssen noch nachgewählt werden.

(3) Die Prozentzahlen sind auf die zur Zeit gewählten 441 Abgeordneten (= 100%) bezogen.

(4) VGR = "Vaterland – Ganz Rußland".
(5) URK = "Union rechter Kräfte".
(6) APR = "Agrarpartei Rußlands".
(7) UHR = "Unser Haus Rußland".

Bei der Abstimmung über den Staaatsdumavorsitzenden (siehe unten) bildete sich eine Abstimmungskoalition aus KPRF, "Einheit", LDPR, "Landwirtschaft und Industrie" (KPRF-nah) und "Volksdeputierten" ("Einheit"-nah), mit 64,6 % der Stimmen. Diese Abstimmungskoalition KPRF – "Einheit", die man als Wählerbetrug bezeichnen kann, ist allerdings aber auch Ausdruck dafür ist, daß die KPRF langsam zu einem integrierten Bestandteil des russischen politischen Systems wird.

VGR, URK und "Jabloko" reagierten auf die Abstimmungskoalition mit der Bildung eines Koordinierungsrats, der einen Stimmenanteil von 22,3 % hat. Die Zweifel des Föderationsratsvorsitzenden Jegor Strojew an der Stabilität des Kräfteverhältnisses in der Staatsduma sind berechtigt. Er schließt nicht aus, daß es zu Spaltungen kommen wird, da Bündnisse nur auf Zeit geschlossen würden.[66]

Die Abstimmungskoalition von KPRF, "Einheit", LDPR, "Landwirtschaft und Industrie" und "Volksdeputierte" war wahrscheinlich nur eine Ad-hoc-Absprache. Das würde bedeuten, daß der Kreml – gemeint sind der Präsident mit seiner Administration und die Regierung – bei anderen Abstimmungsinhalten pragmatisch eine andere Abstimmungskoalition eingehen könnte.

Die KPRF leitet neun Komitees (wie 1995), wobei sie allerdings den Vorsitz in den wichtigen Komitees für Gesetzgebung und für Sicherheit an UHR bzw. an "Einheit" abgeben mußte. Dafür leitet Anatolij Lukjanow (Putschist von 1991) jetzt das neue Komitee für Staatsaufbau. Der letzte GOSPLAN-Chef der UdSSR und Erste Stellvertretende Premier 1998/99, Jurij Masljukow, übernahm den Vorsitz des Komitees für Industrie, Bauwesen und Hochtechnologie. Mitglieder der LDPR-Fraktion leiteten

---

66  Interfax, russ. 19.1.2000, zitiert nach: Deutsche Welle Monitor-Dienst Osteuropa, 20.1.2000, S. 3.

1995 vier Komitees, hingegen 1999 nur noch ein Komitee (für Informationspolitik).

Die zweitgrößte Zahl an Komitees (7) leitet die Kreml-Fraktion "Einheit", darunter so wichtige wie die Komitees für Eigentum, für Energiewirtschaft und für Sicherheit. Auf Platz drei in der Zahl der Komiteeleitungen rangieren die Abgeordneten der Gruppe "Volksdeputierte", die u.a. die bedeutenden Komitees für internationale Angelegenheiten und für Verteidigung leiten. Während "Jabloko" in der alten Staatsduma vier Komitees leitete, geht sie jetzt leer aus. Der "Jabloko"-Mitbegründer und ehemalige russische Botschafter in den USA, Wladimir Lukin, mußte den Vorsitz des Komitees für internationale Angelegenheiten an Dmitrij Rogosin, den Mitbegründer des "Kongresses russischer Gemeinden, abgeben. Den Vorsitz im Komitee für Verteidigung übernahm der ehemalige Direktor des Föderalen Grenzdienstes, Armeegeneral Andrej Nikolajew.

### 5.2.8    Gesetzgebungsprozeß

Über die Qualität der Gesetzgebung urteilen führende russische Rechtswissenschaftler einhellig folgendermaßen: Die bisherige Gesetzgebung habe sich systemlos und chaotisch entwickelt; zwischen den Gesetzen und den Dekreten des Präsidenten sowie den Normativakten der Regierung gebe es keinen harmonischen Zusammenhang, was zu einer Verletzung der inneren Logik und einer Vielzahl von Widersprüchen führe. Hinzu komme der unzulängliche Anwendungsmechanismus der Gesetze, der zur "Achillesferse" der Gesetzgebung geworden sei. Zuweilen würde der Gesetzgebungsprozeß auch ad absurdum geführt, wenn an einem Tag etwa 50-60 Gesetze verabschiedet werden (meistens in den letzten Tagen einer Sitzungsperiode), wobei zwei oder gar drei Lesungen eines Gesetzes am gleichen Tag stattfinden. Bei einer solchen Hektik ist es nicht verwunderlich, wenn dem Präsi-

denten bisweilen eine andere Variante eines Gesetzes zur Unterschrift vorgelegt wird als jene, für welche die Abgeordneten gestimmt hatten (Ivanov 1996: 26 f.).

### 5.2.8.1 Gesetzgebungstätigkeit während der ersten Legisla-
turperiode 1993-1995

Die Staatsduma hat in ihrer ersten Legislaturperiode von 1993 bis
1995 500 Gesetze verabschiedet, von denen der Präsident aber nur
342 unterzeichnete. Die übrigen scheiterten entweder am Föderationsrat oder am Präsidenten. Zum Vergleich seien ausgeführt:
Der Oberste Sowjet der UdSSR verabschiedete von 1938 bis 1988
nur 90 Gesetze. Der Deutsche Bundestag verabschiedete von 1949
bis 1990 4.400 Gesetze. Angesichts des großen Regelbedarfs in
Rußland gehen Experten davon aus, daß für den Aufbau eines
Rechtsstaats und einer zivilen Gesellschaft in Rußland die Verabschiedung von 2.000-3.000 Gesetzen erforderlich sein dürfte
(Ivanov 1996: 26).

Zu den von der Staatsduma verabschiedeten und vom Präsidenten unterzeichneten Gesetze gehören so wichtige Gesetze wie
die beiden Gesetze über die Staatsduma- und die Präsidentschaftswahl, über das Referendum, zwei Teile des Bürgerlichen
Gesetzbuchs, das Familiengesetzbuch, die Gesetze über die föderalen Haushalte, das Aktiengesetz und einige wichtige Gesetze
über die Miliz, die Staatsanwaltschaft, die Richter und die Ge-
heimdienste (Ivanov 1996: 5).

### 5.2.8.2 Einbringen von Gesetzentwürfen

Alle Gesetzentwürfe müssen in die Staatsduma eingebracht werden (Art. 104, Abs. 2). Das Recht dazu haben (Art. 104, Abs. 1):
– der Präsident,

- der Föderationsrat als Organ,
- die Mitglieder des Föderationsrats,
- die Abgeordneten der Staatsduma,
- die Regierung,
- die Volksvertretungen der Föderationssubjekte als Organ,
- das Verfassungsgericht,
- das Oberste Gericht und
- das Oberste Schiedsgericht.

In der ersten Legislaturperiode der Staatsduma 1993/95 wurden von den behandelten Gesetzentwürfen 55 % von der Staatsduma als ganzem oder einzelnen Abgeordneten eingereicht, 20 % von der Regierung, 10 % vom Präsidenten und 15 % von Mitgliedern des Föderationsrats, von Föderationssubjekten sowie von den obersten Gerichten. Es kam vor, daß ordnungsgemäß eingebrachte Gesetzesentwürfe von der Staatsduma einfach nicht behandelt wurden. Z.B. blieben 20 Gesetzentwürfe des Präsidenten mehrere Monate oder sogar ein Jahr in der Staatsduma unbehandelt liegen (Ivanov 1996: 4).

Oft wurden 1993/95 wenig durchdachte Gesetzentwürfe eingebracht. Obwohl die Verfassung (Art. 104, Abs. 3) vorschreibt, daß Gesetzentwürfe, die Steuern einführen bzw. abschaffen oder von Steuerzahlungen befreien, und Gesetze, die Ausgaben zu Lasten des föderalen Haushalts vorsehen, nur bei Vorlage eines Gutachtens der Regierung eingebracht werden können (Art. 104, Abs. 3), behandelte die Staatsduma 80 % solcher Gesetzentwürfe, ohne daß ein solches Regierungsgutachten vorgelegen hätte. Lag eine Stellungnahme der Regierung doch einmal vor und enthielt sie die Aussage, daß die entsprechenden Haushaltmittel zur Finanzierung des Gesetzes fehlten, so wurde das Gesetz dennoch verabschiedet. Es kam vor, daß die Staatsduma den Haushalt verabschiedete, anschließend aber Gesetze, welche die Finanzierung des Haushalts praktisch wieder zunichte machten. Der Präsident war deshalb 15 Mal gezwungen, Gesetze abzulehnen, für deren Umsetzung keine finanziellen Mittel zur Verfügung standen (Ivanov 1996: 6-9).

Nach der Einbringung des Gesetzentwurfs beginnt das Komitee, das für fachliche Begutachtung diese Vorlage verantwortlich ist, mit dessen Beratung. Das Komitee empfiehlt danach der Staatsduma entweder die Zustimmung oder Änderungen oder die Ablehnung der Vorlage. Im allgemeinen folgt die Staatsduma den Empfehlungen des federführenden Komitees. Ein von der Staatsduma abgelehnter Entwurf wird an das Komitee zurückverwiesen, das ihn dann mit Zustimmung desjenigen überarbeitet, der ihn eingebracht hat (Art. 94-104 der Geschäftsordnung). Nach der Einbringung des Gesetzentwurfs beginnt das Komitee, das für diese Vorlage verantwortlich ist, mit deren Behandlung. Das Komitee empfiehlt nach Beratung des Entwurfs der Staatsduma die Zustimmung,, eine Reihe von Änderungen vorzunehmen oder die Vorlage abzulehnen. Im allgemeinen folgt die Staatsduma den Empfehlungen des federführenden Komitees. Das von der Staatsduma abgelehnte Gesetz wird in das Komitee zurückgeleitet, das den Entwurf dann mit Zustimmung desjenigen überarbeitet, der ihn eingebracht hat (Art. 94-104 der Geschäftsordnung; Ivanov 1996: 20 f.).

### 5.2.8.3    Erste Lesung

Die Staatsduma behandelt die Gesetzentwürfe normalerweise in drei Lesungen. Nach der ersten Lesung verabschiedet die Staatsduma sofort den Entwurf als Gesetz oder nimmt den Entwurf an und legt eine Frist für die zweite Lesung des Gesetzes fest oder lehnt den Entwurf ab. Werden zu einer Frage mehrere Entwürfe eingereicht, so behandelt die Staatsduma in der ersten Lesung alle Entwürfe, entscheidet aber, welcher Entwurf für eine zweite Lesung vorgesehen ist (Art. 105 f. der Geschäftsordnung; Ivanov 1996: 7).

Nach der Annahme des Gesetzes in erster Lesung, wird der Entwurf – was in der Verfassung nicht festgelegt ist – innerhalb von fünf Tagen dem Föderationsrat sowie dem Präsidenten zur Kenntnisnahme zugeleitet. Die Hauptverwaltung für Staat und Recht der Administration des Präsidenten fertigt dann ein umfassendes Gutachten mit Anmerkungen und Vorschlägen an, das die Abgeordneten besonders interessiert, weil sie diesem Gutachten entnehmen können, ob der Präsident prinzipielle Einwände gegen das Gesetz hat oder ob es Chancen hat, eines Tages in Kraft zu treten (Ivanov 1996: 7 f.).

Die Abstimmung über einen Gesetzesentwurf, dessen Annahme die einfache Mehrheit bzw. eine Zweidrittelmehrheit bei verfassungsändernden Gesetzen und Verfassungsgesetzen aller Abgeordneten der Staatsduma erfordert, wurde nicht selten wiederholt, wenn die Zahl der Stimmen für eine Entscheidung über einen Entwurf zunächst nicht ausreichte, was von den beiden großen elektronischen Anzeigetafeln im Sitzungssaal abgelesen werden kann. Der Leiter der Staatsdumasitzung fragt dann die Abgeordneten, wenn sie an der Annahme des Gesetzentwurfs persönlich interessiert sind: "Vielleicht haben die Abgeordneten", deren Sachverstand im allgemeinen als niedrig bezeichnet wird, "etwas nicht verstanden?" Dann kommt aus dem Plenarsaal der Zuruf: "Ja, die Deputierten haben nicht verstanden, man muß neu abstimmen." Dann setzt der Vorsitzende eine neue Abstimmung an (Ivanov 1996: 10).

Eine weitere Unsitte besteht darin, daß manche Abgeordnete mit der Stimmkarte eines nicht anwesenden Kollegen für ihn elektronisch – das normale Abstimmungsverfahren – abstimmen. Nach Auskunft des Leiters des Apparats des Bevollmächtigten Vertreters des Präsidenten beim Föderationsrat, Lew Iwanow, soll es zuweilen vorgekommen sein, daß im Sitzungssaal sichtlich weniger als die Hälfte der Abgeordneten anwesend war, während von der elektronischen Abstimmungsanzeige abgelesen werden konnte, daß alle Deputierten anwesend waren (Ivanov 1996: 10).

# GESETZGEBUNGSPROZESS IN DER RUSSISCHEN FÖDERATION

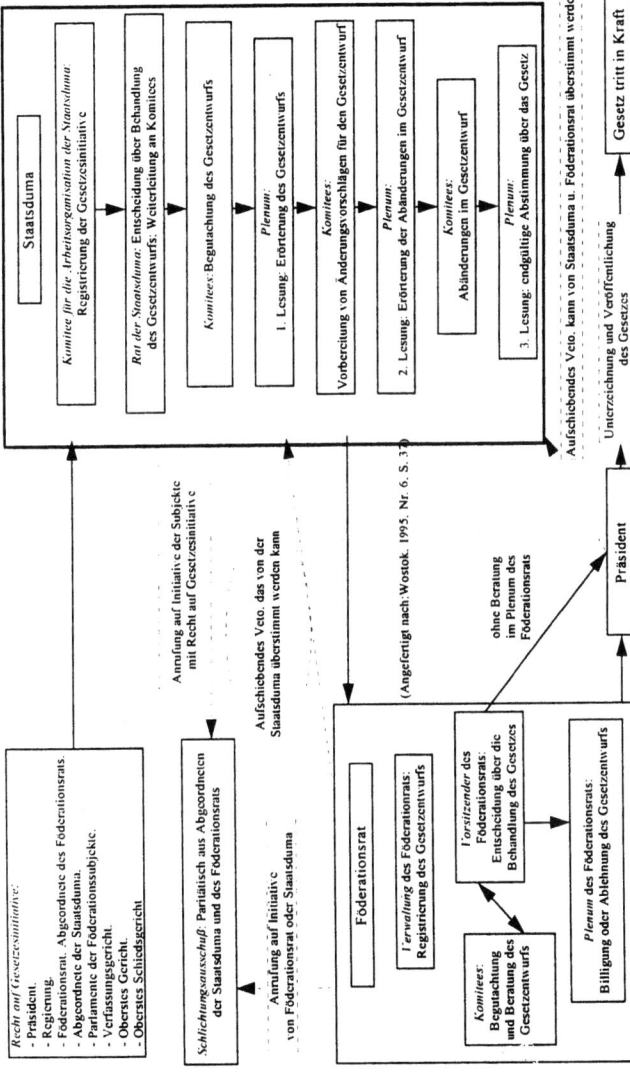

*Recht auf Gesetzesinitiative:*
- Präsident.
- Regierung.
- Föderationsrat, Abgeordnete des Föderationsrats.
- Abgeordnete der Staatsduma.
- Parlamente der Föderationssubjekte.
- Verfassungsgericht.
- Oberstes Gericht.
- Oberstes Schiedsgericht.

Anrufung auf Initiative der Subjekte mit Recht auf Gesetzesinitiative

*Schlichtungsausschuß:* Paritätisch aus Abgeordneten der Staatsduma und des Föderationsrats

Aufschiebendes Veto, das von der Staatsduma überstimmt werden kann

Anrufung auf Initiative von Föderationsrat oder Staatsduma

(Angefertigt nach: Wostok, 1995, Nr. 6, S. 33)

**Staatsduma**

*Komitee für die Arbeitsorganisation der Staatsduma:* Registrierung der Gesetzesinitiative

*Rat der Staatsduma:* Entscheidung über Behandlung des Gesetzentwurfs: Weiterleitung an Komitees

*Komitees:* Begutachtung des Gesetzentwurfs

*Plenum:* 1. Lesung: Erörterung des Gesetzentwurfs

*Komitees:* Vorbereitung von Änderungsvorschlägen für den Gesetzentwurf

*Plenum:* 2. Lesung: Erörterung der Abänderungen im Gesetzentwurf

*Komitees:* Abänderungen im Gesetzentwurf

*Plenum:* 3. Lesung: endgültige Abstimmung über das Gesetz

Aufschiebendes Veto kann von Staatsduma u. Föderationsrat überstimmt werden

**Föderationsrat**

*Verwaltung des Föderationsrats:* Registrierung des Gesetzentwurfs

*Vorsitzender des Föderationsrats:* Entscheidung über die Behandlung des Gesetzes

ohne Beratung im Plenum des Föderationsrats

*Komitees:* Begutachtung und Beratung des Gesetzentwurfs

*Plenum des Föderationsrats:* Billigung oder Ablehnung des Gesetzentwurfs

**Präsident**

Unterzeichnung und Veröffentlichung des Gesetzes

**Gesetz tritt in Kraft**

### 5.2.8.4 Zweite Lesung

Wenn die zweite Lesung eines Gesetzentwurfs ansteht, über deren Termin der Rat der Staatsduma entscheidet, müssen den Abgeordneten spätestens 15 Tage vorher alle Unterlagen zugeleitet worden sein. Doch die Praxis zeigt, daß die Abgeordneten die Fassung für die zweite Lesung oft erst drei Tage vor der Sitzung erhalten, so daß sie sich mit dem Gesetzestext erst während der laufenden Sitzung vertraut machen (Ivanov 1996: 11).

Die zweite Lesung beginnt mit der Rede des Vorsitzenden desjenigen Komitees, das vom Rat der Staatsduma für die Behandlung des Gesetzes als fachlich federführend eingesetzt wurde. In dieser Rede hat er über die eingegangenen Änderungsvorschläge und ihre Behandlung im Komitee zu informieren. Anschließend bekommen der Bevollmächtigte Vertreter des Präsidenten in der Föderalversammlung, die Vertreter der Regierung sowie die Subjekte mit Gesetzesinitiative, welche die Vorlage eingebracht haben, das Wort. Wird der Gesetzentwurf in zweiter Lesung angenommen, verweist ihn die Staatsduma erneut an das federführende Komitee, das unter Beteiligung der Rechtsabteilung der Staatsduma "mögliche innere Widersprüche auszuräumen, richtige Zusammenhänge zwischen den Artikeln festzulegen und redaktionelle Korrekturen aufgrund des geänderten Vorlagentextes in zweiter Lesung vorzunehmen" hat. Nach Beendigung dieser Arbeit legt das Komitee die Vorlage dem Rat der Staatsduma vor, der den Termin für die dritte Lesung festlegt (Art. 107-114 der Geschäftsordnung; Ivanov 1996: 11).

### 5.2.8.5 Dritte Lesung

Bei der dritten Lesung sind Änderungen der Gesetzesvorlage und deren erneute Erörterung unzulässig. In Ausnahmefällen ist allerdings der Vorsitzende der Staatsduma verpflichtet, auf Ersuchen der Mehrheit der Abgeordneten die Frage der Rückkehr zur zweiten Lesung der Vorlage zur Abstimmung zu stellen (Art. 115 der Geschäftsordnung. Ivanov 1996: 11-12).


### 5.2.8.6 Behandlung im Föderationsrat

Wenn es sich um ein föderales Gesetz handelt, leitet die Staatsduma innerhalb von fünf Tagen den in der dritten Lesung verabschiedeten Gesetzentwurf dem Föderationsrat zu. Der Vorsitzende des Föderationsrats bestimmt dann unter Berücksichtigung des Gesetzesinhalts das Komitee, das über das Gesetz ein Gutachten zu erstellen hat, und leitet es ihm binnen zwei Tagen zu. Er kann das Gesetz auch an mehrere Komitees zur Vorbereitung eines Gutachtens verweisen, wobei allerdings ein Komitee als federführend bestimmt werden muß. Das Gutachten muß innerhalb von drei Tagen erstellt sein. Es wird mit Mehrheit der an der Komiteesitzung teilnehmenden Kollegen angenommen, wobei mindestens die Hälfte der Mitglieder anwesend sein muß. Diese knappen Termine können eingehalten werden, weil der Föderationsrat den Gesetzestext ja bereits vorab nach der ersten Lesung erhält. Binnen sechs Tagen prüft der Vorsitzende des Föderationsrats dann das Gutachten des Komitees. Er ist verpflichtet, das von der Staatsduma angenommene Gesetz auf die Tagesordnung des Föderationsrats zu setzen, wenn das Gutachten des Komitees dies empfiehlt. Er hat aber das Recht, auch entgegen dem Beschluß des Komitees das von der Staatsduma angenommene Gesetz auf die Tagesordnung zu setzen. Er muß die Behandlung des Gesetzes auch dann auf die Tagesordnung des Föderationsrats setzen, wenn der Präsident, die Regierung oder zwei Abgeordnete des Föderationsrats, die beide aus demselben Föderationssubjekt kommen müssen, darauf bestehen (Ivanov 1996: 13 f.).

Für die Billigung eines föderalen Gesetzes durch den Föderationsrat ist die einfache Mehrheit (Art. 105, Abs. 1 der Verfassung), für die eines Gesetzes, das Artikel der Kapitel 3 bis 8 der Verfassung ändert, und für "Verfassungsgesetze" die Dreiviertelmehrheit (Art. 108, Abs. 2 der Verfassung) und für die Überstimmung eines Präsidentenvetos eine Zweidrittelmehrheit (Art. 107, Abs. 3 der Verfassung) aller Abgeordneten erforderlich. Wenn der Föderationsrat ein zustimmungspflichtiges Gesetz ablehnt, kann er das Gesetz insgesamt ablehnen oder nur einige Artikel, wobei er dann konkrete Änderungen vorschlagen muß. Stimmt der Föderationsrat dem Gesetz zu, so leitet er es binnen fünf Tagen mit seinem Beschluß dem Präsidenten zur Unterzeichnung und zur Verkündung (Publikation) zu (Art. 107, Abs. 1 der Verfassung, (Ivanov 1996: 15).

Wenn der Föderationsrat einem Gesetz zustimmen will, muß dies innerhalb von 14 Tagen geschehen. Versäumt er diese Zweiwochenfrist, gilt dies ebenfalls als Zustimmung (Art. 105, Abs. 4 der Verfassung). Nach der Geschäftsordnung der Staatsduma (Art. 116, Abs. 3) leitet in diesem Fall deren Vorsitzender das Gesetz dem Präsidenten ebenfalls zur Unterzeichnung zu. 1994 war der Präsident mit diesem Verfahren einverstanden, z.B. im Falle der Verabschiedung des wichtigen Bürgerlichen Gesetzbuchs, das in der Administration des Präsidenten erarbeitet worden war. 1995 verwies der Präsident in sechs ähnlichen Fällen die Gesetze ohne Behandlung an die Staatsduma zurück und richtete eine Anfrage an das Verfassungsgericht, ob der oben erwähnte Artikel 116, Abs. 3 der Geschäftsordnung der Staatsduma verfassungsgemäß sei. Das Verfassungsgericht stimmte in seinem Beschluß vom 22. April 1996 der Rechtsauffassung des Präsidenten zu und erklärte Artikel 116, Abs. 3 der Geschäftsordnung für verfassungswidrig, der dem Vorsitzenden der Staatsduma das Recht einräumte, dem Präsidenten ein Gesetz zur Unterzeichnung zuzuleiten, das durch Fristverstreichung als vom Föderationsrat gebilligt gilt (Ivanov 1996: 12 f.).

## 5.2.8.7 Schlichtungsverfahren

Stimmt der Föderationsrat dem Gesetz nicht zu, leitet er seinen diesbezüglichen Beschluß binnen fünf Tagen der Staatsduma zu. Dies kam während der ersten Legislaturperiode relativ häufig vor. Im Durchschnitt wurde jedes fünfte Gesetz vom Föderationsrat abgelehnt. Der Föderationsrat lehnte ein Gesetz meist dann ab, wenn es seiner Meinung nach nicht mit der Verfassung oder den Gesetzen übereinstimmte. Erhält die Staatsduma ein Gesetz vom Föderationsrat zurück, können beide Parlamentskammern einen Schlichtungsausschuß bilden. Die Staatsduma trat während ihrer ersten Legislaturperiode nur bei 30% der vom Föderationsrat abgelehnten Gesetze in ein solches Schlichtungsverfahren ein. Der Schlichtungsausschuß arbeitet Vorschläge für die Überwindung der Meinungsverschiedenheiten zwischen den beiden Kammern aus. Bei der erneuten Behandlung des Gesetzes in der Staatsduma sind nur die Vorschläge des Schlichtungsausschusses zu erörtern. Dabei muß über jeden Vorschlag einzeln abgestimmt werden. Wird nur ein einziger Schlichtungsvorschlag abgelehnt, kann die Staatsduma dem Schlichtungsausschuß empfehlen, innerhalb von zehn Tagen neue Vorschläge auszuarbeiten. Stimmt die Staatsduma den Schlichtungsvorschlägen zu, wird das Gesetz erneut dem Föderationsrat zur Zustimmung vorgelegt. Stimmt die Staatsduma den Schlichtungsvorschlägen nicht zu, wird das Gesetz in seiner ursprünglichen Fassung in der Staatsduma erneut zur Abstimmung gestellt. Das Gesetz gilt dann als angenommen, wenn die Staatsduma mit zwei Dritteln aller Abgeordneten für dieses Gesetz stimmt (Art. 105 der Verfassung; Art. 117-122 der Geschäftsordnung; Ivanov 1996: 15 f.).

## 5.2.8.8 Präsidentenveto

Der Präsident verweigerte während der Legislaturperiode 1993/95 bei einem Viertel aller von der Staatsduma verabschiedeten Gesetze die Unterzeichnung. Die Gründe für ein Präsidentenveto sind oft Gesetzesbestimmungen, welche die Verfassungsbestimmungen über die Gewaltenteilung oder die Abgrenzung der Zuständigkeiten von Föderation und Föderationssubjekten verletzen. Diese Unstimmigkeiten lassen sich vielleicht daraus erklären, daß Gesetzentwürfe in den Komitees der Staatsduma von Nichtjuristen ausgearbeitet werden. Von den Mitarbeitern der Apparate der Komitees sind nur 20 % Juristen, und nur ein kleiner Teil von ihnen hat Erfahrung mit der Arbeit an Gesetzentwürfen (Ivanov 1996: 18 f.)

Legt der Präsident gegen ein Gesetz sein Veto ein, schlägt er der Staatsduma eine neue Version des Gesetzes bzw. einzelner Kapitel oder Artikel und Abschnitte des Gesetzes vor oder teilt der Staatsduma mit, daß er die Annahme des betreffenden Gesetzes für unangemessen hält. Das erneut vom Präsidenten an die Staatsduma zurückverwiesene Gesetz wird vom Rat der Staatsduma an das zu ständige Komitee weitergeleitet, das den Vorgang innerhalb von zehn Tagen behandeln muß. Das Komitee kann der Staatsduma empfehlen, das Gesetz in der vom Präsidenten vorgeschlagenen Fassung anzunehmen oder sich dem Urteil des Präsidenten anzuschließen, daß die Annahme des Gesetzes unangemessen ist, oder das Gesetz in der ursprünglichen Fassung zu billigen (Art. 124 der Geschäftsordnung; Ivanov 1996: 16).

Wenn die Staatsduma sich mit einigen, wenn auch nicht mit allen Vorschlägen des Präsidenten einverstanden erklärt oder wenn sie das Präsidentenveto nicht überstimmen kann – dafür sind zwei Drittel aller Mitglieder des Föderationsrats und der Abgeordneten der Staatsduma erforderlich (Art. 107, Abs. 3) –, wendet sie ein Schlichtungsverfahren an, das weder in der Verfassung noch in der Geschäftsordnung der Staatsduma vorgesehen ist. Das federführende Komitee der Staatsduma erstellt ein Gutachten, das dem Rat der Staatsduma vorlegt wird, der die Behandlung dieses Gesetzes erneut auf die Tagesordnung setzt. Bei der erneuten Behandlung des Gesetzes spricht zuerst der Bevollmächtigte Vertreter des Präsidenten. Anschließend wird das Gutachten des federführenden Komitees behandelt. Dann wird zuerst über den Vorschlag abgestimmt, das Gesetz in der Fassung des Präsidenten anzunehmen. Findet dieser Antrag keine Mehrheit, wird das Gesetz in der ursprünglichen Fassung zur Abstimmung gestellt. Das Gesetz gilt als angenommen, wenn mindestens zwei Drittel aller Abgeordneten für dieses Gesetz stimmen. Noch am selben Tag wird das Gesetz dem Präsidenten zugeleitet, der es innerhalb von sieben Tagen unterzeichnen und verkünden muß (Art. 107 der Verfassung; Art. 124 der Geschäftsordnung; Ivanov 1996: 16 ff.).

Wenn keiner der beiden Anträge die entsprechende Mehrheit findet, stimmt die Staatsduma über einzelne Passagen des Gesetzes ab, zu denen der Präsident Änderungen vorgeschlagen hatte. Der betreffende Teil des Gesetzes gilt als angenommen, wenn die Mehrheit aller Abgeordneten dafür gestimmt hat. Dann wird auf der nächsten Sitzung der Staatsduma über das Gesetz mit den eingefügten Änderungen abgestimmt, wobei die einfache Mehrheit aller Abgeordneten für die Annahme genügt (Art. 126 der Geschäftsordnung).

### 5.2.8.9    Verfassungsänderungen

Während der Legislaturperiode 1993/95 versuchte die Staatsduma zweimal, die Verfassung in denjenigen Teilen zu ändern, die nicht zu ihren Essentials gehören und deshalb besonders vor Änderungen geschützt sind. Diese Änderungen in den Kapiteln 3 bis 8 als Reaktion auf die Verschlechterung der Situation in Tschetschenien fanden im Februar 1995 nicht die erforderliche Mehrheit von zwei Dritteln der Stimmen aller Abgeordneten der Staatsduma. Vier Monate später wurde von der Staatsduma ein zweiter Anlauf in dieser Frage genommen, der zu drei wesentlichen Verfassungs- änderungen führte, die der Eindämmung der exekutiven Gewalt und der Stärkung der Kontrollfunktionen der Legislative dienten. Doch diese Änderungen erhielten im Föderationsrat nicht die erfor- derliche Mehrheit von drei Vierteln der Abgeordnetenzahl (Art.108 der Verfassung, Ivanov 1996: 19).

# 6    Die Regierung

*6.1    Verfassungsbestimmungen*

Artikel 110 der Verfassung legt fest, daß die ausführende Gewalt
von der Regierung ausgeübt wird (Abs. 1), die aus dem Vorsitzenden, seinen Stellvertretern und den Ministern besteht (Abs. 2).
Zur Regierung im weiteren Sinne gehören in abgestufter Rang-
ordnung die Vorsitzenden der Staatskomitees und die Leiter der
Föderalen Dienste. Im noch weiteren Sinne werden zur Regierung
auch die Leiter der Russischen Agenturen und der Föderalen
Aufsichten gezählt.

Die Regierung ist nicht an die Legislaturperiode des Parlaments, sondern an die Amtszeit des Präsidenten gebunden, denn
bei einem neu gewählten Präsidenten legt die Regierung ihre
Vollmachten nieder (Art. 116). Auf diese Weise wird der Präsident
in die Lage versetzt, der Staatsduma einen neuen Regierungschef
vorzuschlagen, was spätestens zwei Wochen nach seinem Amtsantritt erfolgen muß (Art. 111, Abs. 2). Die Staatsduma erörtert
den Vorschlag des Präsidenten binnen einer Woche (Art. 111,
Abs. 3). Stimmt sie dem Vorschlag zu, ernennt der Präsident den
Premier (Art. 111, Abs. 1). Lehnt sie den Vorschlag ab, kann der
Präsident einen anderen Kandidaten vorschlagen oder seinen
bisherigen Vorschlag wiederholen. Hat die Staatsduma dreimal
den Vorschlag des Präsidenten abgelehnt, ernennt der Präsident
den Premier trotzdem, löst die Staatsduma auf und setzt Neuwahlen an (Art. 111, Abs. 4).

Spätestens eine Woche nach seiner Ernennung schlägt der
Premier die Mitglieder seiner Regierung vor, die der Präsident
ernennt und die er auf Vorschlag des Premiers auch entlassen
kann (Art. 83 e und 112). Der Premier legt in Übereinstimmung mit
der Verfassung, den Gesetzen und den Dekreten des Präsidenten
die Hauptrichtungen der Regierungstätigkeit fest (Art. 113). Verordnungen oder Verfügungen der Regierung, die im Widerspruch

zur Verfassung, zu den föderalen Gesetzen oder zu den Dekreten des Präsidenten stehen, können vom Präsidenten aufgehoben werden (Art. 115, Abs. 3).

Die Regierung (Art. 114):

- erstellt den föderalen Haushalt, legt ihn der Staatsduma vor, gewährleistet seinen Vollzug und legt der Staatsduma darüber Rechenschaft ab;
- gewährleistet, daß in der Russischen Föderation eine einheitliche Finanz-, Kredit- und Geldpolitik betrieben wird;
- gewährleistet, daß in der Russischen Föderation im Bereich von Kultur, Wissenschaft, Bildung, Gesundheitswesen, sozialer Sicherheit und Ökologie eine einheitliche staatliche Politik betrieben wird;
- nimmt die Verwaltung des föderalen Eigentums wahr;
- trifft Maßnahmen, um die Verteidigung des Landes und die Sicherheit des Staates zu gewährleisten und die Außenpolitik der Russischen Föderation umzusetzen;
- trifft Maßnahmen, um Gesetzlichkeit sowie die Rechte und Freiheiten der Bürger zu gewährleisten, das Eigentum zu schützen, die öffentliche Ordnung zu wahren und die Kriminalität zu bekämpfen;
- nimmt weitere Befugnisse wahr, die ihr von der Verfassung, föderalen Gesetzen und Dekreten des Präsidenten übertragen worden sind.

Die Regierung kann ihren Rücktritt einreichen, der vom Präsidenten angenommen oder abgelehnt werden kann (Art. 117, Abs. 1). Der Präsident kann auch von sich aus die Entscheidung über die Entlassung der Regierung treffen (Art. 83 c; Art. 117, Abs. 2). Aber auch die Staatsduma kann hinsichtlich des Regierungserhalts aktiv werden: Sie kann der Regierung mit der Mehrheit aller Abgeordneten das Mißtrauen aussprechen oder die Vertrauensfrage der Regierung abschlägig bescheiden. Hat die Staatsduma der Regierung das Mißtrauen ausgesprochen, kann der Präsident die Regierung entlassen oder den Beschluß der Staatsduma ablehnen. Falls die Staatsduma der Regierung innerhalb von drei Monaten erneut das Mißtrauen ausspricht, entläßt der Präsident entweder die Regierung oder löst die Staatsduma auf (Art. 117, Abs. 3). Dasselbe gilt für den Fall, daß die Vertrauensfrage der Regierung von der Duma negativ beantwortet wird

(Art. 117, Abs. 4). Der Präsident darf die Staatsduma in den obigen beiden Fällen allerdings nicht im ersten Jahr nach ihrer Wahl auflösen (Art. 109, Abs. 3).

Die Staatsduma wollte durch Änderung der Verfassungsartikel 83, 103 und 112 erreichen, daß sie nicht nur – wie bisher (Art. 111, Abs. 1) – der Ernennung des Regierungschefs zustimmen muß, sondern auch der Machtminister (Verteidigung, Inneres, Zivilverteidigung), des Außenministers und des Finanzministers, um auf diese Weise vor selbstherrlichen Entscheidungen des Präsidenten besser geschützt zu sein. Das Gesetz fand bei der ersten Lesung in der Staatsduma am 14. Oktober 1998 nicht die erforderliche Mehrheit.

## 6.2    Struktur

Der Präsident ist bei der Regierungsbildung nicht auf die Stärke der Parteien in der Staatsduma angewiesen, denn die Regierung ist mehr oder weniger ein Technokratenkabinett, das an die Amtszeit des Präsidenten und nicht an die Legislaturperiode der Staatsduma gebunden ist. Die Regierung ist dem Parlament auch nicht verantwortlich. Vor der konstituierenden Sitzung der ersten Staatsduma am 11. Januar 1994 unterstellte sich Jelzin direkt die drei Machtministerien[67], wie sie in Rußland genannt werden: die Ministerien der Verteidigung und des Innern sowie den Föderalen Dienst für Sicherheit, und dazu das Außenministerium. Inzwischen hat sich der Präsident zusätzlich das Ministerium für Angelegenheiten der Zivilverteidigung, Ausnahmesituationen und Beseitigung der Folgen von Naturkatastrophen sowie die Födera-

---

67 Ukaz Prezidenta Rossijskoj Federacii "O strukture federal'nych organov isponitel'noj vlasti. Struktura federal'nych organov isponitel'noj vlasti" [Dekret des Präsidenten der Russischen Föderation "Über die Struktur der föderalen Organe der exekutiven Gewalt. Struktur der föderalen Organe der exekutiven Gewalt"], in: Rossijskie vesti [Russische Neuigkeiten], 11.1.1994.

len Dienste für Auslandsaufklärung (= Auslandsspionage), für den Schutz Rußlands und für den Schutz der Grenzen direkt unterstellt.[68] Durch die Herauslösung dieser Ministerien aus der Premierunterstellung reduziert sich die Regierung mehr oder weniger zu einem Wirtschafts- und Verwaltungskabinett.

Eine gewisse analytische Struktur kann man in die Regierung bringen, wenn man die 24 Ministerien der Regierung von Michail Kassjanow (*vgl. Biographie im Anhang*) zu gewissen Themenkomplexen zusammenfaßt:

- Äußeres (Auswärtige Angelegenheiten),
- Bildung/Kultur/Wissenschaft/Technologie (Bildungswesen; Presse, Fernsehen, Hörfunk und Massenmedien; Wissenschaft und Technologie; Kultur;),
- Energie (Atomenergiewirtschaft; Energiewirtschaft),
- Finanzen/Wirtschaft (Antimonopolpolitik und Unterstützung des Unternehmertums; Finanzen; Steuern und Abgaben; Vermögensverhältnisse; Wirtschaftliche Entwicklung und Handel),
- Industrie (Industrie, Kommunikation und Informatisierung),
- Inneres (Angelegenheiten der Föderation, nationale und Migrationspolitik; Innere Angelegenheiten; Justiz; Zivilverteidigung, Ausnahmesituationen und Beseitigung der Folgen von Naturkatastrophen),
- Landwirtschaft/Ökologie (Landwirtschaft; Natürliche Ressourcen),
- Soziales (Arbeit und soziale Entwicklung; Gesundheitswesen),
- Transportwesen (Eisenbahnwesen; Verkehrswesen),
- Verteidigung (Verteidigung).

Zur Regierung im weiteren Sinne gehören ferner 13 Staatskomitees, die in der Praxis wie Ministerien behandelt werden.

---

68  Rossijskaja gazeta [Russische Zeitung], 23.9.1998.

# Exekutive der Russischen Föderation

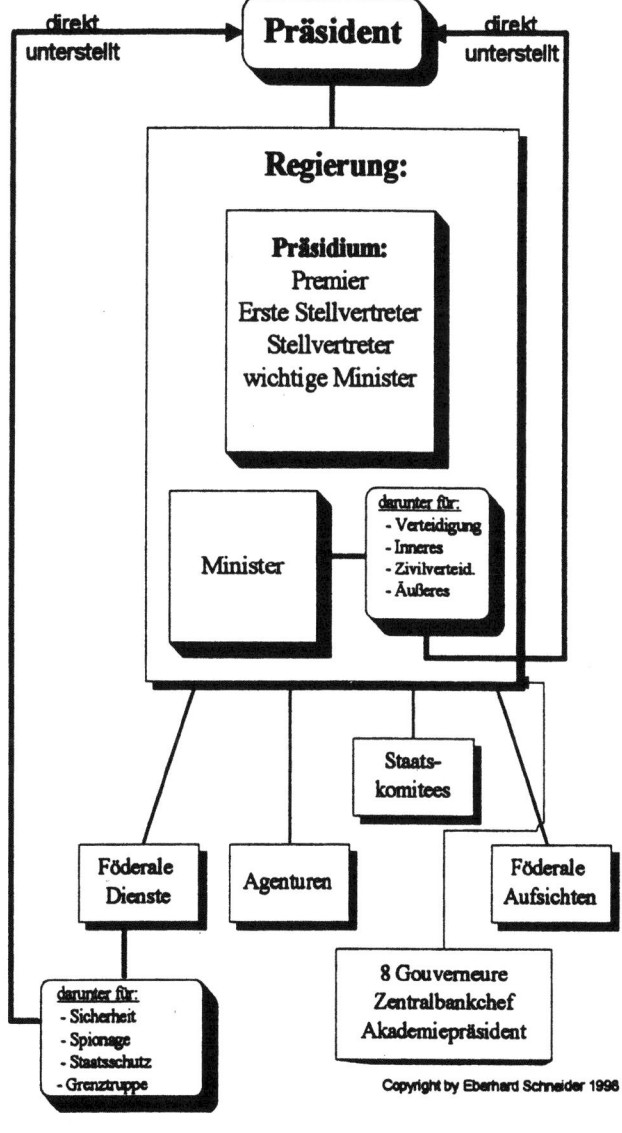

**direkt unterstellt**

**direkt unterstellt**

**Präsident**

**Regierung:**

**Präsidium:**
Premier
Erste Stellvertreter
Stellvertreter
wichtige Minister

Minister

<u>darunter für:</u>
- Verteidigung
- Inneres
- Zivilverteid.
- Äußeres

Föderale Dienste

Agenturen

Staats-komitees

Föderale Aufsichten

<u>darunter für:</u>
- Sicherheit
- Spionage
- Staatsschutz
- Grenztruppe

8 Gouverneure
Zentralbankchef
Akademiepräsident

Copyright by Eberhard Schneider 1996

Ministerien sind für bestimmte Zweigfragen zuständig und operieren vertikal von oben nach unten. Staatskomitees werden meist für zwischenzweigliche Aufgaben gebildet, bei deren Erfüllung sie eine mehr koordinierende Funktion haben.. Ferner wurden 17 Föderale Dienste für ganz spezielle Funktionen geschaffen, darunter der Föderale Auslandsaufklärungsdienst Rußland, also die Organisation für die Auslandsspionage, der Föderale Schutzdienst Rußlands, der vor allem für den Schutz von Präsident und Regierung zuständig ist, und der Föderale Sicherheitsdienst Rußlands, der KGB-Nachfolger Inland, den sich der Präsident – wie oben erwähnt – selbst unterstellt hat[69]. Weiterhin wurden drei Agenturen geschaffen wie z.B. die Föderale Agentur für regierungsamtliche Telekommunikation und Information beim Präsidenten (russ. FAPSI), eine Art Sicherheits- und Nachrichtendienst auf dem Gebiet der Telekommunikation. Abschließend sind noch die zwei Föderalen Aufsichten Rußlands (die Bergbau- und Industrieaufsicht und die Überwachung der Atom- und Strahlensicherheit), zwei Föderale Kommissionen sowie vier dem Präsidenten unterstellte Organe zu nennen.

Die Regierung tagt mindestens einmal im Monat (Art. 27 des Gesetzes über die Regierung vom 17.12.1997[70]). Das Recht zur Teilnahme an den Sitzungen des Ministerrats haben Vertreter der Staatsduma, des Föderationsrats, des Verfassungsgerichts und des Obersten Gerichts, des Obersten Schiedsgerichts, der Generalstaatsanwaltschaft, des Rechnungshofs und der Zentralbank (Art. 27 des Gesetzes über die Regierung).

---

69  Ukaz Prezidenta Rossijskoj Federacii "O sisteme federal'nych organov ispolnitel'noj vlasti" [Dekret des Präsidenten der Russischen Föderation "Über das System der föderalen Organe der exekutiven Gewalt"], in: Rossijskaja gazeta [Russische Zeitung], 16.8.1996.

70  Federal'nyj konstitucionnyj zakon "O Pravitel'stve Rossijskoj Federacii" [Föderales Verfassungsgesetz "Über die Regierung"], in: Rossijskaja gazeta [Russische Zeitung], 23.12.1997.

Zur Entscheidung operativer Fragen wurde das Regierungspräsidium gebildet, das sich aus dem Premierminister, den Ersten
Stellvertretenden Regierungschefs, den Stellvertretenden Regierungschefs, und seit der Regierung Primakow aus dem Außen-,
Verteidigungs-, Innen-, Wirtschafts-, Finanz- und Staatseigen-
tumsminister besteht. Das Regierungspräsidium tagt, wenn es
erforderlich ist (Art. 29 des Gesetzes über die Regierung).

Ferner nehmen unter Premier Primakow an der Regierungsar-
beit Gouverneure teil, und zwar diejenigen, welche die acht Interregionalen Wirtschaftsassoziationen (IWA) leiten, sowie der
Zentralbankchef und der Vorsitzende der Russischen Akademie
der Wissenschaften, alle den Ministern gleichgestellt.[71] Zum
ersten Mal wurden regionale Führer in ein zentrales Exekutivorgan aufgenommen, was Ausdruck der in infolge der beiden durch
Jelzin 1998 ausgelösten Regierungskrisen weiter gewachsenen
Bedeutung der Regionen ist. Ohnehin operiert die Regierung
nicht nur auf der zentralen Ebene, sondern koordiniert zudem die
Tätigkeit der Exekutivorgane der Föderationssubjekte (Art. 43 des
Gesetzes über die Regierung).

Die Regionen sind demnach auf der zentralen Ebene nicht nur
in der Legislative, dem Föderationsrat, vertreten, sondern nun
auch in der Exekutive. Zum zweiten hat diese Maßnahme noch
eine weitere Bedeutung: 89 Föderationssubjekte sind für Rußland
eigentlich zu viel. Die IWAs entstanden nach 1992 spontan, weitgehend aus wirtschaftlichen Gründen. Vielleicht können sie eines
Tages das Modell abgeben für eine neue Gliederung Rußlands mit
weniger Regionen. Die Aufnahme der IWAs in das Regierungspräsidium manifestiert erstmals die Akzeptanz dieser größeren
regionalen Einheiten durch die Zentralgewalt. Aber vielleicht
möchte man sich an der neuen größeren territorialen Struktur der
Föderalen Bezirke orientieren.

---

71 Rossijskaja gazeta [Russische Zeitung], 23.9.1998.

# 7    Die Justiz

Das Rechtsbewußtsein hat in Rußland leider keine Tradition. Im alten Rußland galt der Spruch "Der Zar ist weit", was in etwa bedeutet, daß der jeweilige regionale Machthaber der Zar vor Ort ist und – aufgrund der riesigen Entfernungen – in seinem Gebiet praktisch autonom ist, ohne Gesetze und sonstige Vorschriften sonderlich ernst zu nehmen.

In Sowjetzeiten wurde das Recht dem ideologischen Überbau zugeordnet. Die marxistisch-leninistische Ideologie lehrte, daß es kein objektives Recht gibt, sondern nur Klassenrecht. Die jeweils herrschende Klasse setze mittels des Rechts ihre Machtansprüche durch. In der UdSSR bildete formal die Arbeiterklasse die herrschende Klasse, in Wirklichkeit die "Avantgarde der Arbeiterklasse", also die KPdSU, die herrschende Klasse. Das Rechte diente der Machterhaltung der KPdSU und ihrer Funktionärskaste. In diesem Sinne wurden die Gesetze verfaßt. Und um ganz sicher zu gehen, wurde bei politischen Verfahren, die es offiziell nicht gab und die deshalb immer formal als Strafverfahren abgewickelt wurden, dem vorsitzenden Richter von der KPdSU, vom KGB oder von anderen Behörden vorher telefonisch mitgeteilt, wie das Urteil auszusehen hat. Angesichts dieser Situation ist es nicht verwunderlich, wenn kein besonders großer Wert auf die Lehre der Rechtswissenschaft und auf die Ausbildung der Juristen gelegt wurde. Die Vertreter des Rechts hatten in der Sowjetunion aus diesen angeführten Gründen bei der Bevölkerung kein besonders großes Ansehen.

Vor dem Hintergrund dieser jahrhundertealten Tradition ist es sehr schwer, einen Bewußtseinswandel herbeizuführen in der Richtung, daß Verfassung und Gesetze auch dann einzuhalten sind, wenn deren Vorschriften den eigenen Interessen widersprechen, daß ihre Einhaltung vom Staat notfalls mit Zwangsmitteln durchgesetzt werden kann und daß man bei Verletzung von Verfassungs- und Gesetzesvorschriften bestraft wird. Angesichts dieses mentalen Erbes sind die Vorschriften der neuen Verfassung ein gewaltiger Schritt vorwärts auf dem Weg zur Entwicklung einer Rechtskultur, auch wenn dem Urteil von Aleksandr Solshenizyn zuzustimmen ist, daß das gesamte russische Justizwesen "gegängelt und in seinen Handlungsmöglichkeiten eingeengt ist".[72]

## 7.1 Allgemeine Bestimmungen

In Artikel 10 der Verfassung wird die rechtsprechende Gewalt als dritte Staatsgewalt genannt. Sie wird ausschließlich von den Gerichten ausgeübt (Art. 11, Abs. 1; Art. 118, Abs. 1), und zwar durch Verfassungs-, Zivil-, Verwaltungs- und Strafgerichtsverfahren. Die Einrichtung von Ausnahmegerichten ist nicht zulässig (Art. 118, Abs. 2 u. 3).

Richter können nur Bürger der Russischen Föderation werden, die das 25. Lebensjahr vollendet haben, über eine juristische Hochschulausbildung sowie eine juristische Berufspraxis von mindestens fünf Jahren verfügen. Es können per Gesetz aber zusätzliche Anforderungen an die Richter gestellt werden (Art. 119).

Die Richter der obersten Gerichte, also des Verfassungsgerichts, des Obersten Gerichts und des Obersten Schiedsgerichts sowie der Generalstaatsanwalt werden auf Vorschlag des Präsidenten vom Föderationsrat ernannt (Art. 83 lit. f; Art. 102 lit. g, h; Art. 128, Abs. 1; Art. 129, Abs. 2). Die Richter der anderen föderalen Gerichte ernennt der Präsident gemäß dem durch föderale Gesetze festgelegten Verfahren (Art. 83 lit. f; Art. 128, Abs. 2). Der Föderationsrat kann den Generalstaatsanwalt auf Vorschlag des Präsidenten entlassen (Art. 83 lit. f; Art. 102 lit. h). Die Vollmachten der obersten Gerichte und der anderen föderalen Ge-

---

72  Obščaja gazeta [Allgemeine Zeitung], Nr. 47 (28.11.-4.12.), 1996, S. 3.

richte werden durch ein föderales Verfassungsgesetz festgelegt (Art. 128, Abs. 3).

Die Richter sind unabhängig und unterstehen nur der Verfassung und den föderalen Gesetzen (Art. 120, Abs. 1). Um die Unabhängigkeit der Rechtsprechung materiell abzusichern, werden die Gerichte ausschließlich nur aus dem föderalen Haushalt finanziert (Art. 124). Im Juli 1996 beklagte sich allerdings der Vorsitzende des Obersten Gerichts, Wjatscheslaw Lebedew, in einem Interview, daß für die Finanzierung der Gerichte 1996 5,5 Billionen Rubel notwendig gewesen wäre, die Staatsduma für das Budget 1996 aber nur 1,9 Billionen Rubel genehmigt habe. 80 % ihrer Arbeitszeit müssen die Leiter der Rechtsorgane für Fragen der Finanzierung ihrer Tätigkeit verwenden. Die Situation sei mit den Begriffen "angespannt" oder "kritisch" zu milde beschrieben. Gerichte müssen ihre Tätigkeit aus finanziellen Gründen einschränken.[73]

Der Richter ist nicht absetzbar; seine Vollmachten können nur aus den im föderalen Gesetz festgelegten Gründen und nach dem dort festgelegten Verfahren aufgehoben oder ausgesetzt werden (Art. 121). Die Richter sind besonders geschützt, denn sie genießen Immunität. Nur nach dem durch ein föderales Gesetz bestimmten Verfahren können sie strafrechtlich zur Verantwortung gezogen werden (Art. 121).

Abgesehen von den vom föderalen Gesetz vorgesehenen Fällen sind die Gerichtsverhandlungen öffentlich. Eine Anhörung in geschlossenen Sitzungen ist unzulässig (Art. 123, Abs. 1). Eine Gerichtsverhandlung in Strafsachen in Abwesenheit des Angeklagten ist – außer in den durch ein föderales Gesetz vorgesehenen Fällen – unerlaubt (Art. 123, Abs. 2). Das Gerichtsverfahren erfolgt auf der Grundlage des Parteienstreits und der Gleichberechtigung der Parteien (Art. 123, Abs. 3). Dieser Artikel schafft nach siebzig Jahren Kommunismus in Rußland die verfassungs-

---

73 Nezavisimaja gazeta (Unabhängige Zeitung), 30.7.1996

rechtlichen Voraussetzungen dafür, daß sich ein Angeklagter in Rußland vor Gericht nicht nur formal, sondern tatsächlich von einem Rechtsanwalt vertreten lassen kann, der diesen Namen auch verdient. In den vom Gesetz vorgesehenen Fällen erfolgt das Gerichtsverfahren unter Mitwirkung von Geschworenen (Art. 123, Abs. 4).

Obwohl der Menschenrechtsschutz durch die obersten Justizorgane gesichert wird, gibt es Unzulänglichkeiten auf den unteren Ebenen und bei der Umsetzung der zentralen Rechtsprechung. Die älteren Richter und die Richter in den nachgeordneten Gerichten sind ihrer neuen Unabhängigkeit und der eigenen Verantwortlichkeit in der Rechtsprechung oft nicht gewachsen, weil sie es nie gelernt haben, sich so zu verhalten. Sie sind leicht geneigt, bei ihrer Urteilsfindung irgendwelchem politischen Druck nachzugeben. Am hartnäckigsten halten sich totalitäre Verhaltensweisen bei den Rechtsschutzorganen, vor allem bei der Staatsanwaltschaft, der Miliz, dem Föderalen Sicherheitsdienst (FSB) und im Gefängnisbereich. Der gesamte Strafvollzug müßte reformiert werden.

## 7.2    *Verfassungsgericht*

Vorläufer des Verfassungsberichts war das von Gorbatschow 1988 eingeführte Komitee für Verfassungsaufsicht, das zwar die Verfassungsmäßigkeit der Gesetze prüfen, aber kein Urteil fällen konnte, weil es kein Gericht war. 1991 wurde in der RSFSR das Verfassungsgericht durch Änderung der damaligen Verfassung von 1978 eingeführt (Henderson 1995). In den Monaten des Machtkampfes zwischen dem Volksdeputiertenkongreß unter Ruslan Chasbulatow auf der einen und Präsident Boris Jelzin auf der anderen Seite bezog der damalige Vorsitzende des Verfassungsgerichts, Walerij Sorkin, politisch Position auf seiten der Jelzin-Gegner.

Das Verfassungsgericht besteht aus 19 Richtern. Zum Verfassungsrichter kann ein Bürger nominiert werden, der das 40. Lebensjahr vollendet hat, einen tadellosen Ruf besitzt, eine abgeschlossene juristische Hochschulbildung sowie eine fünfzehnjährige juristische Berufspraxis vorweisen kann und über eine anerkannt hohe Qualifikation auf dem Gebiet der Rechtslehre verfügt. Die Verfassungsrichter werden für 12 Jahre ernannt und können maximal bis zum 70. Lebensjahr im Amt bleiben.[74] Das Verfassungsgericht konnte 1994 nicht zusammentreten, weil mehrere Vorschläge des Präsidenten zur Richterernennung im Föderationsrat keine Zustimmung fanden.

Das Verfassungsgericht entscheidet auf Ersuchen des Präsidenten, des Föderationsrats, der Staatsduma, einem Fünftel der Abgeordneten der beiden Kammern, der Regierung sowie der Exekutivorgane und der Volksvertretungen der Föderationssubjekte zur Frage der Vereinbarkeit der Verfassung mit:

- den föderalen Gesetzen und normativen Akten des Präsidenten, des Föderationsrats, der Staatsduma und der Regierung;
- den Verfassungen der Republiken, Statuten der Gebiete sowie Gesetzen und anderen normativen Akten der Föderationssubjekte, die zu Fragen erlassen wurden, die in die Zuständigkeit der Staatsgewalt der Föderation oder in die gemeinsame Zuständigkeit der Föderation und der Föderationssubjekte fallen;
- Verträgen zwischen den Organen der Staatsgewalt der Föderation und der Föderationssubjekte sowie Verträgen der Organe der Staatsgewalt der Föderationssubjekte untereinander;
- nicht in Kraft getretenen internationalen Verträgen (Art. 125, Abs. 1 u. 2).

Das Verfassungsgericht entscheidet über Kompetenzstreitigkeiten:

---

74 Federal'nyj konstitucionnyj zakon "O Konstitucionnom Sude Rossijskoj Federacii" [Föderales Verfassungsgesetz "Über das Verfassungsgericht der Russischen Föderation"], in: Sobranie zakonodatel'stva Rossijskoj Federacii [Sammlung der Gesetzgebung der Russischen Föderation], Nr. 13, 1994, Pos. 1447.

- zwischen föderalen Organen der Staatsgewalt,
- zwischen Organen der Staatsgewalt der Föderation und der Föderationssubjekte,
- zwischen den höchsten Staatsorganen der Föderationssubjekte untereinander.(Art. 125, Abs. 3).

Weitere Zuständigkeiten des Verfassungsgerichts sind:

- Überprüfung von Beschwerden über die Verletzung der verfassungsmäßigen Rechte und Freiheiten der Bürger,
- Überprüfung der Verfassungsmäßigkeit eines Gesetzes nach Ersuchen eines Gerichts,
- Auslegung der Verfassung auf Ersuchen des Präsidenten, des Föderationsrats, der Staatsduma, der Regierung, der gesetzgebenden Organe der Föderationssubjekte,
- Erstellung eines Gutachtens auf Ersuchen des Föderationsrats darüber, ob das Verfahren bei der Anklageerhebung gegen den Präsidenten eingehalten wurde (Art. 125, Abs. 4, 5, 7).

Im Februar 1995 wurde Wladimir Tumanow zum ersten Vorsitzenden des Verfassungsgerichts gewählt. Seit dem 20. Februar 1997 ist Marat Baglaj (vgl. *Biographie im Anhang*) neuer Vorsitzender des Verfassungsgerichts.

Zwei Urteile des Verfassungsgerichts seien hervorgehoben: die Entscheidung vom 3. Mai 1995 über die Verfassungsmäßigkeit eines strafprozessualen Grundrechtseingriffs und die Entscheidung vom 30. Juli 1995 über die Verfassungsmäßigkeit der Dekrete des Präsidenten bezüglich des militärischen Einmarsches in Tschetschenien. Im ersten Fall hatte ein Bürger das Verfassungsgericht angerufen, gegen den ein Haftbefehl unter Berufung auf zwei vorkonstitutionelle Normen der Strafprozeßordnung der RSFSR erlassen worden war, den er als unrechtmäßig empfand und dem er sich entziehen konnte. Das Verfassungsgericht gab am 3. Mai 1995 seiner Beschwerde statt, denn die Erlassung des umstrittenen Haftbefehls stellt einen Eingriff in verschiedene Grundrecht des Bürgers dar. Das Verfassungsgericht nutzte diese Entscheidung, "um die herausragende Bedeutung der Grundwerte der Verfassung der RF, der Achtung der Menschenwürde, der persönlichen Freiheit und des Gleichheitsgrundsatzes, nicht nur als solche, sondern auch in der Verfassungspraxis Wirkung entfaltende Werte hervorzuheben" (Krone 1998: 265).

Die Tschetschenien-Anfrage wurde von einigen Mitgliedern des Föderationsrat eingereicht. Nach Ansicht der Föderationsratsmitglieder hatte der Präsident mit seinen Dekreten vom November und Dezember 1994 über die gewaltsame Absetzung des tschetschenischen Präsidenten Dschochar Dudajew durch den Einsatz der Armee und der Truppen des Innenministeriums die Verfassung verletzt, denn vorher wäre die Verhängung des Ausnahmezustands notwendig gewesen (Art. 88 der Verfassung), welcher der Bestätigung durch den Föderationsrat bedarf (Art. 102, Abs. 1 lit. c). Der Präsident vertrat dagegen die Auffassung, daß er von der Verfassung ermächtigt sei, nötigenfalls auch einseitige Maßnahmen zum Schutz der staatlichen Integrität der Russischen Föderation zu ergreifen (Art. 80, Abs. 2), weswegen die entsprechenden Dekrete des Präsidenten durchaus verfassungsgemäß gewesen seien. Dieser Interpretation schloß sich das Verfassungsgericht an, allerdings nicht unter Berufung auf konkrete Verfassungsbestimmungen, sondern unter Hinweis auf die allgemeine Staatsräson, die dem Präsidenten das Recht zusprach, Gefährdungen der Integrität Rußlands abzuwehren, ohne daß diese Maßnahmen einer rechtlichen Einschränkung unterlägen oder der Legislative gegenüber zu verantworten wären. "Auf diese Weise hat das Verfassungsgericht der RF dem Präsidenten eine Blankovollmacht ausgestellt, welche es ihm erlaubte, ohne spezifische rechtliche Basis und ohne politische Verantwortlichkeit seine Tschetschenienpolitik weiterzuführen." (Krone 1998: 263) Die Abgabe von acht Sondervoten (der insgesamt 19 Verfassungsrichter) zeigt aber auch, daß die Tschetschenien-Entscheidung auch innerhalb des Verfassungsgerichts durchaus umstritten war.[75]

---

75 Zur Tschetschenien-Entscheidung vgl. Schneider 1995.

## 7.3    Oberstes Gericht

Das Oberste Gericht ist das höchste Gericht in zivilrechtlichen, strafrechtlichen, verwaltungsrechtlichen und sonstigen Fällen, die in die Zuständigkeit der allgemeinen Rechtsprechung fallen. Es übt die in den föderalen Gesetzen vorgesehenen prozessualen Formen gerichtliche Aufsicht über deren Tätigkeit aus und gibt Erläuterungen zu Fragen der gerichtlichen Praxis (Art. 126). Das Oberste Gericht setzt sich folgendermaßen zusammen:

- Plenum des Obersten Gerichts,
- Richterkollegium für Zivilsachen,
- Richterkollegium für Strafsachen,
- Militärkollegium (Okun'kov 1994: 397).

Seit 1989 ist Wjatscheslaw Lebedew Vorsitzender des Obersten Gerichts der Russischen Föderation (vgl. *Biographie im Anhang*).

## 7.4    Oberstes Schiedsgericht

Das Oberste Schiedsgericht ist das höchste Gerichtsorgan zur Entscheidung von Wirtschaftsstreitigkeiten und anderen Angelegenheiten, die der Prüfung durch die Schiedsgerichte unterliegen, vor allem im Bereich des Zivil- und des Verwaltungsrechts (vgl. dazu: Steininger 1997). In diesem Zusammenhang muß drauf hingewiesen werden, daß es in der Russischen Föderation keine Verwaltungsgerichtsbarkeit gibt. Das Oberste Schiedsgericht übt in den von den föderalen Gesetzen vorgesehenen prozessualen Formen die gerichtliche Aufsicht über deren Tätigkeit aus und gibt Erläuterungen zu Fragen der gerichtlichen Praxis (Art. 127).

Die Staatsanwaltschaft bildet ein einheitliches zentralisiertes System, in dem untergeordnete Staatsanwälte übergeordneten Staatsanwälten und dem Generalstaatsanwalt unterstellt sind (Art. 129, Abs. 1). Eine solche Unterstellung ist natürlich bei den Richtern nicht möglich, weil sie den Grundsätzen der Rechtsprechung widersprechen würde. Der Generalstaatsanwalt wird auf Vorschlag des Präsidenten vom Föderationsrat berufen und entlassen (Art. 129, Abs. 2).

Die Staatsanwälte der Föderationssubjekte werden im Einverständnis mit den Föderationssubjekten vom Generalstaatsanwalt ernannt. Die anderen Staatsanwälte werden vom Generalstaatsanwalt direkt ernannt (Art. 129, Abs. 3, 4). Die Vollmachten, die Organisation und Tätigkeitsweise der Staatsanwaltschaft der Russischen Föderation betreffen, werden durch föderales Gesetz bestimmt (Art. 129, Abs. 5). Generalstaatsanwalt der Russischen Föderation ist seit Mai 2000 Wladimir Ustinow (vgl. *Biographie im Anhang*).

# 8  Die regionale Ebene

## 8.1  Der föderale Status Rußlands

Die Russische Föderation besteht laut Art. 65 aus 21 Republiken, 6 Regionen (Kraj), 49 Gebieten (oblast'), 2 Städten mit föderalem Rang (Moskau und St. Petersburg), dem Jüdischen Autonomen Gebiet und 10 Autonomen Kreise, also insgesamt aus 89 Föderationssubjekten. Die Republiken wurden nach nicht-russischen Nationalitäten definiert, während die Gebiete in den übrigen, mehrheitlich von Russen bewohnten Teilen des Landes nach rein administrativen Gesichtspunkten gebildet wurden. Territorien, in denen kleinere nicht-russische Minderheiten leben, erhalten den niedrigeren Rang eines Autonomen Bezirks. Die Gebiete unterscheiden sich rechtlich nicht von den Regionen (Kraj). Die traditionelle Bezeichnung "Kraj" für Großregionen ist historisch bedingt (Heinemann-Grüder 1998: 675). An der Spitze der Republiken steht meist ein Präsident mit der Ausnahme von Chakassien, Karelien und Udmurtien, die dieses Amt nicht kennen. Die Funktion des Präsidenten nimmt der Regierungschefs wahr. Die übrigen Föderationssubjekte werden von dem Leiter der Administration geführt, der sich gern Gouverneur nennt. Die gesetzgebenden Körperschaften in den Republiken sind sowohl Einkammer- als auch Zweikammersysteme. In den Gebieten besteht die parlamentarische Vertretung nur aus einer Kammer. Diese Asymmetrie im russischen Föderalismus in Form der Republiken und Gebiete sowie die ungewöhnliche Kombination von ethnoföderalen (Republiken) und territorial-föderalen Prinzipien (Gebiete) stellt eine besondere Form des Föderalismus dar und könnte der „Anfang eines alternativen Weges postimperialer Staatsbildung" sein (Heinemann-Grüder 2000: 414).

Die Föderationssubjekte heben sich sehr voneinander ab. Der Bevölkerung nach unterscheiden sich die Regionen bis zu 375mal, dem Territorium nach bis zu 387mal und der Pro-Kopf-

Produktion nach bis zu 4,2mal. Nur noch 10 der 89 Föderationssubjekte – angeführt von Moskau – sind Geberregionen, d.h. sie
zahlen mehr in den föderalen Haushalt ein als sie erhalten (Cholodkovskij 1996: 9).

Obwohl Artikel 5 der Verfassung die Gleichberechtigung aller
Föderationssubjekte deklariert, sind sie in Wirklichkeit nicht
gleichberechtigt, denn der Rangstufe nach stehen die Republiken
höher als die übrigen Föderationssubjekte, weil die Republiken
nach Art. 66 eine Verfassung haben und die übrigen Föderationssubjekte nur ein Statut. Hinzu kommt, daß sich in neun Fällen ein
Autonomer Kreis innerhalb einer Region befindet, was zu einer
widersprüchlichen Rechtslage führt. Auf der einen Seite sind diese
Autonomen Kreise selbständige Föderationssubjekte, auf der
anderen Seite sind sie Teil des Territoriums einer Region, die
ebenfalls ein gleichberechtigtes Föderationssubjekt ist. Der Status
eines Föderationssubjekts kann im gegenseitigen Einvernehmen
der Russischen Föderation und des betreffenden Föderationssubjekts geändert werden, und zwar in Form eines föderalen Verfassungsgesetzes (Art. 66, Abs. 5).

Hinsichtlich ihrer eigenen Verfassungsregelungen bestehen
zwischen den Republiken große Differenzen. So widerspricht die
Verfassung der Republik Tywa der russischen in 12 Punkten. So
wird z.B. das Recht beansprucht, einen föderalen Ausnahmezustand auszusetzen, eigene Staatsanwälte und Richter zu ernennen,
gegen die Ernennung führender Militärs in der Republik ein Veto
einzulegen, die föderale Privatisierung von Land zu suspendieren
und durch den Präsidenten Krieg und Frieden erklären zu lassen.
Die Verfassung der Republik Burjatien spricht von "konstitutio-
nell-vertraglichen Beziehungen" zur Russischen Föderation, Tatarstan bestimmt seinen Republikstatus als assoziiertes Mitglied
der Russischen Föderation. Die Verfassungen der Republiken
Burjatien und Tywa ermöglichen ein Ausscheiden aus der Russischen Föderation, wenn ihr in einem Referendum mehr als die
Hälfte der burjatischen Staatsbürger sowie der ethnischen Burjaten

zustimmen (Heinemann-Grüder 1998: 681 f.). Die Verfassung der Republik Sacha (Jakutien) vom 4. April 1992 in Artikel 70 die Regelung, daß der Präsident der Republik die Ordnung für die Bildung territorialer Streitkräfte festlegt.[76] Diesen Artikel kann man so interpretieren, daß die Verfassung Jakutiens die Bildung eigener Streitkräfte vorsieht. Widersprüche zur föderalen Verfassung bestehen bei den Statuten der Gebiete hauptsächlich in der Frage der örtlichen Selbstverwaltung. Viele Regionen wie z.b. die Stadt Moskau und die Gebiete Leningrad und Brjansk stufen die örtliche Selbstverwaltung in das System der regionalen Staatsverwaltung ein (Heinemann-Grüder 1998: 683-686).

Die Streitpunkte zwischen der föderalen Konstitution und den Verfassungen der Republiken sowie den Statuten der Gebiete können nur durch das Verfassungsgericht geklärt werden, was voraussetzt, daß das Verfassungsgericht angerufen wird. Z.B. hat das Verfassungsgericht 1997 in zwei Fällen die Bestimmungen von Republikverfassungen 1997 als verfassungswidrig gewertet: die Festlegung von Aufenthaltsfristen für das passive Wahlrecht in der Verfassung der Republik Chakassien und die Einschränkungen der örtlichen Selbstbestimmung in der Verfassung der Republik Komi. Im allgemeinen – bis auf eine Ausnahme – denken die Republiken – im Gegensatz zu den Gebieten – gar nicht daran, die gerügten Verfassungsbestimmungen zu ändern. Die Verfassung der Republik Kabardino-Balkarien hat schon "vorgesorgt": Im Falle von Widersprüchen zur föderalen Gesetzgebung hat die Gesetzgebung der Republik Vorrang (Heinemann-Grüder 1998: 682, 686-688).

---

76 Konstitucija (Osnovnoj zakon) Respubliki Sacha (Jakutia). Prinjata Verchovnym Sovetom Respubliki Sacha (Jakutia) 4 aprelja 1992 goda s izmenenijami i dopolnenijami, vnesennymi zakonami Respubliki Sacha (Jakutija) ot 26 janvarja i 20 aprelja 1994 goda [Verfassung (Grundgesetz) der Republik Sacha (Jakutien). Angenommen vom Obersten Sowjet der Republik Sacha (Jakutien) am 4. April 1992 mit Änderungen und Ergänzungen, eingefügt durch Gesetze der Republik Sacha (Jakutien) vom 25. Januar und 20. April 1994]. (Text aus der Bibliothek des Föderationsrats.)

Eine Aussage über die Möglichkeit eines Austritts eines Föderationssubjekts aus der Russischen Föderation macht die russische Verfassung nicht. In Art. 65, Abs. 2, ist lediglich davon die Rede, daß die Aufnahme in die Russische Föderation und die Bildung eines Föderationssubjekts innerhalb der Russischen Föderation nach dem Verfahren erfolgt, mit dem föderale Verfassungsgesetze verabschiedet werden, also mit einer Dreiviertelmehrheit der Mitglieder des Föderationsrats und mit zwei Dritteln der Stimmen aller Abgeordneten der Staatsduma. Ein solches Gesetz ist dann innerhalb von 14 Tagen vom Präsidenten zu unterzeichnen und zu verkünden (Art. 108). Würde diese Regelung auch auf den Austritt eines Föderationssubjekts aus der Russischen Föderation angewandt, dann könnte die Republik Tschetschenien nur nach dem Durchlauf obigen Verfahrens aus der Russischen Föderation ausscheiden, was angesichts der bestehenden Kräfteverhältnisse in der neuen Staatsduma kaum vorstellbar ist.

Im Grunde gibt es in Rußland zu viele Föderationssubjekte. Als gewisse Ansätze für eine föderalistische Neugliederung Rußlands können die zwischen 1992 und 1994 entstandenen Interregionalen Wirtschaftsassoziationen (IWA) gelten, die – bis auf Tschetschenien – ganz Rußland umfassen: Ferner Osten und Transbajkal, Sibirien-Abkommen, Große Wolga, Zentrales Rußland, Zusammenarbeit der Republiken und Gebiete des nördlichen Kaukasus, Schwarzerde, Regionale Ural-Assoziation, Nord-West.

## 8.2 Zuständigkeit des Zentrums und der Regionen

Bei der Zuständigkeit des Zentrums und der Föderationssubjekte unterscheidet die Verfassung zwischen der Zuständigkeit des Zentrums, der gemeinsamen Zuständigkeit von Zentrum und Föderationssubjekt sowie der Zuständigkeit des Föderationssubjekts.

## 8.2.1 Zuständigkeit des Zentrums

Nach Art. 71 der Verfassung hat das Zentrum folgende Zuständigkeit:

- Verabschiedung und Änderung der Verfassung sowie von föderalen Gesetzen und Kontrolle über deren Einhaltung;
- der föderative Aufbau der Russischen Föderation und die Kontrolle ihres Territoriums;
- Regelung und Schutz der Rechte und Grundfreiheiten;
- Festlegung des Systems der föderalen Organe der drei staatlichen Gewalten;
- das föderale Staatseigentum und dessen Verwaltung;
- Festlegung der Grundlagen der föderalen Politik auf allen Gebieten;
- Festlegung der rechtlichen Grundlagen eines einheitlichen Marktes sowie Regelung des Finanz-, Währungswesens usw., die Geldemission und die Grundlagen der Preispolitik;
- der föderale Haushalt, Steuern usw., die föderalen Fonds für Regionalentwicklung;
- föderale Energie-, Kernenergie-, Verkehrs- und Kommunikationssysteme sowie Weltraumaktivitäten;
- Außenpolitik und internationale Beziehungen sowie Fragen von Krieg und Frieden;
- Außenwirtschaftsbeziehungen;
- Verteidigung, Sicherheit und Rüstungsindustrie;
- Status und Schutz der Staatsgrenzen;
- Gerichtsordnung, Staatsanwaltschaft usw.;
- das föderale Kollisionsrecht;
- der meteorologische Dienst, Normen, Eichmaße, Zeitberechnung, Geodäsie, offizielle Statistiken usw.;
- staatliche Ehrentitel und Auszeichnungen der Russischen Föderation;
- der föderale Staatsdienst.

## 8.2.2 Gemeinsame Zuständigkeit des Zentrums und des Föderationssubjekts

Gemeinsam sind das Zentrum und das Föderationssubjekt laut Art. 72 der Verfassung für folgende Fragen zuständig:

- Gewährleistung der Übereinstimmung der Verfassungen, Statuten und Gesetze des Föderationssubjekts mit der föderalen Verfassung usw.;
- Schutz der Rechte und Freiheiten des Menschen und Bürgers, der Rechtsordnung und der öffentlichen Sicherheit, der Ordnung in den Grenzgebieten, der Rechte der nationalen Minderheiten;
- Abgrenzung des Staatseigentums;
- Fragen des Naturschutzes usw.;
- Fragen der Kultur, Bildung, Wissenschaft, des Sport usw.;
- Koordinierung von Fragen des Gesundheitsschutzes, Schutz der Familie, soziale Absicherung usw.;
- Katastrophenbekämpfung usw.;
- Festlegung allgemeiner Prinzipien für Besteuerung und Abgaben;
- Gesetzgebungsfragen (Verwaltung, Arbeit, Familie, Wohnung, Boden, Wasser, Forst, Bodenschätze, Umweltschutz);
- Personal der Rechtsorgane;
- Schutz von ethnischen Minderheiten;
- Festlegung allgemeiner Organisationsprinzipien für das System der Organe der Staatsgewalt und der örtlichen Selbstverwaltung;
- Koordinierung der internationalen und außenwirtschaftlichen Beziehungen der Föderationssubjekte und die Erfüllung internationaler Verträge.

## 8.2.3 Zuständigkeit des Föderationssubjekts

Über die alleinige Zuständigkeit des Föderationssubjekts enthält Artikel 73 lediglich den allgemeinen Satz, daß das Föderationssubjekt außerhalb der Zuständigkeit des Zentrums und der gemeinsamen Zuständigkeit von Zentrum und Föderationssubjekt auf seinem Territorium über die gesamte Fülle der Staatsmacht verfügt. Artikel 76 bestimmt, daß das Föderationssubjekt außerhalb der Grenzen der Zuständigkeit der Russischen Föderation und der gemeinsamen Zuständigkeit der Russischen Föderation und des Föderationssubjekts seine eigenen rechtlichen Regelungen trifft, die der Verfassung und den föderalen Gesetzen nicht widersprechen dürfen. Im Zweifelsfall hat immer das föderale Recht den Vorrang. Laut Artikel 78 können die föderalen Organe zur Ausübung ihrer Vollmachten eigene territoriale Organe bilden und entsprechende Amtspersonen ernennen. Diese pauschalen Formulierungen führten in der Praxis zu Kompetenzstreitigkeiten zwischen dem Zentrum und den Föderationssubjekten.

### 8.3        *Kompetenzenabgrenzungsverträge*

Um in der Frage der Zuständigkeiten Zentrum-Regionen den Regelungsspielraum zu füllen, haben bisher 35 Republiken und Gebiete mit dem Zentrum Kompetenzenabgrenzungsverträge geschlossen. Die Rechtsgrundlage für den Abschluß solcher Abkommen enthält der Verfassungsartikel 78: Sowohl die Exekutivorgane der Russischen Föderation als auch des Föderationssubjekts können übereinkommen, gegenseitig einen Teil ihrer Vollmachten zu übertragen, sofern dies nicht der Verfassung und den föderalen Gesetzen widerspricht. Bisher schloß Moskau 35 Kompetenzenabgrenzungsverträge mit den folgenden neun Republiken: Tatarstan (am 15.2.1994), Kabardino-Balkarien (am 1.7. 1994), Baschkortostan, dem früheren Baschkirien (am 3.8. 1994), Nord-Ossetien-Alanija (am 23.3.1995), Jakutien, das jetzt Sacha heißt (am 29.6.1995), Burjatien (am 29.8. 1995), Udmurtien (am 17.10.1995), Komi (am 20.3.1996) und Tschuwaschien (am 27.5.1996) sowie mit den folgenden 24 Gebieten und zwei Autonomen Kreisen: Swerdlowsk (am 12.1.1996), Kaliningrad, dem früheren Königsberg (am 12.1.1996), Orenburg (am 30.1.1996), Krasnodar (am 30.1.1996), Chabarowsk (am 24.4.1996), Omsk (am 19.5.1996), Irkutsk mit dem Autonomen Kreis der Ust-

Ordyner Burjaten (am 27.5.1996), Sachalin (am 9.5.1996), Perm mit dem Autonomen Kreis der Komi-Permjaken (am 31.5.1996), Nishnij-Nowgorod (am 8.6.1996), Rostow (am 11.6. 1996), Twer (am 13.6.1996), Gebiet Leningrad (am 13.6. 1996), Stadt St. Petersburg (am 13.6.1996), Brjansk (am 4.7.1977), Magadan (am 4.7.1977), Tscheljabinsk (am 4.7. 1997), Saratow (am 4.7.1977), Wologda (am 4.7.1977), Samara (am 1.8.1977), Astrachan (am 30.10.1977), Jaroslawl (am 30.10.1977), Murmansk (am 30.10.1977) und Uljanowsk[77] (am 30.10.1977) ab.

## 8.3.1    Verträge mit Republiken

Die Verträge enthalten drei Hauptbestandteile in unterschiedlicher Reihenfolge: Vereinbarungen über die Zuständigkeit des Föderationssubjekts, über die gemeinsamen Zuständigkeit der Russischen Föderation und des Föderationssubjekts sowie über die Zuständigkeit der Russischen Föderation.

Als Muster wird im folgenden der erste Kompetenzenabgrenzungsvertrag genommen, den Moskau geschlossen hat, und zwar mit Tatarstan. In seinem Kampf gegen den sowjetischen Präsidenten Michail Gorbatschow hatte Boris Jelzin Tatarstan aufgefordert, sich so viel Souveränität zu nehmen, wie es verkraften kann. 1992 mußte Jelzin feststellen, daß Kasan seine frühere Aufforderung ernst nimmt und diese Souveränität vom russischen Präsidenten einfordert. Tatarstan weigerte sich 1992, den Föderationsvertrag zu unterzeichnen. Am Referendum über die neue Verfassung und an der Staatsdumawahl am 12. Dezember 1993 beteiligten sich in Tatarstan nur 17 % der Wahlberechtigten, so

---

77  Die Vertragstexte sind abgedruckt in den Zeitungen "Rossijskie vesti" ["Russische Neuigkeiten"] vom 17.2.1996, 22.2.1996, 29.2.1996, 14.3.1996, 28.3. 1996, 13.7.1996, 25.7.1996, 26.9.1996, 3.10.1996, 25.9.1997, 26.9.1997, 3.10.1997, 12.11.1997, 16.12.1997, 17.12.1997 und 25.12.1997 sowie "Rossijskaja gazeta" ["Russische Zeitung"] vom 31.1.1996 und 1.2.1996.

daß das Referendum in der Republik rechtlich nicht zustande kam, weil die Mindestbeteiligung der Hälfte aller Wahlberechtigten nicht erreicht wurde. Ferner wurde kein Kandidat für die Wahl zum Föderationsrat registriert, weil die dazu erforderlichen Unterschriften nicht gesammelt wurden. Um weitere Unabhängigkeitsbestrebungen Tatarstans zu bremsen, schloß Moskau 1994 seinen ersten Kompetenzenabgrenzungsvertrag mit Tatarstan. In die alleinige Zuständigkeit Tatarstans fallen:

- Gewährleistung des Schutzes der Menschen- und Bürgerrechte;
- Haushaltsaufstellung und Steuereinnahmen;
- Entscheidung von Fragen der Rechtsanwaltschaft und des Notariats;
- rechtliche Regelung von Verwaltungs-, Familien-, Wohnungs-, Umwelt- und Naturnutzungsangelegenheiten;
- Begnadigung von Straftätern, die von Gerichten Tatarstans verurteilt worden sind;
- Nutzung von Grund und Boden, Bodenschätzen, Wasser, Holz und anderen Naturressourcen sowie von staatlichen Betrieben und sonstigem Staatseigentum auf dem Territorium Tatarstans mit Ausnahme des Eigentums der Russischen Föderation;
- Staatsorganisation in Tatarstan;
- Staatsangehörigkeit Tatarstans;
- alternativer Zivildienst auf dem Territorium Tatarstans;
- Beziehungen zu anderen Föderationssubjekten und Abschluß von Verträgen mit ihnen;
- Teilnahme an internationalen Beziehungen, Aufnahme von Beziehungen mit ausländischen Staaten, Abschluß von entsprechenden Abkommen, Mitgliedschaft in internationalen Organisationen;
- Gründung einer Nationalbank Tatarstans;
- selbständige Gestaltung der außenwirtschaftlichen Beziehungen;
- Konversion in Betrieben, die sich im Eigentum Tatarstans befinden;
- Herausgabe von eigenen staatlichen Auszeichnungen.

Zur gemeinsamen Zuständigkeit Tatarstans und der Russischen Föderation gehören folgende, wobei die *kursiv* gesetzten über die im Verfassungstext (Art. 72) genannten gemeinsamen Zuständigkeiten hinausgehen:

- Sicherstellung der Menschen- und Bürgerrechte sowie der Rechte der nationalen Minderheiten;

- *Schutz der Souveränität und territorialen Integrität;*
- *Rüstungsindustrie, Waffenverkauf und Konversion auf dem Territorium Tatarstans;*
- *allgemeine und strittige Staatsbürgerschaftsfragen;*
- Koordinierung der internationalen und außenwirtschaftlichen Beziehungen;
- *Koordinierung der Preispolitik;*
- *Bildung regionaler Entwicklungsfonds;*
- *Durchführung der Währungspolitik;*
- *Verwaltung des gemeinsamen Eigentums;*
- *Koordinierung der Tätigkeit in den Bereichen Geodäsie, Meteorologie und Zeitberechnung;*
- *Koordinierung der Verwaltung der gemeinsamen Energie-, Transport- und Kommunikationssysteme;*
- Gewährleistung der ökologischen Sicherheit usw.;
- *Durchführung einer gemeinsamen Politik in den Bereichen Soziales, Beschäftigung und Migration;*
- Koordinierung der Tätigkeit in den Bereichen Gesundheitswesen, Schutz der Familie, Bildung, Wissenschaft, Kultur, Sport usw.;
- Personal der Gerichte und der sonstigen Organe der Rechtspflege;
- Rechtsanwaltschaft, Schiedsgerichtsbarkeit und das Notariat;
- *Koordinierung der Rechtsschutzorgane in den Bereichen Sicherheit und Verbrechensbekämpfung;*
- Entwicklung von Prinzipien für die Organisation des Systems der Staatsorgane und der örtlichen Selbstverwaltung;
- Verwaltungs- und Verwaltungsprozeßrecht, Arbeitsrecht, Wohnrecht, Grund- und Bodenrecht, Wasserrecht, Forstrecht, Recht bezüglich der Bodenschätze und Umweltrecht.

Der Katalog mit denjenigen Kompetenzen, die zur Zuständigkeit der Russischen Föderation gehören, sind wörtlich mit dem Verfassungsartikel 71 identisch, der oben bereits wiedergegeben wurde.

Streitfragen sind zwischen Tatarstan und der Russischen Föderation einvernehmlich zu regeln. Tatarstan und die Russische Föderation unterhalten Bevollmächtigte Vertretungen in Moskau und in Kasan. Außerdem enthält der Vertrag vier Zusatzklauseln, die nicht veröffentlicht wurden (Kirkow 1997a: 50).

Zwischen 1992 und 1994 hatte Tatarstan mit Moskau bereits eine Reihe von Spezialabkommen auf folgenden Gebieten geschlossen:

- wirtschaftliche Zusammenarbeit (22.1.1992);
- Produktion und Transport von Öl und Produkten der Petrochemie (5.6.1993);
- Eigentumsfragen (22.6.1993);
- Zollfragen (22.6.1993);
- Zusammenarbeit auf dem Gebiet des Umweltschutzes;
- Hochschulwesen;
- Zuständigkeitsabgrenzung bei den außenwirtschaftlichen Beziehungen (1.2.1994);
- Bankenwesen sowie Währungs-, Kredit- und Devisenpolitik (im Februar 1949);
- Haushaltsbeziehungen (im Februar 1994);
- Koordinierung der Bekämpfung der Kriminalität und der sonstigen Rechtsverstöße (im Februar 1994);
- Verteidigungsindustrie (im Februar 1994);
- Militärorganisation (im Februar 1994) (vgl. dazu: Teague 1994: 22 f. Beliaev 1995: 124).

Normalerweise haben die Verträge eine Laufzeit von fünf Jahren.

Das Abkommen über die Abgrenzung der Zuständigkeiten auf dem Gebiet der außenwirtschaftlichen Beziehungen zwischen der Russischen Föderation und Tatarstan vom 16. Februar 1994[78] weist Tatarstan folgende Ausschließlichkeitskompetenzen zu:

- Abschluß von Außenwirtschaftsabkommen mit administrativen oder föderalen Subjekten anderer Staaten;
- Abschluß von Handels- und Wirtschaftsabkommen mit anderen Staaten;
- Aufnahme von staatlichen oder privaten Krediten usw. mit einer Garantie der Regierung Tatarstans einschließlich der Kontrolle über deren Verwendung;
- Entwicklung und Kontrolle eines Devisenfonds Tatarstans;
- Zulassung ausländischer Investitionen in Tatarstan;

---

78 Im Kompetenzabgrenzungsvertrag mit Tatarstan wurde bereits darauf hingewiesen, zu diesen Fragen ein Sonderabkommen abzuschließen.

- Gewährung staatlicher Garantien für die Beteiligten an außenwirtschaftlichen Beziehungen;
- Mitarbeit in ausländischen Finanz- und Wirtschaftsorganisationen;
- Entgegennahme von Unterstützungsleistungen ausländischer Partner sowie deren Verwendung;
- Gewährung von Krediten usw. an ausländische Partner;
- Errichtung einer Freien Wirtschaftszone auf dem Gebiet Tatarstans (Beliaev 1995: 127).

An gemeinsamen Kompetenzen der Russischen Föderation und Tatarstans zählt das Sonderabkommen auf:

- Schutz der wirtschaftlichen Interessen von Unternehmern, Organisationen und Bürgern Tatarstans im Ausland;
- Festlegung der Quantitätsbegrenzungen für den Export von Öl und Ölprodukten, bei denen Kontingentierungen bestehen;
- Regelung des Zahlungs- und Verrechnungsverkehrs mit dem Ausland;
- Regelung der Handelsbeziehungen mit ausländischen Staaten sowie internationalen Handels-, Währungs- und Finanzorganisationen;
- Lizenzierung von Investitionen Tatarstans im Ausland.

In den Kompetenzenabgrenzungsverträgen mit den Republiken Nord-Ossetien-Alanija und Sacha wird hinsichtlich der gemeinsamen Zuständigkeit Artikel 72 der Verfassung inhaltlich wiederholt. In den Verträgen mit den Republiken Burjatien, Dumurtien, Komi und Tschuwaschien wird nur noch auf Artikel 72 verwiesen, ohne ihn wiederzugeben.

Die alleinigen Kompetenzen der Russischen Föderation werden nur in den ersten vier Verträgen ausgeführt, wobei inhaltlich der Artikel 71 der Verfassung wiedergegeben wird. Im Vertrag mit Nord-Ossetien-Alanija wird Moskau über Artikel 71 hinausgehend zusätzlich die Zuständigkeit für das System der Hochschulbildung eingeräumt. In den späteren Verträgen werden die alleinigen Kompetenzen Moskaus nicht mehr erwähnt.

Der Vertrag mit Sacha (Jakutien) enthält einen eigenen Artikel darüber, daß sich die Russische Föderation und die Republik über die Produktions- und Exportquoten für Edelmetalle, vor allem von Gold, und Diamanten, geeinigt haben. Außerdem soll in Sacha eine freie Wirtschaftszone errichtet werden. Beide Seiten wollen

ferner Maßnahmen zur Weiterentwicklung des Nördlichen See-
wegs ergreifen. Und schließlich wollen beide die Rohstoffe des
Kontinentalschelfs nutzen.

In den Vertrag mit Burjatien wurde ein Artikel über den Baj-
kal-See aufgenommen, der als eine ökologische Einmaligkeit
besonders geschützt werden soll. Die entsprechenden rechtlichen
Grundlagen und finanziellen Voraussetzungen soll Moskau schaffen.

Im Vertrag mit Udmurtien fällt auf, daß er keinen Artikel über
die Kompetenz der Republik enthält. In Artikel 2 über die Kompetenz der Russischen Föderation und der Republik geht der Vertrag in einem Absatz auf die Frage der Vernichtung der in Udmurtien lagernden chemischen Waffen ein.

Von den Zuständigkeiten, die den Republiken gewährt werden, sind folgende politisch wichtig, weil an ihnen das Ausmaß
der Zugeständnisse Moskaus an die Republik gemessen werden
kann:

- Die Souveränität der Republik anerkannte Moskau nur bei Tatarstan
  und Baschkortostan; bei den anderen Republiken ist nur noch von
  Staatlichkeit die Rede. "Staatlichkeit" bekundet, daß die Republik ein
  staatliches Gebilde ist. Souveränität ist mehr als Staatlichkeit, denn sie
  drückt die Selbstbestimmung des staatlichen Gebildes aus. In den beiden Verträgen anerkannte die Russische Föderation nicht nur die
  Souveränität Tatarstans und Baschkortostans, sondern sie verpflich-
  tete sich sogar, sie zu schützen.

- Das Recht, internationale Beziehungen zu unterhalten, räumte Moskau
  Tatarstan, Baschkortostan, Nord-Ossetien-Alanija, Sacha (Jakutien),
  Komi und Tschuwaschien ein.

- Das Nutzungsrecht der eigenen Bodenschätze erhielten Tatarstan,
  Kabardino-Balkarien, Baschkortostan und Nord-Ossetien-Alanija.

- Das Haushaltsrecht wurde Tatarstan, Kabardino-Balkarien, Baschkortostan, Nord-Ossetien-Alanija, Sacha (Jakutien) und Komi gewährt.

- Eigene Steuern dürfen Tatarstan, Kabardino-Balkarien, Nord-Ossetien-
  Alanija und Tschuwaschien erheben.

- Die Erlaubnis, eine Nationalbank zu errichten, wurde Tatarstan, Kabar·lino-Balkarien, Baschkortostan und Nord-Ossetien-Alanija eingeräumt und im Vertragsentwurf auch der Republik Komi[79].
- Außenwirtschaftliche Tätigkeiten wurden Tatarstan, Kabardino-Balkarien, Baschkortostan, Nord-Ossetien-Alanija, Sacha (Jakutien), Komi und Tschuwaschien zugestanden.

Daran gemessen, ergibt sich folgende Rangfolge hinsichtlich der Konzessionen Moskaus bzw. des politischen und wirtschaftlichen Selbständigkeitsgrads der Republiken:

1. Tatarstan,
2. Baschkortostan,
3. Nord-Ossetien-Alanija,
4. Kabardino-Balkarien,
5. Sacha (Jakutien), Komi und Tschuwaschien,
6. Burjatien und Udmurtien.

## 8.3.2    Verträge mit Gebieten

Mit dem Abschluß von Kompetenzenabgrenzungsverträgen mit den Gebieten wurde erst 1996 begonnen. Während Tatarstan der Vorreiter für die Republiken war, übernahm bei den Gebieten Swerdlowsk diese Rolle (Hughes 1996: 42). Am 27. Oktober 1993 hatte der Sowjet des Gebiets Swerdlowsk die Statuserhöhung des Gebiets in Ural-Republik beschlossen, der sich die Gebiete Tjumen, Orenburg, Kurgan, Tscheljabinsk und Perm anzuschließen bereit waren. Nach einer breiten Diskussion in der Bevölkerung beschloß der Sowjet des Gebiets Swerdlowsk am 9. November 1993 die Verfassung der Ural-Republik, was dazu führte, daß Jelzin den Gebietssowjet auflöste und den Leiter der

---

79 Proekt "Dogovor Rossijskoj Federacii i Respubliki Komi o razgraničenii predmetov vedenija i vzaimnom delegirovanii polnomočij" [Entwurf "Vertrag der Russischen Föderation und der Republik Komi über die Abgrenzung der Zuständigkeiten und die gegenseitige Delegierung von Kompetenzen"] (Text aus der Bibliothek des Föderationsrats).

Gebietsverwaltung, Eduard Rossel, absetzte. Nun versuchte das Gebiet Swerdlowsk, eine Verbesserung seiner Situation durch den Abschluß von bilateralen Abkommen mit der Zentrale zu erreichen. Bis Mitte 1995 wurden zwanzig Vereinbarungen über Einzelfragen wie Haushalt und Finanzen, Bodenschätze, Bildung usw. ausgehandelt. Im Sommer 1995 begannen schließlich die Verhandlungen über einen Kompetenzenabgrenzungsvertrag, der nach deren Abschluß im Oktober 1995 im Januar 1996 unterzeichnet wurde.

Im Kompetenzenabgrenzungsvertrag mit dem Gebiet Swerdlowsk werden zuerst unter Berufung auf Verfassungsartikel 72 die gemeinsame Zuständigkeit der Russischen Föderation und des Gebiets aufgeführt, dann die Kompetenz der Russischen Föderation und am Schluß die Vollmacht des Gebietes, während bei den ersten Verträgen mit den Republiken die Reihenfolge oft umgekehrt war. Die Anerkennung der Souveränität der Gebiete ist in keinem Vertrag zu finden, weil sie für die Gebiete nicht in Frage kommt. Das Recht auf die Nutzung der eigenen Bodenschätze wurde keinem Gebiet eingeräumt.

Besonderheiten gibt es in den Verträgen mit Krasnodar, Kaliningrad und Leningrad. In den Verträgen mit den ersten beiden Gebieten verpflichten sich jeweils die Russische Föderation und das Gebiet, die Bedingungen und Normen für die Regelung der Migration auf ihren Territorien zu schaffen. Diese Bestimmungen sind Ausdruck eines Problems, das in Krasnodar wohl vor allem Folge des Kriegs im nahen Tschetschenien ist und in Kaliningrad Kennzeichen der Hoffnung vieler Russen, wenn sie in den westlichsten Teil Rußlands ziehen, der früher einmal zu Deutschland gehört hat, vielleicht leichter in den Westen zu kommen. Der Vertrag mit Kaliningrad enthält ferner die Verpflichtung der vertragschließenden Seiten, in Kaliningrad eine steuerbegünstigte Freihandelszone zu schaffen. Im Vertrag mit Leningrad verpflichtet sich das Gebiet, sich an der Ausarbeitung eines Programms und dessen Realisierung zu beteiligen, das der Erhaltung der einzigartigen Umwelt am Ladoga-See, Finnischen Meerbusen und der Karelischen Landenge dient.

Den Gebieten Swerdlowsk, Chabarowsk, Omsk, Irkutsk, Sachalin, Perm, Nishnyj-Nowgorod, Rostow, Leningrad, Twer, St. Petersburg wurden folgende wichtige Rechte zugestanden:

- Haushaltsrecht;
- Recht, eigene Steuern zu erheben;
- internationale Beziehungen zu unterhalten und
- außenwirtschaftliche Beziehungen zu unterhalten.

Den Gebieten Brjansk, Kaliningrad, Orenburg, Krasnodar, Magadan, Tscheljabinsk, Saratow, Wologda, Samara, Uljanowsk, Astrachan, Jaroslawl, und Murmansk wurden diese Rechte nicht gewährt.

Swerdlowsk erhielt als einziges Gebiet das Recht, eine Gebietsbank zu errichten.

Nach diesem Katalog ergibt sich folgende Rangfolge der Gebiete hinsichtlich ihres politischen und wirtschaftlichen Selbständigkeitsgrads:

1. Swerdlowsk;
2. Stadt St. Petersburg, Nishnij-Nowgorod, Rostow, Omsk, Chabarowsk, Twer, Sachalin, Irkutsk mit dem Autonomen Bezirk der Ust-Ordyner Burjaten und Perm mit dem Autonomen Bezirk der Komi-Permjaken;
3. Kaliningrad, Orenburg, Krasnodar, Kaliningrad, Orenburg, Krasnodar, Brjansk, Magadan, Tscheljabinsk, Saratow, Wologda, Samara, Uljanowsk, Astrachan, Jaroslawl und Murmansk.

Seit 1997 werden den Gebieten nicht mehr das Budget- und Steuerrecht sowie das Recht zur selbständigen Teilnahme an den internationalen und außenwirtschaftlichen Beziehungen gewährt.

Hinzu kommt noch, daß nicht selten die Zentrale mit verschiedenen Föderationssubjekten Geheimprotokolle abgeschlossen hat, in denen Moskau einzelnen Föderationssubjekten weitergehende

Konzessionen gemacht hat, die es gar nicht erst wagt bekannt zu machen.

Die neueren Kompetenzenabgrenzungsverträge sind im Wortlaut in weiten Teilen deckungsgleich. Offensichtlich will der Kreml die unterschiedliche Behandlung der Föderationssubjekte aufgeben, die eigentlich verfassungswidrig ist, denn in den wechselseitigen Beziehungen zu den föderalen Organen sind die Föderationssubjekte untereinander gleichberechtigt (Art. 5, Abs. 4).

Verglichen mit der politischen Rangfolge der Republiken, rangiert Swerdlowsk, das die Gebietsliste anführt, nach Tatarstan und Baschkortostan. Die Rechte, die Moskau diesen beiden Republiken einräumte, hat es später in diesem Umfang keiner anderen Republik und keinem anderen Gebiet mehr zugestanden.

## 8.4    *Die Gouverneurswahlen*

Zur Einschätzung der russischen Gouverneurswahlen 1995/ 96 kann den Interview-Ausführungen Jelzins vom 25. Dezember 1996 zugestimmt werden, daß diese Wahlen ein wichtiger Meilenstein in der russischen Geschichte seien, weil die Führungsspitze in den Föderationssubjekten zum ersten Mal in Rußland tatsächlich vom Volk gewählt wurde. "Die russischen Länder haben ihre Führer selbst benannt. Das sind keine Heerführer und keine zaristischen Gouverneure, die aus der Hauptstadt ernannt wurden, es sind auch keine Ersten Sekretäre der Gebietskomitees, die von der Partei dorthin gesetzt wurden."[80]

---

80  Rossijskie vesti [Russische Neuigkeiten], 27.12.1996.

Durch die Gouverneurswahlen wurde der Demokratisierungsprozeß auf der regionalen Ebene fortgesetzt. Um deren Durchführung war 1995 ein erbitterter Streit zwischen den politischen Institutionen entbrannt, denn die Gouverneure sind laut Verfassung kraft ihres Amtes Mitglieder des Föderationsrats. Anlaß war die zweite Staatsdumawahl am 17. Dezember 1995. Für die erste Staatsdumawahl am 12. Dezember 1993 ließ die Verfassung als notwendige einmalige Ausnahme auch die direkte Wahl der Föderationsratsmitglieder durch die Wähler zu. Nun stellte sich der neuen Staatsdumawahl die Frage der Direktwahl der Föderationsratsmitglieder von neuem, denn viele 1993 gewählte Föderationsratsmitglieder, die keine Gouverneure der Gebiete oder Präsidenten der Republiken bzw. die keine Parlamentspräsidenten ihrer Regionen waren, wollten ihr mit wichtigen Privilegien verbundenes Föderationsratsmandat gern behalten. Auf der einen Seite muß der Föderationsrat laut Verfassung demokratisch legitimiert sein. Auf der anderen Seite sieht die Verfassung für den Föderationsrat als der Regionenvertretung keine Legislaturperiode und keine direkte Wahl der Föderationsratsmitglieder vor. Deshalb wurde der vernünftige Kompromiß gefunden, die Gouverneure zu wählen. Das diesbezügliche föderale Gesetz vom 5. Dezember 1995 schreibt vor, daß bis zum Dezember 1996 die Wahl der Oberhäupter der staatlichen Exekutive, also die Präsidenten der Republiken und die Gouverneure der Gebiete, abgeschlossen sein muß.[81]

Nach dem Verbot der KPdSU infolge des August-Putsches 1991 hatte Jelzin die Ersten Gebietsparteisekretäre der KPdSU als die regionalen Machthaber durch Leiter der regionalen Verwaltung,

---

81  Federal'nyj zakon "O porjadke formirovanija Soveta Federacii Federal'nogo Sobranija Rossisjkoj Federacii" [Föderales Gesetz "Über die Bildung des Föderationrats der Födrealen Versammlung der Russischen Föderation"], in: Sobranie zakonodatel'stva Rossijskoj Federacii [Sammlung der Gesetzgebung der Russischen Föderation], Nr. 50, 1995, Pos. 4849.

die sich gern Gouverneure nennen, ersetzt. Bereits im Dezember 1995 wurden zwölf Gouverneure gewählt. Das war aber nur mit ausdrücklicher Erlaubnis Jelzins möglich. Jelzin zögerte sehr lange, das Machtinstrument, die regionalen "Zaren" nach Belieben ein- und absetzen zu können, generell aus der Hand zu geben. Nach dem 6. August 1996 erließ er schließlich 37 Dekrete, in denen er für jedes Föderationssubjekt einzeln die Wahl erlaubte und terminlich festlegte.

### 8.4.2    Verlauf

Die ersten Gouverneurswahlen fanden zwischen dem 1. September 1996 und dem 12. Januar 1997 in 52 Föderationssubjekten statt: in fünf Republiken (Adygeja, Chakassien, Kabardino-Balkarien, Marij-El und Sacha [Jakutien]) und in 47 Gebieten. Parallel dazu wurden zwischen dem 6. Oktober und dem 15. Dezember 1996 26 regionale Volksvertretungen gewählt, die sich Staatsversammlung, Oberster Sowjet, Gesetzgebende Versammlung oder Gebietsduma usw. nennen.

Im allgemeinen genügte bei der Gouverneurswahl 1996 der erste Wahlgang. In 16 Fällen (30,8 %) war allerdings eine Stichwahl erforderlich (Pskow, Kaluga, Stawropol, Region von Altaj, Murmansk, Kamtschatka, Kurgan, Autonomer Bezirk der Nenzen, Rjasan, Perm, Kostroma, Archangelsk, Republik Chakassien, Wolgograd, Republik Marij-El, Tjumen) weil beim ersten Wahlgang kein Kandidat mehr als 50 % der Stimmen bekam.

Trotz zahlreicher Verstöße wurden die Gouverneurswahlen von der Zentralen Wahlkommission anerkannt. Eine Bewertung der Zentralen Wahlkommission vom 23. November 1996 zeigte, daß die Regionalwahlen "im Prinzip unter Einhaltung der Wahlgesetze durchgeführt wurden. Deshalb gibt es keinen Grund, ihren legitimen Charakter anzuzweifeln". Tatsächlich wurde eine Reihe von Verstößen gegen die Verfassung und das "Gesetz über die

Grundgarantien der Wahlrechte der Bürger der Russischen Föderation" festgestellt. In einem Gutachten der Zentralen Wahlkommission wurden folgende Verstöße angeführt (Tschinarichina 1997: 16):

– Einige Föderationssubjekte hatten in ihre Wahlgesetze zusätzliche Bedingungen für den Erwerb des aktiven (die Republiken Burjatien, Marij-El und Sacha [Jakutien]) und des passiven Wahlrechts (Republik Sacha) aufgenommen.

– Ferner wurde die Zulassung von Kandidaten beschränkt, indem entweder Wählervereinigungen gänzlich (in den Gebieten Saratow und Wladimir) oder Gliederungen von gesamtrussischen und regionsübergreifenden Vereinigungen von der Nominierung von Kandidaten in Föderationssubjekten (in den Republiken Adygeja und Tuwa sowie in den Gebieten Kaliningrad, Swerdlowsk, Stawropol, Amur) ausgeschlossen wurden.

– In den Republiken Tatarstan und Kalmykien stand für die Wahl des Präsidenten nur ein Kandidat zur Verfügung.

– In den Gebieten Kamtschatka und Amur wurden nicht nur die Wahlkampfbudgets der Kandidaten, sondern auch der Wählervereinigungen zugelassen, wodurch diejenigen Kandidaten, die nicht über das Budget einer Wählervereinigung verfügen konnten, benachteiligt waren.

– Die Regeln für die Durchführung des Wahlkampfs wurden teilweise nicht eingehalten, so daß Kandidaten, die Amtspersonen sind, viele Vorteile hatten.

– In den Gebieten Kaliningrad, Nishnij-Nowgorod und Kursk war am letzten Tag vor den Wahlen Wahlagitation zugelassen.

– Gelegentlich existierten zusätzliche Listen zur normalen Wählerliste, wobei die Eintragungen nicht präzisiert wurden.

– Bei der Bildung der Wahlkommission wurden Fristen überschritten.

– Die paritätische Entsendung von Vertretern der Exekutive und der Legislative in die Wahlkommission wurden nicht eingehalten.

– Vorschriften über die Berechnung der Ergebnisse und die Abfassung der Protokolle wurden verletzt.

– Bei Abstimmungen außerhalb des Wahllokals wurden die diesbezüglichen Vorschriften verletzt.

– In den Gebieten Amur, Kursk, Rostow und Saratow mischten sich Vertreter der Exekutive, vor allem deren Leiter, in die Arbeit der Wahlkommissionen ein, indem sie Informationen über den Ablauf der

Abstimmung und Unterlagen der Wahlkommission anforderten oder bei der Berechnung des Wahlergebnisses anwesend waren.

## 8.4.3    Ergebnisse

Von den 1996 gewählten 52 Gouverneuren, wenn die fünf Präsidenten in diesen Begriff mit eingeschlossen werden (obwohl die Gouverneure die Leiter der nach administrativen Gesichtspunkten eingeteilten russischen Gebiete sind und nicht die Präsidenten der nach nationalen Minderheiten benannten Republiken), wurden 24 oder 46,2 % in ihrem Amt bestätigt. Die Analyse des Wahlergebnisses muß mit diesem Sieg der "Partei der Macht", der größten "Fraktion", beginnen.[82]

28 oder 53,8 % der Gouverneure wurden neugewählt. 15 der neugewählten Gouverneure oder 28,8 % aller gewählten Gouverneure – die zweitgrößte "Fraktion" – wurden von der KPRF bzw. von dem den Kommunisten nahestehenden Sammelbecken "Volkspatriotische Union Rußlands" (VPUR) unterstützt, deren Vorsitzender der KPRF-Chef Gennadij Sjuganow und deren Exekutivkomiteevorsitzender der letzte sowjetische Ministerpräsident Nikolaj Ryshkow ist. Von diesen 15 erfolgreichen kommunistischen Gouverneuren waren bis zu ihrer Wahl sieben Vorsitzende von regionalen oder örtlichen Volksvertretungen (Altaj, Kaluga, Krasnodar, Kurgan, Wladimir, Wolgograd, Woronesh). Vier andere sind Staatsdumaabgeordnete (Brjansk, Kirow, Stawropol, Tscheljabinsk), einer von ihnen unterstützte im Herbst 1993 als Gouverneur von Brjansk den Obersten Sowjet in seinem Kampf gegen Jelzin, der andere von ihnen war nach dem August-Putsch 1991 als Gouverneur von Tscheljabinsk abgesetzt worden. In diesem Zusammenhang muß Aleksandr Ruzkoj genannt werden, der als ehemaliger Vizepräsident einer der beiden Anführer des Put-

---

82  Segodnja [Heute], 26.12.1996. OMRI Russian Regional Report, 8.1.1997.

sches gegen Jelzin vom Oktober 1993 war und der 1996 mit 78,9 % zum Gouverneur von Kursk gewählt wurde.

Die drittgrößte "Fraktion" bilden mit sechs oder 11,5 % die Manager (Burjatischer Autonomer Kreis von Ust-Ordynsk, Gebiet Kaliningrad, Autonomer Bezirk der Korjaken, Gebiet Leningrad, Gebiet Magadan, Autonomer Bezirk der Nenzen). Sie kandidierten als unabhängige Kandidaten mit starker Unterstützung durch die Geschäftswelt. Einige von ihnen sind selbst erfolgreiche Unternehmer und unterstützen Jelzins Reformpolitik.

Zwei Gouverneure wurden in ihrem Wahlkampf von Aleksandr Lebeds Geldgebern unterstützt: Lebeds jüngerer Bruder Aleksej – ebenfalls ein Militär im Rang eines Oberst – wurde mit 71,9 % zum Regierungschef der Republik Chakassien gewählt, der zugleich die Funktion des Präsidenten der Republik wahrnimmt. In Murmansk gewann der von Lebeds Bewegung "Ehre und Vaterland" aufgestellte Kandidat. Shirinowskij schaffte es in der an der Grenze zu Estland liegenden LDPR-Hochburg Pskow, an die Estland territoriale Ansprüche anmeldet, seinen Kandidaten, den 33jährigen Stellvertretenden Chefredakteur der Parteizeitung "Prawda Shirinowskogo" Jewgenij Michajlow, im zweiten Wahlgang als Gouverneur durchzubringen, was nur möglich war, weil er auch von den Kommunisten unterstützt wurde.

Die Ergebnisse der Gouverneurswahlen stimmen nicht unbedingt mit den parteipolitischen Mehrheiten in den regionalen Volksvertretungen bzw. mit dem Wahlverhalten bei der Staatsdumawahl am 17. Dezember 1995 oder der Präsidentenwahl am 3. Juli 1996 überein. 13 von 22 oder 59,1 % wurden in ihrem Amt in einem Föderationssubjekt bestätigt, dessen Wählerschaft bei der Staatsdumawahl kommunistisch und bei der Präsidentenwahl für Jelzin votiert hatten, 5 oder 22,7 % gewannen in Regionen, die bei beiden Wahlen kommunistisch gewählt hatte, und 2 oder 9,1 % hatten in denjenigen Gebieten Erfolg, die bei beiden Wahlen nicht kommunistisch gewählt hatten.

Gewählt wurde im allgemeinen derjenige Kandidat, von dem sich die Wähler eine Verbesserung ihrer Lebensbedingungen erhoffen. Wenn die Wähler mit ihrem bisherigen Gouverneur zufrieden waren, wurde er wiedergewählt. Wenn ein Konkurrent antrat, der mehr Tatkraft erwarten ließ, wurde dieser gewählt. Wenn auch ein solcher nicht zur Verfügung stand, wurde dann derjenige, wenn auch farblose, Kandidat gewählt, der mit einer starken parteipolitischen Wahlkampfunterstützung aufwarten konnte. Die Gouverneure wissen, daß sie auf die Unterstützung Moskaus angewiesen sind, wenn sie in ihrer Region etwas erreichen wollen, und daß sie deshalb auf die Zusammenarbeit mit Präsident und Regierung nicht verzichten können, ganz gleich, welcher Partei sie angehören.

Die regionalen Medien spielten bei regionalen Wahlen eine größere Rolle als die zentralen Medien. Die regionalen Medien, vor allem die regionale Presse, ist finanziell von der regionalen Administration abhängig und hat deshalb meistens den amtierenden Gouverneur unterstützt.

Wurde jemand von außen "importiert", wie z.B. Ruzkoj, um sich über das Gouverneursamt und die damit verbundene Mitgliedschaft im Föderationsrat ein politisches Comeback in Moskau zu verschaffen, so dürfte ein solcher Kandidat nach seiner Wahl zum Gouverneur keine Zeit für seine politischen Ambitionen haben, denn die gewaltigen Aufgaben, die vor Ort auf ihn warten, werden ihm dafür keine Zeit und keine Kraft lassen.

Das Wahlergebnis ist auch in den Zusammenhang der Interregionalen Wirtschaftsassoziationen (IWA) zu stellen[83], denn in jeder dieser Assoziationen gibt es bestimmte wirtschaftliche Entwicklungen, die auch das Wählerverhalten bestimmt haben. Die IWA "Ferner Osten und Transbajkal" umfaßt die beiden Republiken Burjatien und Sacha (Jakutien) sowie die zehn Gebiete – der Einfachheit halber werden die "Autonomen Kreise" auch unter

---

83  Moskovskie novosti [Moskauer Neuigkeiten], 29.12.1996.

dem Begriff "Gebiet" mit erfaßt – Primorje, Chabarowsk, Amur, Kamtschatka, Magadan, Tschita, Sachalin, Autonomes Gebiet der Juden, Korjaken und Tschuktschen. Viele Subjekte dieser IWA sind reich, wie z.B. Sacha an Gold und Diamanten, Sachalin an Öl, Kamtschatka an Fischen und Chabarowsk an Holz. Vorsitzender dieser IWA ist der Gouverneur von Chabarowsk, der 48jährige Wiktor Ischajew. Er ist seiner Ausbildung nach Ingenieur und leitete bis 1990 ein Unternehmen für die Aluminiumindustrie. 1991 wurde er von Jelzin als Gouverneur in Chabarowsk eingesetzt. Trotz seiner bisherigen langen Amtszeit gewann er die Wahl mit dem zehnfachen Ergebnis seines Gegners. In neun der zwölf Föderationssubjekte dieser IWA wurden Wahlen durchgeführt: In sieben Gebieten wurden die Gouverneure bestätigt, und in zwei wurden neue Gouverneure gewählt, die Moskau gegenüber loyal sind.

Die IWA "Sibirien-Abkommen" bilden die drei Republiken Altaj, Burjatien – Burjatien gehört offensichtlich zwei IWA an – und Chakassien sowie die 14 Föderationssubjekte: Altaj, Krasnojarsk, Irkutsk, Nowossibirsk, Omsk, Tomsk, Tjumen, Kemerowo, Aginisch-Burjatischer Autonomer Bezirk, Tajmyr, Ust-Ordynischer-Burjatischer Autonomer Bezirk, Chanty-Mansischer, Ewenkischer und Jamalo-Nenzischer Autonomer Bezirk. Diese Regionen werden wirtschaftlich bestimmt durch Holzindustrie, Kohle (Kemerowo), Aluminium, Schwarz- und Buntmetalle (Krasnojarsk), Erdöl und Gas (Tjumen) und Erdölverarbeitung (Irkutsk und Omsk). Vorsitzender der IWA ist der Gouverneur von Omsk, Leonid Poleschajew, wo nicht gewählt wurde. In vier rohstoffreichen Regionen wurden die Gouverneure wiedergewählt. In zwei Regionen siegten unabhängige Kandidaten. Im ärmsten Gebiet der IWA (Altaj) gewann ein Kommunist.

Zur IWA "Große Wolga" schlossen sich die vier Republiken Mordwinien, Tatarstan, Tschuwaschien und Marij-El sowie die sieben Gebiete Astrachan, Wolgograd, Nishnij-Nowgorod, Pensa, Samara, Saratow und Uljanowsk zusammen. Das Durchschnittseinkommen dieser IWA übersteigt 2,5-3 mal das Existenzminimum. Gekennzeichnet ist die Wirtschaft in dieser IWA durch Öl und Gas in Astrachan, durch die Erdölchemie in Tatarstan und Samara und die Wolgograder Erdölverarbeitung. Der Vorsitzende der IWA, der Gouverneur von Samara, Konstantin Titow, wurde wiedergewählt, obwohl er bereits 1991 von Jelzin eingesetzt worden war. Wiedergewählt wurden die Gouverneure auch in Saratow, Astrachan und Uljanowsk. In den beiden ärmeren Regionen, in Wolgograd und Marij-El, gewann jeweils der kommunistische Kandidat.

Zur IWA "Zentrales Rußland" schlossen sich folgende zwölf Gebiete zusammen: Brjansk, Wladimir, Iwanowo, Kaluga, Kostroma, Moskau, Rjasan, Smolensk, Twer, Tula, Jaroslawl und die Stadt Moskau. Diese IWA wird formal vom Gouverneur von Jaroslawl, Anatolij Lisizyn geleitet, tatsächlich aber vom Moskauer Oberbürgermeister Jurij Lushkow. Viele Regionen dieser IWA befinden sich auf einem niedrigen wirtschaftlichen und sozialen Niveau. Nicht ohne Grund spricht man vom "roten Gürtel", weil bei den Wahlen dort meistens die Kommunisten siegten. Bis auf den Gouverneur von Iwanowo verloren alle Gouverneure dieser IWA durch die Wahl ihren Posten an kommunistische oder an Kommunisten nahestehende Kandidaten.

Die IWA "Zusammenarbeit der Republiken und Gebiete des nördlichen Kaukasus" vereinigt die sieben Republiken Adygeja, Dagestan, Inguschetien, Kabardino-Balkarien, Karatschajewo-Tscherkessien, Nordossetien und Kalmükkien sowie die drei Gebiete Krasnodar, Stawropol und Rostow. Diese IWA, die über keinen eigentlichen Leiter verfügt, weist eines der niedrigsten Lebensniveaus Rußlands auf. Die ärmste Region des ganzen Landes ist die Republik Dagestan, die Nachbarrepublik zu Tschetschenien. Die Gouverneure der beiden Republiken Adygeja und Kabardino-Balkarien sowie des Gebiets Rostow wurden wiedergewählt. Stawropol und Krasnodar fielen an die Opposition.

Die IWA "Schwarzerde" umfaßt die sechs Gebiete Woronesh, Belgorod, Kursk, Lipezk, Orjol und Tambow. Sie wird vom Gouverneur von Orjol, Jegor Strojew, geleitet, der zugleich Vorsitzender des Föderationsrats ist. Abgesehen von Lipezk, das zu den wenigen Geberregionen gehört, und von dem Eisenerzexporteur Belgorod, sind die übrigen Regionen relativ arm. Die Kandidaten der kommunistischen Opposition gewannen in Woronesh und Kursk, wo jetzt Aleksandr Ruzkoj der neue Gouverneur ist.

Die "Uraler regionale Assoziation" erstreckt sich, wie schon der Name sagt, auf die beiden Republiken Baschkortostan und Udmurtien sowie die sechs Föderationssubjekte: Autonomer Bezirk der Komi-Permjaken, die Gebiete Kurgan, Orenburg, Perm, Swerdlowsk und Tscheljabinsk. Geleitet wird sie vom Swerdlowsker Gouverneur Eduard Rossel, der vor über drei Jahren die vier Gebiete zur Ural-Republik zusammenfassen wollte und deshalb im November 1993 als Gouverneur von Jelzin abgesetzt wurde. Swerdlowsk und Baschkortostan sind Geberregionen. Die übrigen Regionen befinden sich ein einer relativ guten wirtschaftlichen Situation. Die beiden Gouverneure von dem Autonomen Bezirk der Komi-Permjaken und des Gebiets Perm konnten ihre Posten halten, während ihre Kollegen in Tscheljabinsk und Kurgan abgewählt wurden.

Zur IWA "Nordwest" gehören die beiden Republiken Komi und Karelien sowie die zehn Gebiete Archangelsk, Wologda, Kaliningrad, Kirow, Murmansk, Nowgorod, Pskow, der Autonome Kreis der Nenzen und Stadt St. Petersburg. Die IWA "Nordwest" wird vom St. Petersburger Oberbürgermeister Wladimir Jakowlew geführt, der im Juni 1996 Anatolij Sobtschak, einen Demokraten der ersten Stunde, bei der Oberbürgermeisterwahl geschlagen hatte. Während das Industrieniveau in dieser IWA hoch ist, ist der Lebensstandard relativ niedrig, was sich im Wahlergebnis ausdrückt: Mit Ausnahme von Archangelsk verloren alle Amtsinhaber, die zur Wahl standen, ihre Funktion in Kaliningrad,

Kirow, Nishnij-Nowgorod, Murmansk, bei den Nenzen und in Pskow, wo der Gouverneur nun von der LDPR gestellt wird.

Nach Meinung des für die Gouverneurswahlen in der Präsidialadministration zuständigen Leiters der Territorialen Verwaltung, Sergej Samojlow, haben die Gouverneurswahlen zu keinen radikalen Veränderungen im Föderationsrat geführt[84], so daß die für Verfassungsänderungen erforderliche Dreiviertelmehrheit nicht erreicht werden kann (Belin 1997: 27). 35 der 43 neuen Gouverneure seien Personen mit politischer Erfahrung, mit Erfahrung in der Gesetzgebungsarbeit (Staatsduma, Föderationsrat, regionale Volksvertretungen) oder mit Erfahrung als Manager. Es hat auch Protestwähler gegeben, die einige erfahrene Gouverneure abgewählt haben.

### 8.4.4    Absetzbarkeit der Gouverneure

Präsident Putin brachte im Sommer 2000 das Gesetz "Über die Einführung von Änderungen und Ergänzungen in das Föderale Gesetz 'Über die allgemeinen Prinzipien der Organisation der gesetzgebenden und exekutiven Organe der Staatsmacht der Föderationssubjekte der Russischen Föderation'", das die entsprechenden Mehrheiten fand und am 29. Juli 2000[85]. Das Gesetz, welches "Gesetz über die allgemeinen Prinzipien der Organisation der gesetzgebenden und exekutiven Organe der Staatsmacht der

---

84  Segodnja [Heute], 27.12.1996.

85  Federal'nyj zakon "O vnesenii izmenenij i dopolnenij v federal'nyj zakon 'Ob obščich principach organizacii zakonodatel'nych (predstavitel'nych) i ispolnitel'nych organov gosudarstvennoj vlasti sub-ektov Rossijskoj Federacii'" [Föderales Gesetz "Über die Einführung von Änderungen und Ergänzungen in das föderale Gesetz 'Über die allgemeinen Prinzipien der staatlichen Exekutivorgane in den Subjekten der Russischen Föderation'"], in: Rossijskaja gazeta [Russische Zeitung], 1.8.2000.

Föderationssubjekte" vom Oktober 1999[86] ändert und ergänzt, sieht die Auflösung der regionalen Parlamente vor, wenn das zuständige Gericht feststellt, daß normative Rechtsakte der Legislative des Föderationssubjekts im Widerspruch zur Verfassung der Russischen Föderation oder den föderalen Gesetzen stehen, zu massenweisen und schweren Verletzungen der Rechte und Freiheiten der Menschen und Bürger geführt haben, die territoriale Einheit und Sicherheit Rußlands sowie die "Einheit des Rechts- und Wirtschaftsraums" bedrohten. Falls die Legislative des Föderationssubjekts im Rahmen ihrer Kompetenzen nicht innerhalb von sechs Monaten dem Gerichtsbeschluß nachkommt und gerichtlich festgestellt wurde, daß diese Legislative die Realisierung der föderalen Normen behindert, verwarnt der Präsident das Regionalparlament. Wenn diese Verwarnung innerhalb von drei Monaten nicht fruchtet, bringt der Präsident in der Staatsduma innerhalb eines Jahres ein Gesetz über die Auflösung des Regionalparlaments ein, über das die Staatsduma innerhalb von zwei Monaten entscheiden muß.

Ähnliches gilt für den Republikpräsidenten oder Gouverneur, wenn er normative Rechtsakte herausgibt, die im Widerspruch zur föderalen Verfassung bzw. föderalen Gesetzen stehen, den das zuständige Gericht festzustellen hat. Der Präsident hat nach Artikel 85, Abs. 2, der Verfassung das Recht, die Gültigkeit von Rechtsakten der regionalen Exekutive, wenn sie der föderalen Verfassung sowie föderalen Gesetzen oder internationalen Verpflichtungen widersprechen oder Menschen- und Bürgerrechte

---

86 Federal'nyj zakon "Ob obščich principach organizacii zakonodatel'nych (predstavitel'nych) i ispolnitel'nych organovgosudarstvennoj vlasti sub-ektov Rossijskoj Federacii" [Föderales Gesetz "Über die allgemeinen Organisationsprinzipien der gesetzgebenden (vertretenden) und exekutiven staatlichen Organe in den Subjekten der Russischen Föderation], in: Sobranie zakonodatel'stva Rossijskoj Federacii [Sammlung der Gesetzgebung der Russischen Föderation], 42, 1999, Pos. 5005.

verletzen, auszusetzen, bis diese Frage von einem zuständigen Gericht entschieden wird.

Wenn ein Republikpräsident/Gouverneur innerhalb von zwei Monaten nicht dem Gerichtsbeschluß nachkommt bzw. die Frage der Aussetzung der betreffenden Rechtsnorm durch den Präsidenten vom Gericht nicht klären läßt, erhält er vom Präsidenten innerhalb von sechs Monaten nach dem Gerichtsbeschluß bzw. nach der Aussetzung der Rechtsnorm eine Verwarnung. Im Fall seiner Unnachgiebigkeit wird der Republikpräsident/Gouverneur innerhalb eines Monats nach der Verwarnung vom Präsidenten abgesetzt.

Das neue Gesetz räumt dem Präsidenten zudem das Recht ein, den Republikpräsidenten/Gouverneur zeitweilig seiner Vollmachten zu entheben oder ihn zu entlassen, wenn ihm der Generalstaatsanwalt eine schwere oder besonders schwere Straftat vorwirft. Innerhalb von zehn Tagen kann der betroffene regionale Exekutivchef beim Obersten Gericht der Russischen Föderation gegen die gegen ihn vorgenommenen Maßnahmen Beschwerde einlegen, über die innerhalb von ebenfalls zehn Tagen entschieden werden muß.

Der Föderationsrat stimmte dem Gesetz nicht zu. Im Unterschied zum Gesetz über die Änderung der Zusammensetzung des Föderationsrats wurde keine Schlichtungskommission gebildet, sondern die Staatsduma überstimmte am 19. Juli 2000 das Veto des Föderationsrats mit 362 Ja-Stimmen. 35 Abgeordnete waren mit dem Veto einverstanden und acht enthielten sich der Stimme.[87]

---

87 Interfax russ. 19.7.2000.

# 9    Örtliche Selbstverwaltung

Die Institutionalisierung der örtlichen oder kommunalen Selbstverwaltung ist ein bedeutender Schritt auf dem Weg zu mehr
Demokratie. "The democratization of local government goes hand
in hand with the development of civil society." (Diamond 1994:
8) Demokratie und Dezentralisierung, die Hauptelemente der
örtlichen Selbstverwaltung, führen zu mehr Effizienz bei der
Lösung lokaler Probleme. Der Ausbau der örtlichen Selbstverwaltung dürfte auch zur Anhebung des Lebensniveaus der Bevölkerung beitragen. Deshalb ist es wichtig zu untersuchen, in welchem Maß die örtliche Selbstverwaltung bisher in Rußland eingeführt wurde und wie sie praktiziert wird.

## 9.1    Vorgeschichte

Rußland hat keine Tradition der örtlichen Selbstverwaltung, wenn
man von der 1864 drei Jahre nach der Befreiung von der Leibei-
genschaft eingeführten Selbstverwaltung, des Zemstvo, einmal
absieht. Dieser Begriff verbindet die beiden Elemente, die sich im
zaristischen Rußland in irgendeiner Form immer gegenüberstan-
den: das Land ("zemlja") in Gestalt der Stände, der Gesellschaft
auf der einen Seite und der Staat, die Herrschaft ("gosudarstvo")
auf der anderen Seite. Jeweils für drei Jahre wurden Vertreter des
Adels, der Städter und der Bauern nach einem abgestuften Wahlrecht gewählt. Der Adel und die Städter wählten ihre Abgeordneten direkt, die Abgeordneten der Bauern wurden dagegen von den
Versammlungen der bäuerlichen Amtsbezirke (volost') entsandt.
Gewählt wurden die Vertreter für die Zemstvo-Versammlungen
auf zwei Ebenen, auf der Kreis- und auf der Gouvernementsebene. Je nach Größe der Region zählte die Zemstvo-Versammlung
auf Kreisebene 12 bis 80 Abgeordnete und auf der Gouvernementsebene 15 bis 100. Die Zemstvo-Versammlung des Kreises

tagte einmal im Jahr für zehn Tage im September und die Zemstvo-Versammlung des Gouvernements, deren Vorsitzender vom Innenminister bestätigt werden mußte, einmal im Jahr für zwanzig Tage im Dezember. Die Zemtsvo-Versammlungen wählten aus ihrer Mitte den Rat als Exekutive (Stökl 1973: 546 f., Mildner 1996: 45).

Die Zemstvo-Exekutive hatte nach dem ersten Zemstvo-Statut von 1864 auf der kommunalen Ebene völlig unabhängig von der staatlichen Administration folgende Kompetenzen, wobei zwischen den eigenen und den übertragenen Aufgaben unterschieden wurde: "Verwaltung des Zemstvo-Eigentums und aller Einnahmen, Erhalt und Bewirtschaftung der Gebäude und Liegenschaften der Zemstva und Straßen, Durchführung von Maßnahmen zur Sicherstellung der Nahrungsmittelversorgung der Bevölkerung, Armenpflege und öffentliche Wohlfahrt, Aufbau des lokalen Postwesens, Aufbau und Verwaltung des lokalen Versicherungswesens (Umweltkatastrophen, Feuer- und Seuchenversicherungen) sowie Festsetzung, Erhebung und Verwendung von Zemstvo-Steuern zur Finanzierung lokaler Projekte." Die übertragenen Pflichtaufgaben umfaßten: "Unterstützung der lokalen Wirtschaft und Industrie, Volksbildung, medizinischen Versorgung der Bevölkerung, agrotechnische/agronomische Hilfe für Bauern und Gutsbesitzer" (Mildner 1996: 46).

Die Zemstvo-Versammlungen sollten nicht in ganz Rußland, sondern nur in 33 Gouvernements eingerichtet werden. Das wurde erst 1875 erreicht. Und auch dort, wo die Zemstvo-Versammlungen geschaffen wurden, erfüllten sich nicht alle Erwartungen. Nach dem Attentat auf Zar Alexander II. 1866 wurden die Rechte der Zemstvo-Versammlungen durch folgende Maßnahmen beschnitten: Die Gouverneure wurden ermächtigt, Zemstvo-Vorsitzende nach "Prüfung ihrer moralischen Qualitäten" abzusetzen. Die Finanz- und Steuerrechte der Zemstvo-Versammlungen sowie deren Kompetenzen im Volksschulbereich wurden eingeschränkt. Die überregionale Kontaktaufnahme zwischen den Zemstvo-Versammlungen und die Gründung eines Allrussischen Zemstvo-Verbands wurden verboten. Und schließlich wurde 1890 ein neues Statut für die Zemstvo-Versammlungen verabschiedet, das durch Änderung des Wahlrechts die ohnehin schon mächtige Stellung des Adels stärkte: Der Adel konnte in der Zemstvo-Versammlung des Kreises 57 %, die Bauern 30 % und die Städter 13 % aller Sitze erringen. Dadurch wurde sichergestellt, daß die Vertreter der Bauern und der Städter nicht zahlreicher waren als die Vertreter des Adels. Auf der Gouvernementsebene stellten die Adligen 80 % der Zemstvo-Abgeordneten. Die Bauern durften zudem ihre Abgeordneten nicht mehr selbst wählen, sondern nur noch dem Gouverneur vorschlagen. Ferner erhielten die Gouverneure und der Innenminister das Recht, Zemstvo-Vorsitzende abzulehnen und nach zweimaliger Ablehnung Personen ihrer Wahl als Vorsitzende einzusetzen (Mildner 1996: 47).

Das sowjetische politische System kannte keine örtliche Selbstverwaltung, es herrschte strenger Zentralismus im Rahmen des "demokratischen Zentralismus", d.h. der Entscheidungsprozeß verlief von oben nach unten. Für die staatlichen Exekutivorgane galt das Prinzip der "doppelten Unterstellung", denn diese Organe unterstanden vertikal dem nächst höheren Exekutivorgan und horizontal dem örtlichen Sowjet formal das Volksvertretungsorgan der jeweiligen Ebene. Außerdem wurden sie direkt von dem sich auf jeder hierarchischen Ebene befindlichen KPdSU-Apparat unmittelbar angeleitet. Ferner gab es keine örtlichen Budgets: sie waren vielmehr in den Haushalten der übergeordneten staatlichen Organe integriert. Schließlich fehlte den lokalen Sowjets eine Gebiets- und Rechtsetzungshoheit. Sie konnten auch kein Verwaltungsgericht anrufen, weil Verwaltungsgerichte nicht existierten (Kropp 1995: 34 ff.).

Unter Breshnew erkannte man, daß Stagnation des Wirtschaftswachstums und Innovationsrückstand gegenüber dem Westen eine Ergänzung der zentralen ökonomischen und politischen

Steuerung durch dezentrale und problemorientierte Entscheidungsbefugnisse erfordern. Das bedeutete, daß man das "Zweig- oder Branchenprinzip" in der Wirtschaftsleitung etwas aufweichte. 1971 wurden die Betriebe, die der Versorgung der ansässigen Bevölkerung dienten, den örtlichen Behörden unterstellt. Nun wurden nicht mehr alle Betriebe mit ihrer großen Infrastruktur (Wohnungen, Ferienheime, Sanatorien usw.), auf welche die örtlichen Behörden keinerlei Zugriff hatten, vom Zentrum aus administrativ geleitet. Auf diese Weise wurde das "Territorialprinzip" eingeführt, d.h. die Sowjets wurden für sämtliche Angelegenheiten von örtlicher Bedeutung zuständig.

Gorbatschow unternahm weitere Schritte in Richtung örtliche Selbstverwaltung, was vor allem Abbau der Kontrolle der örtlichen Sowjets durch die KPdSU bedeutete. Dagegen leisteten sie hinhaltenden Widerstand. Am 3. März 1990 wurden neue örtliche Vertretungsorgane gewählt, bei denen zum ersten Mal Konkurrenzkandidaten aufgestellt werden durften, auch wenn die KPdSU mit ihren Kandidaten dominierte (Wollmann 1996: 677 f.).

In der Folgezeit kam es in zahlreichen Kommunen zu Konflikten zwischen den neugewählten örtlichen Volksvertretungen, in denen meistens die Reformer dominierten, auch wenn sie formal noch KPdSU-Mitglieder waren, und den alten örtlichen Exekutivkomitees unter Leitung der meisten der Parteinomenklatura angehörenden konservativen Kommunisten. Um die Doppelherrschaft der örtlichen Sowjets und der Exekutivkomitees, die sich auf kommunaler Ebene inzwischen herausgebildet hatte, zu beenden, verabschiedete der Oberste Sowjet der UdSSR am 9. April 1990 das Gesetz "Über die Grundlagen der örtlichen Selbstverwaltung und der örtlichen Wirtschaft in der UdSSR", das die Rolle der örtlichen Sowjets stärkte. Am 6. Juli 1991 folgte Rußland, das damals noch Teilrepublik der Sowjetunion war, mit dem "Gesetz über die örtliche Selbstverwaltung in der RSFSR".

Nach dem Oktoberputsch 1993 löste Jelzin die örtlichen Sowjets durch Dekret auf. Ihre Befugnisse wurden den örtlichen

171

Verwaltungen übertragen, deren Leiter Jelzin im September 1993 auf Zeit eingesetzt hatte. Das Selbstverwaltungsgesetz von 1991 hatte er vorher teilweise außer Kraft gesetzt.

## 9.2 Rechtliche Grundlagen

Die wichtigsten rechtlichen Grundlagen der örtlichen Selbstverwaltung sind in der Verfassung von 1993 und in drei Gesetzen von 1990, 1991 und 1995 enthalten, die im folgenden in chronologischer Reihenfolge behandelt werden.

### 9.2.1 Selbstverwaltungsgesetz vom 9.4.1990

Das in der Perestrojka-Phase unter Gorbatschow verabschiedete Gesetz "Über die Grundlagen der örtlichen Selbstverwaltung und der örtlichen Wirtschaft in der UdSSR" vom 9. April 1990[88] war ein Gesetz der UdSSR, das somit auch für die damalige Russische Sozialistische Föderative Sowjetrepublik (RSFSR), dem rechtlichen Vorläufer der Russischen Föderation, galt. Dieses Gesetz ist insofern erwähnenswert, als es einen Prozeß der rechtlichen Reform der örtlichen Organe der Staatsmacht einleitete. Bemerkenswert ist Artikel 6, in dem im dritten Absatz erklärt wird, daß die exekutiven Organe der örtlichen Selbstverwaltung nur den örtlichen Sowjets unterstehen, die sie gebildet haben. Dies war eine Absage an das bisher übliche Prinzip der doppelten Unterstellung, das besagte,

---

88 Zakon Sojuza Sovetskich Socialističeskich Respublik "Ob obščich načalach mestnogo samoupravlenija i mestnogo chozjajstva v SSSR" [Gesetz der Union der Sozialistischen Sowjetrepubliken "Über die Grundlagen der örtlichen Selbstverwaltung und der örtlichen Wirtschaft in der UdSSR"], in: Vedomosti S-ezda narodnych deputatov SSSR i Verchovnogo SovetaSSSR [Mitteilungen der Sitzung des Kongresses der Volksdeputierten der UdSSR und des Obersten Sowjet der UdSSR], Nr. 16, 1990, Pos. 267.

daß ein Exekutivorgan sowohl dem Legislativorgan derselben Ebene als auch dem Exekutivorgan der nächst höheren Verwaltungsebene untersteht.

### 9.2.2    Selbstverwaltungsgesetz vom 6.7.1991

Das erste russische "Gesetz über die örtliche Selbstverwaltung" vom 6. Juli 1991[89] enthält eine Reihe von Bestimmungen, die nach wie vor Bedeutung haben (vgl. dazu auch: Siskin 1992 und Baller 1992). Die örtliche Selbstverwaltung besteht aus örtlichen Vertretungskörperschaften, entsprechenden Verwaltungsorganen, örtlichen Abstimmungen, Bürgerversammlungen, anderen territorialen Formen direkter Demokratie sowie aus sonstigen Organen der territorialen gesellschaftlichen Selbstverwaltung der Bevölkerung (Art. 2, Abs. 1). Den Bürgern wird die Mitwirkung an der örtlichen Selbstverwaltung in vollem Umfang garantiert (Art. 6, Abs. 1). Die örtlichen Vertretungs- und Verwaltungsorgane sind juristische Personen und haben eigenständige Kompetenzen (Art. 7, Abs. 1 u. Art. 8, Abs. 1). Die übergeordneten Macht- und Verwaltungsorgane sind verpflichtet, das System der örtlichen Selbstverwaltung auf ihrem Territorium zu unterstützen (Art. 9, Abs. 1). Die örtlichen Sowjets werden von der Bevölkerung direkt gewählt (Art. 11). Der Leiter der örtlichen Verwaltung wird für fünf Jahre direkt gewählt. Er fungiert nach dem Prinzip der Einzelleitung, also eigenverantwortlich (Art. 30, Abs. 2 u. 3). Der Leiter der örtlichen Verwaltung hat das Recht, gegen eine Entscheidung des örtlichen Vertretungsorgans, das 1991 noch Sowjet genannt wurde, Einspruch einzulegen, wenn die Entscheidung seiner Meinung nach der Gesetzgebung oder anderen Beschlüssen

---

89  Quelle: Vedomosti S-ezda Narodnych Deputatov RSFSR i Verchovnogo Soveta RSFSR [Nachrichten der Sitzung der Volksdeputierten der RSFSR und des Obersten Sowjet der RSFSR], Nr. 29, 1991, Pos. 1010. Deutsch, in: Jahrbuch für Ostrecht, 2. Halbband 1992, S. 376-416.

des Sowjet widerspricht oder finanziell, materialtechnisch und organisatorisch ungenügend abgesichert ist (Art. 34, Abs. 1). Der Vorsitzende des Sowjet, eine ständige Kommission oder ein Drittel der Mitglieder des Sowjet können gegen den Leiter der Verwaltung einen begründeten Mißtrauensantrag einreichen (Art. 35, Abs. 1). Die wirtschaftliche Basis der örtlichen Selbstverwaltung bilden die natürlichen Ressourcen, auf die also der Staat keinen Zugriff mehr hat, sowie kommunales und sonstiges Eigentum (Art. 36). Die örtlichen Sowjets stellen selbständig den Haushalt des entsprechenden Territoriums auf (Art. 43, Abs. 1). Die kompetenzgerechten Beschlüsse der örtlichen Selbstverwaltungsorgane sind für alle verbindlich (Art. 87, Abs. 1).

### 9.2.3 Verfassung vom 12.12.1993

Die neue russische Verfassung vom 12. Dezember 1993[90] anerkennt und garantiert die örtliche Selbstverwaltung, die im Rahmen ihrer Vollmachten selbständig ist und deren Organe nicht zum System der Organe der Staatsgewalt gehören (Art. 12).

Kapitel 8 der Verfassung definiert in den Artikeln 130 bis 133 den Inhalt der örtlichen Selbstverwaltung folgendermaßen:

– die Bevölkerung entscheidet über Fragen von örtlicher Bedeutung, und
– sie besitzt das kommunale Eigentum, nutzt es und verfügt darüber.

Die Ausübung der örtlichen Selbstverwaltung erfolgt durch die Bürger:

– mittels Referenda,
– durch Wahlen,
– durch andere Formen der unmittelbaren Willensäußerung sowie
– durch gewählte und sonstige Organe der örtlichen Selbstverwaltung.

---

90  Text, in: Rossijskaja gazeta [Russische Zeitung], 25.12.1995. Deutsch: Frenzke 1994.

Die Vorgaben für die Anwendung der örtlichen Selbstverwaltung hält die Verfassung flexibel. Die örtliche Selbstverwaltung wird in städtischen sowie ländlichen Gebieten und in sonstigen Territorien der Russischen Föderation angewandt, wobei historische und sonstige örtliche Traditionen zu berücksichtigen sind. Der Bevölkerung steht es frei, die Struktur der örtlichen Selbstverwaltung selbst zu bestimmen. Eine Änderung der Grenzen von Territorien, auf denen die örtliche Selbstverwaltung ausgeübt wird, ist unter Beachtung der Ansicht der Bevölkerung der betreffenden Territorien möglich, kann also von den Behörden nicht selbstherrlich vorgenommen werden.

Die Aufgaben der Organe der örtlichen Selbstverwaltung sind folgende:

- selbständige Verwaltung des kommunalen Eigentums,
- Aufstellung, Bestätigung und Vollzug des örtlichen Haushalts,
- Festlegung der örtlichen Steuern und Abgaben,
- Schutz der öffentlichen Ordnung,
- Regelung sonstiger Fragen von kommunaler Bedeutung.

Der Staat kann die Organe der örtlichen Selbstverwaltung per Gesetz mit einzelnen staatlichen Vollmachten versehen, deren Ausübung der Staat kontrolliert. Um diese einzelnen Vollmachten wahrnehmen zu können, muß der Staat die Organe der örtlichen Selbstverwaltung allerdings mit den erforderlichen materiellen und finanziellen Mitteln ausstatten.

Die örtliche Selbstverwaltung verfügt über folgende Rechtsgarantien:

- Recht auf gerichtlichen Schutz,
- Recht auf Erstattung zusätzlicher Ausgaben, die durch Beschlüsse von Organen der Staatsgewalt entstanden sind, sowie
- Verbot einer Einschränkung der durch Verfassung und föderale Gesetze festgelegten Rechte der örtlichen Selbstverwaltung.

Die allgemeinen Organisationsprinzipien für das System der Organe der Staatsgewalt und der örtlichen Selbstverwaltung fallen in die gemeinsame Zuständigkeit der föderalen Organe der Russischen Föderation und deren Föderationssubjekte (Art. 72, lit. m).

Am 28. August 1995 trat das föderale Gesetz "Über die allgemeinen Prinzipien der örtlichen Selbstverwaltung"[91] in Kraft, das die
Staatsduma am 12. August 1995 verabschiedet hatte. Es enthält
wichtige neue Aussagen: Die örtliche Selbstverwaltung gilt auf
dem gesamten Territorium der Russischen Föderation (Art. 12,
Abs. 1). Das örtliche Vertretungsorgan kann sich eine Satzung
geben, in der u.a. festgelegt ist, auf welche Weise die Organe der
örtlichen Selbstverwaltung gebildet werden, z.B. ob der Leiter der
örtlichen Verwaltung von der Bevölkerung direkt oder vom Vertretungsorgan gewählt wird und ob er Mitglied des örtlichen Vertretungsorgans ist oder nicht (Art. 8, Abs. 1, lit. 4; Art. 16,
Abs. 1). Die Satzung kann ferner bestimmen, nach welchem Verfahren dem Leiter der örtlichen Verwaltung das Mißtrauen ausgesprochen und das Abwahlverfahren durch die Bevölkerung eingeleitet werden kann (Art. 8, Abs. 1, lit. 9). Die Satzung kann
ebenfalls die Mitgliederstärke des Vertretungsorgans (Art. 15,
Abs. 2) und die Dauer seiner Wahlperiode festsetzen; sie muß allerdings mindestens zwei Jahre betragen (Art. 18, Abs. 2). Die
Satzung der örtlichen Selbstverwaltung bedarf der staatlichen
Registrierung, die ihr nur versagt werden kann, wenn sie gegen
die Verfassung oder gegen die Gesetze der Russischen Föderation
oder des betreffenden Föderationssubjekts verstößt. Gegen eine
Verweigerung der Registrierung können Rechtsmittel eingelegt
werden (Art. 8, Abs. 3 und 4). Bemerkenswert ist die Regelung,
daß die Organe der örtlichen Selbstverwaltung an der außenwirtschaftlichen Tätigkeit teilnehmen können (Art. 34).

---

91  Federal'nyj zakon "Ob obščich principach organizacii mestnogo samoupravlenija v Rossijskoj Federacii" [Föderales Gesetz "Über die allgemeinen Organisationsprinzipien der örtlichen Selbstverwaltung in der Russischen Föderation"], in: Rossijskaja gazeta [Russische Zeitung], 1.9.1995.

Mit den Problemen der örtlichen Selbstverwaltung befassen sich in Rußland drei spezielle Institutionen:

- das Komitee der Staatsduma für Fragen der örtlichen Selbstverwaltung,
- das Komitee des Föderationsrats für Angelegenheiten der Föderation, des Föderationsvertrags und der Regionalpolitik und
- der Rat für örtliche Selbstverwaltung.

Die Aufgabe der Komitees der Staatsduma und des Föderationsrats, also von Parlamentsausschüssen, ist bekannt. Die Kompetenzen des Rats für örtliche Selbstverwaltung, der mindestens alle zwei Monate tagen soll, definierte Jelzin in seinen Dekreten vom 24. August 1995[92] und vom 29. Mai 1997[93] folgendermaßen:

- Vorbereitung von Empfehlungen für den Präsidenten zur Durchführung und Korrektur der staatlichen Politik bezüglich der örtlichen Selbstverwaltung;
- Ausarbeitung von Vorschlägen für den Präsidenten zur Gewährleistung der einvernehmlichen Wechselwirkung zwischen den staatlichen Organen der Föderation und der Föderationssubjekte sowie den Organen der örtlichen Selbstverwaltung im Rahmen der Reform der örtlichen Selbstverwaltung;
- Organisatorische Vorbereitung von Entwürfen von Gesetzen und Dekreten des Präsidenten zu Fragen der örtlichen Selbstverwaltung;
- Vorbereitung von wissenschaftlichen Programmen für den Präsidenten hinsichtlich der Entwicklung der örtlichen Selbstverwaltung;

---

92  Ukaz Prezidenta Rossijskoj Federacii "O Sovete po mestnomu samoupravleniju pri Prezidente Rossijskoj Federacii" [Dekret des Präsidenten der Russischen Föderation "Über den Rat für örtliche Selbstverwaltung beim Präsidenten der Russischen Föderation"], in: Rossijskaja gazeta [Russische Zeitung], 29.8.1995.

93  Ukaz Prezidenta Rossijskoj Federacii "O Sovete po mestnomu samoupravleniju pri Prezidente Rossijskoj Federacii" [Dekret des Präsidenten der Russischen Föderation "Über den Rat für örtliche Selbstverwaltung beim Präsidenten der Russischen Föderation"], in: Sobranie zakonodatel'stva Rossijskoj Federacii 1997 [Sammlung der Gesetzgebung der Russischen Föderation], Nr. 22, Pos. 2571.

- regelmäßige Informierung des Präsidenten über die Umsetzung von Gesetzen und sonstigen Rechtsakten zu Fragen der örtlichen Selbstverwaltung;
- Ausarbeitung von Vorschlägen für den Präsidenten für die Zusammenarbeit mit ausländischen Staaten, insbesondere mit den GUS-Staaten, mit dem Ziel, das Systems der örtlichen Selbstverwaltung zu verbessern.

Der Rat für örtliche Selbstverwaltung hat das Recht:
- von den staatlichen Organen der Föderation und der Föderationssubjekte, von den Organen der örtlichen Selbstverwaltung sowie von den gesellschaftlichen und wissenschaftlichen Organisationen die erforderlichen Informationen zu erhalten;
- Bildung von Expertenkommissionen, welche die Einhaltung der Rechte der Bevölkerung auf dem Gebiet der örtlichen Selbstverwaltung in den einzelnen Föderationssubjekten zu untersuchen haben.

Die Aufwertung des Rats für örtliche Selbstverwaltung durch das Präsidentendekret vom Mai 1997 ist daraus zu ersehen, daß nicht mehr der Premier den Rat leitet, sondern der Präsident selbst. Außerdem wurde die Abteilung zur Unterstützung der Tätigkeit des Rats für örtliche Selbstverwaltung in der Administration des Präsidenten zu einer Verwaltung aufgewertet.

Auf der ersten Sitzung des umgebildeten Rats für örtliche Selbstverwaltung betonte Jelzin am 10. Juni 1997, daß die Hauptaufgabe der Innenpolitik die Unterstützung der örtlichen Selbstverwaltung sei.[94] Anläßlich der Unterzeichnung des Gesetzes über die Finanzierung der örtlichen Selbstverwaltung bezeichnete Jelzin auf der zweiten Sitzung des Rats für örtliche Selbstverwaltung am 30. September 1997 die örtliche Selbstverwaltung als eine wichtige Stütze der Demokratie in Rußland. Die Festigung der örtlichen Macht sei für die föderative Gestaltung Rußlands keine Gefahr.[95]

---

94  Russisches Fernsehen I, 10.6.1997.
95  Rossijskaja gazeta [Russische Zeitung], 1.10.1997.

## 9.4    *Praxis*

Über die örtliche Selbstverwaltung gibt es in Rußland zwei Meinungen: Für die einen ist die örtliche Selbstverwaltung der Zement, der das Fundament des russischen Staates zuverlässig zusammenhält. Sie schweißt die Regionen und das Zentrum zusammen und hilft diejenigen Probleme lösen, die gegenwärtig schwer lösbar sind. Für die anderen ist die örtliche Selbstverwaltung ein Luxus, mit dem man lieber noch warten sollte, um die bestehenden Wirren nicht noch zu vergrößern. Die Zeit für die örtliche Selbstverwaltung ist in Rußland noch nicht gekommen.

Die Praxis der örtlichen Selbstverwaltung unterscheidet sich in wichtigen Bereichen von der oben skizzierten Verfassungs- und Gesetzeslage:

– die Vertretungsorgane sind bisher nur in wenigen Städten und Kreisen von der Bevölkerung gewählt worden,
– die Leiter der örtlichen Verwaltungen werden meist ernannt und unterstehen der exekutiven Vertikale,
– der örtliche Haushalt ist kein selbständiges Budget, das langfristig finanziert ist. Er wird hauptsächlich aus föderalen Steuern gespeist, deren Anteile sich von Jahr zu Jahr ändern und mit denen nur quartalsweise geplant werden kann;
– die Organe der örtlichen Selbstverwaltung verfügen in der Praxis über kein Eigentum, es verbleibt faktisch weiterhin beim Staat;
– einige Städte gewannen Prozesse gegen Föderationssubjekte hinsichtlich Budgetfragen.

### 9.4.1    *Probleme der Finanzhoheit*

Das Kernproblem der örtlichen Selbstverwaltung war bis Herbst 1997 die kommunale Finanzhoheit. Die örtlichen Selbstverwaltungen finanzierten die kommunalen Ausgaben bislang aus folgenden Einnahmen: (1) Anteile an föderalen und regionalen Steuern, (2) lokale Steuern, (3) Zuweisungen, (4) Gebühren und Abgaben, (5) Einkünfte aus Privatisierung und Vermietung lokalen Eigentums, (6) Kredite, (7) außerbudgetäre Fonds.[96]

Die (1) Anteile aus föderalen und regionalen Steuern beziehen sich auf die Einkommensteuern juristischer und natürlicher Personen, auf 50 % der Vermögenssteuern der Unternehmen und einen Teil der Mehrwertsteuereinnahmen der Föderationssubjekte. Da die Föderationssubjekte Entscheidungsfreiheit über den Anteil ihrer Mehrwertsteuern haben, den sie an die Kommunen abgeben, unterscheiden sich diese Anteile nicht nur zwischen den Föderationssubjekten, sondern es kommt zwischen den Kommunen und den Föderationssubjekten zu langen Verhandlungen über diese Anteile. Daraus ergibt sich eine Abhängigkeit von den Föderationssubjekten und Planungsunsicherheit für die Kommunen. Mit noch größeren Instabilitäten bezüglich der Einnahmenseite, die z.B. innerhalb eines Jahres von 100 % auf 14 % zurückgehen können, haben die kreisabhängigen Städte und dörflichen Gemeinden zu rechnen, die auf die ihnen von den Kreisen zugewiesenen Anteile angewiesen sind. Da es keine genaue gesetzliche Regelungen für die lokalen Finanzbeziehungen gibt, haben einige Kreise den Ortschaften die Lokalsteuereinnahmen wieder entzogen. In einigen Föderationssubjekten werden die Kreise nicht mehr als Selbstverwaltungsorgane, sondern als Zweige der Verwaltung des Föderationssubjekts betrachtet. In manchen Großstädten wurden die Stadtbezirke als eigene kommunale Verwaltungseinheiten belassen, in anderen in die Stadtverwaltung eingegliedert.

Die (2) lokalen Steuern bestehen aus der Vermögenssteuer, der Grundsteuer, der Gebühr für das Recht auf Handel sowie aus Steuern für den Unterhalt der örtlichen Polizei, der örtlichen Infrastruktur, des Bildungswesens, des Wohnungsfonds und von Objekten der sozio-kulturellen Sphäre. Die (3) Zuweisungen aus übergeordneten Haushalten werden jedes Jahr erneut festgelegt

---

96 Hauptquelle für diesen Abschnitt: Mildner 1995: 718-730. Vgl. dazu auch: Kirkow 1998: 35-38.

nach Vorlage des Einnahme- und Ausgabenplans für den Fall, daß die Kommunen ihre Ausgaben aus ihren Anteilen aus föderalen und regionalen Steuern sowie aus lokalen Steuereinnahmen nicht bestreiten können. Die (4) Gebühren und Abgaben beziehen sich auf Mieten und kommunale Dienstleistungen und bilden die wichtigste Einnahmequelle der Kommune, da sie weitgehend allein darüber entscheiden kann.

Die Bildung von (7) außerbudgetären Fonds, die das Selbstverwaltungsgesetz zuläßt, dient gegenüber der nächsthöheren Ebene zum Verschleiern von Einnahmen. Würden diese Einnahmen offen ausgewiesen, würde diese Ebene ihre Zuweisungen entsprechend kürzen. Der Anteil der außerbudgetären Fonds an den Gesamteinnahmen der Kommune stieg in den letzten Jahren von 5 auf 30 %. Diese außerbudgetären Fonds werden vom Leiter der Verwaltung kontrolliert und bieten große Möglichkeiten der Selbstbedienung, z.B. zur Finanzierung von Wahlkämpfen, zum Kauf noch rentabler staatlicher Betriebe und von Filetstücken aus sonst Verluste bringenden Unternehmen oder um mit anderen Kommunen Bartergeschäfte durchzuführen. Die Bedeutung der außerbudgetären Fonds dürfte in Zukunft noch zunehmen, weil sie die einzige Möglichkeit für die Kommunen darstellen, ihre Einnahmen durch Eigeninitiative zu erhöhen.

Das neue Gesetz "Über die finanziellen Grundlagen der örtlichen Selbstverwaltung der Russischen Föderation" vom 25. September 1997[97] stärkt die örtlichen Selbstverwaltungsorgane und macht sie von der föderalen und der regionalen Regierung finanziell unabhängiger. Nach dem neuen Finanzgesetz stehen den örtlichen Selbstverwaltungen folgende eigene Finanzquellen zur Verfügung:
- kommunale Steuern und Abgaben,
- Einkünfte aus der Privatisierung kommunalen Eigentums,

---

97 In: Rossijskaja gazeta [Russische Zeitung], 30.9.1997.

- mindestens 10 % der Einkünfte aus der Privatisierung staatlichen Eigentums, das sich auf dem Territorium der Kommune befindet,
- Einkünfte aus der Verpachtung kommunalen Eigentums und Bodens,
- Zahlungen für die Nutzung kommunaler Bodenschätze und Naturressourcen,
- Einkünfte aus der Durchführung kommunaler Lotterien,
- Bußgelder,
- Zollabgaben,
- mindestens 50 % der Vermögenssteuer der Unternehmen,
- Einkommensteuer derjenigen physischen Personen, die unternehmerischer Tätigkeit nachgehen, ohne juristische Personen zu sein,
- mindestens 50 % der durchschnittlichen Einkommensteuereinnahmen des Föderationssubjekts auf dem Territorium der Kommune, wobei unklar bleibt, in welchem Maß diese Einkommenssteuereinnahmen sich von den vorher aufgezählten unterscheiden,
- mindestens 5 % der durchschnittlichen Gewinnsteuereinnahmen des Föderationssubjekts auf dem Territorium der Kommune,
- mindestens 10 % der durchschnittlichen Mehrwertsteuereinnahmen auf nationale Produkte des Föderationssubjekts auf dem Territorium der Kommune,
- mindestens 5 % der durchschnittlichen Verbrauchssteuereinnahmen auf Spiritus, Wodka und Likör des Föderationssubjekts auf dem Territorium der Kommune,
- mindestens 10 % der durchschnittlichen Verbrauchssteuereinnahmen auf die übrigen Waren (ausgenommen Mineralerze, Benzin, Automobile, Importwaren) des Föderationssubjekts auf dem Territorium der Kommune.

Es muß abgewartet werden, in welchem Maß dieses Gesetz in die Praxis umgesetzt wird und ob es die Finanzprobleme der örtlichen Selbstverwaltungen lösen kann. Trotz einiger Lichtblicke bietet das gegenwärtige russische Finanzsystem schlechte Voraussetzungen für die Herausbildung einer wirklichen örtlichen Selbstverwaltung und damit für die Entwicklung lokaler Demokratie. Ohne staatliche Steuerung wird sich die örtliche Selbstverwaltung in Rußland nicht durchgehend entwickeln können. Nötig wären gesetzliche Regelungen, die eindeutig die finanziellen sowie wirtschaftlichen Grundlagen der örtlichen Selbstverwaltung in bezug auf das private sowie kommunale Eigentum definieren (Kirkow 1997b: 54).

### 9.4.2 Nur selten gewählte Organe

Das zweite Problem der örtlichen Selbstverwaltung betrifft die Wahl ihrer Organe. Im März und April 1994 wurden in 70 Föderationssubjekten Wahlen zu den Vertretungsorganen der Föderationssubjekte und der Kommunen durchgeführt. Zeitpunkt, Organisation und Ausgestaltung der Wahlen lag in den Händen der von Jelzin eingesetzten Gouverneure. Es ist nicht verwunderlich, wenn sie die diesbezügliche vage Richtlinie Jelzins willkürlich auslegten Mildner 1996: 125 f.). Das neue Selbstverwaltungsgesetz vom 28. August 1995 legt fest, daß innerhalb von sechs Monaten nach seinem Inkrafttreten die Leiter der örtlichen Verwaltungen zu wählen sind (Art. 59, Abs. 2). Am 17. September 1995 ordnete Jelzin per Dekret an, daß er die Wahlen für die Organe der örtlichen Selbstverwaltung im Dezember 1996 für notwendig halte.[98] Am 6. Oktober 1995 beschloß die Staatsduma kurz vor Ablauf ihrer Legislaturperiode, daß es bei den Föderationssubjekten liege, über Termin und Verfahren für die Wahlen zu den Organen der örtlichen Selbstverwaltung zu entscheiden. Gleichzeitig schlug sie dem Präsidenten vor, sein obiges Dekret aufzuheben, da es dem Beschluß der Staatsduma widerspricht.[99] Am 22. April

---

98  Ukaz Prezidenta Rossijskoj Federacii "O vyborach v organy gosudarstennoj vlasti sub-ektov Rossijskoj Federacii i v organy mestnogo smaoupravlenija" [Dekret des Präsidenten der Russischen Föderation "Über die Wahlen in die Organe der Staatsgewalt der Subjekte der Russischen Föderation in die Organe der örtlichen Selbstverwaltung"], in: Sobranie zakonodatel'stva Rossijskoj Federacii [Sammlung der Gesetze der Russischen Föderation], Nr. 39, 1995, Pos. 3753.

99  Postanovlenie Gosudarstvennoj Dumy Federal'nogo Sobranija Rossijskoj Federacii "O vyborach v sub-ektach Rossijskoj Federacii" [Verordnung der Staatsduma der Föderalversammlung der Russischen Föderation "Über die

1996 verschob die am 17. Dezember 1995 neugewählte Staatsduma die Fristen für die Wahl der Organe der örtlichen Selbstverwaltung von sechs Monaten nach Inkrafttreten des Gesetzes auf 16 Monate[100], also von Januar 1996 auf November 1996.

1996 wurde eine Reihe von Leitern örtlicher Verwaltungen und von Vertretungsorganen in den Gebieten Stawropol, Jaroslawl, Wologda, Krasnodar und Kemerowo gewählt.[101] Im "Gesetz über die Gewährleistung der verfassungsmäßigen Rechte der Bürger der Russischen Föderation, welche die Organe der örtlichen Selbstverwaltung wählen oder in die sie gewählt werden" vom 26. November 1996[102] wird in Artikel 4 die Größe der örtlichen Vertretungsorgane festgelegt, die jeweils kleiner ist als die der ehemaligen Sowjets: bis 10.000 Einwohner 7 Abgeordnete, 10-50.000 Einwohner 10 Abgeordnete, 50-200.000 Einwohner 20 Abgeordnete, 200-500.000 Einwohner 30 Abgeordnete und über 500.000 Einwohner 50 Abgeordnete. Bis März 1997 wurden nur 8.000 örtliche Selbstverwaltungen gewählt, was einem Drittel der Gesamtzahl entspricht. Gewählt wurden mehr unabhängige Kandidaten als parteigebundene, von denen sich die Wähler eher eine konkrete Lösung ihrer alltäglichen Probleme versprechen als

Wahlen in den Subjekten der Russischen Föderation"], in: Sobranie zakonodatel'stva Rossijskoj Federacii [Sammlung der Gesetze der Russischen Föderation], Nr. 42, 1995, Pos. 3961.

100 Federal'nyj zakon "O vnesenii izmenenij v Federal'nyj zakon 'Ob obščich principach organizacii mestnogo samoupravlenija v Rossijskoj Federacii'" [Föderales Gesetz "Über die Einfügung von Änderungen in das Föderale Gesetz 'Über die Organisationsprinzipien der örtlichen Selbstverwaltung der Russischen Föderation'"], in: Sobranie zakonodatel'stva Rossijskoj Federacii [Sammlung der Gestze der Russischen Föderation], Nr. 17, 1996, Pos. 1917.

101 OMRI Daily Digest, 27.2.1996.

102 Federal'nyj zakon "Ob obespečenii konstitucionnych prav graždan Rossijskoj Federacii izbrat' i byt' izbrannymi v organy mestnogo samoupravlenija" [Föderales Gesetz "Über die Gewährleistung der Verfassungsrechte der Bürger der Russischen Föderation die Organe der örtlichen Selbstverwaltung zu wählen und in diese gewählt zu werden"], in: Rossijskaja gazeta [Russische Zeitung], 4.12.1996.

von den Vertretern von Parteien, die mehr an politischen Programmen und ideologischen Vorstellungen interessiert sind.

In mehr als 15.000 Kommunen werden die verfassungsmäßigen Rechte auf Realisierung der örtlichen Selbstverwaltungen verletzt. Das liegt daran, daß die Kompetenzenabgrenzungen zwischen den Föderationssubjekten und den örtlichen Selbstverwaltungen nicht eindeutig geregelt sind. Auf der anderen Seite besteht das Problem darin, daß die örtliche Selbstverwaltung für Rußland neu ist und daß die Menschen sie nicht verstehen. Sie betrachten die örtliche Selbstverwaltung als einen Teil der staatlichen Macht. Ihnen ist nicht klar, daß die Organe der örtlichen Selbstverwaltung 90 % aller sozialen Probleme der Bevölkerung entscheiden.

### 9.4.3 Mangelnde Kompetenzausstattung

Die Gegner der örtlichen Selbstverwaltung lassen sich in drei Gruppen einteilen: Die erste Gruppe bilden Beamte auf der mittleren Ebene in den föderalen Ministerien und Behörden, deren Tätigkeit vor allem im Zusammenwirken mit den Regionen durch die Realisierung der örtlichen Selbstverwaltung grundlegend geändert wird (Finanzministerium, Wirtschaftsministerium usw.). Die zweite sehr starke Gruppe bilden die Leiter der Administrationen in verschiedenen Föderationssubjekten. Die dritte Gruppe der Gegner der örtlichen Selbstverwaltung besteht aus den ernannten Leitern örtlicher Verwaltungen. Sie sind nicht gewählt worden, aber mit ihrer begrenzten Selbständigkeit nun der Bevölkerung verantwortlich.

Die Föderationssubjekte zeigen nur geringe Bereitschaft, Kompetenzen nach unten abzugeben. Viele Föderationssubjekte betrachten die örtliche Selbstverwaltung als etwas, das gegen ihre und die staatliche Macht überhaupt gerichtet ist. So wie das Zentrum bisher nicht bereit war, seine Macht mit den Föderationssubjekten zu teilen, sind nun die Föderationssubjekte nicht bereit, ihre Macht mit den örtlichen Selbstverwaltungen zu teilen. Die Föderationssubjekte hindern die örtlichen Selbstverwaltungen, vor allem die großen Städte, ihre Probleme selbst zu lösen. Das führt dazu, daß sie ungelöst bleiben, weil die Föderationssubjekte sie auch nicht lösen können. Die Föderationssubjekte wissen nicht, was sie mit diesen Städten vor allem mit den Industriegiganten machen sollen. So hat z.B. der Staatsrat der Republik Udmurtien der udmurtischen Hauptstadt Ishewsk 1,3 Trillionen Rubel, rund 240 Mio. $, weggenommen und verfügt nun selbst darüber.

Bis Mitte 1997 wurden von den Föderationssubjekten 76 Gesetze zu Fragen der örtlichen Selbstverwaltung verabschiedet. 68 dieser Gesetze wurden vom russischen Justizministerium analysiert mit dem Ergebnis, daß nur vier Gesetze genau der russischen Verfassung entsprechen. Ein besonders negatives Beispiel bietet gerade die Republik Udmurtien. Sie gehörte einmal zu den ersten Föderationssubjekten, welche die örtliche Selbstverwaltung einführten. Inzwischen nutzte Udmurtien die Gesetzeslücke, die nach der Verabschiedung des Gesetzes über die örtliche Selbstverwaltung hinsichtlich der Rechte der staatlichen Organe in den Föderationssubjekten entstanden war, um eigene diesbezügliche Gesetze zu verabschieden, die im Widerspruch zur Verfassung und zu föderalen Gesetzen stehen.[103] So verabschiedete das udmurtische Parlament am 17. April 1996 ein Gesetz, das die gewählten örtlichen Selbstverwaltungsorgane kurzerhand auflöste und durch Legislativ- und Exekutivorgane ersetzte, die der Staatsrat der Republik Udmurtien einsetzte. Jelzin bat daraufhin das Verfassungsgericht, die Verfassungsmäßigkeit dieses udmurtischen Gesetzes zu prüfen. Wie groß der Widerstand gegen die örtliche Selbstverwaltung in den Föderationssubjekten ist, kann der Tatsache entnommen werden, daß 15 Präsidenten der Republiken Adygien, Altaj, Baschkortostan, Burjatien, Chakassien, Inguschetien,

---

103 Rossisjkie vesti [Russische Neuigkeiten], 26.11.1996.

Kabardino-Balkarien, Kalmykien, Karatschajewo-Tscherkessien, Komi, Marij-El, Mordwinien, Tatarstan, Tuwa und Udmurtien, den Präsidenten baten, die Anfrage an das Verfassungsgericht zurückzuziehen mit der Begründung, daß die Föderationssubjekte das Recht hätten, selbst darüber zu befinden, wie die Grundsätze der örtlichen Selbstverwaltung in ihren Republiken bzw. Gebieten umgesetzt werden. Am 24. Januar 1997 entschied das Verfassungsgericht, daß das udmurtische Gesetz die föderale Gesetzgebung verletzt, die eingehalten werden muß.[104]

### 9.4.4 Absetzbarkeit der Bürgermeister

Sozusagen als einen kleinen Ausgleich für die Schmälerung der Macht der Gouverneure im Sommer 2000 durch die von Putin eingebrachten Gesetze (Gouverneure gehören nicht mehr dem Föderationsrat an und können unter bestimmten Voraussetzungen abgesetzt werden) legte Putin das Gesetz "Über die Einführung von Änderungen und Ergänzungen des föderalen Gesetzes 'Über die allgemeinen Prinzipien der Organisation der örtlichen Selbstverwaltung'"[105] vor, das am 4. August 2000 in Kraft trat. Es ergänzt das bisherige Gesetz über die örtliche Selbstverwaltung[106] und gibt dem Präsidenten unter bestimmten Voraussetzungen das Recht, in der Staatsduma ein Gesetz über die Auflösung einer

---

104 OMRI DAILY DIGEST, Nr. 50, Part I, 12.3.1997.

105 Federal'nyj zakon "O vnesenii izmenenij i dopolnenij v federal'nyj zakon 'Ob obščich principach organizacii mestnogo samoupravlenija v Rossijskoj Federacii'", in: Rossijskaja gazeta, 8.8.2000.

106 Federal'nyj zakon "Ob obščich principach organizacii mestnogo samoupravlenija v Rossijskoj Federacii'", in: Sobranie zakonodatel'stva Rossijskoj Federacii, 35, 1995, Pos. 3506. Erste Ergänzung dieses Gesetzes: Federal'nyjzakon "O vnesenii izmenenij i dopolnenij v federal'nyj zakon 'Ob obščich principach organizacii mestnogo samoupravlenija v Rossijskoj Federacii'", in: Sobranie zakonodatel'stva Rossijskoj Federacii, 12, 1997, Pos. 1378.

örtlichen Volksvertretung einzubringen und den Leiter der örtlichen Selbstverwaltung, also den Bürgermeister, abzusetzen, wenn ein Gericht festgestellt hat, daß sie normative Rechtsakte verabschiedet bzw. herausgegeben haben, die der föderalen Verfassung, den föderalen Verfassungsgesetzen, den föderalen Gesetzen, der Verfassung bzw. dem Statut des Föderationssubjekts oder dem Statut der Kommune widersprechen.

Wird der örtliche Rechtsakt nicht geändert, verwarnt die Volksvertretung des zuständigen Föderationssubjekts aus eigener Initiative oder auf Anregung des Republikpräsidenten/Gouverneurs die örtliche Volksvertretung, bzw. der Republikpräsident/Gouverneur verwarnt den Bürgermeister in schriftlicher Form unter Hinweis auf die Möglichkeiten des neuen Gesetzes. Wenn die örtliche Volksvertretung bzw. der Bürgermeister innerhalb eines Monats nach der Verwarnung den monierten Rechtsakt nicht ändert, kann die örtliche Volksvertretung – aber nur jeweils spätestens sechs Monate nach Rechtskraft des Gerichtsbeschlusses – per Regionalgesetz aufgelöst und der Bürgermeister durch Erlaß des regionalen Verwaltungschefs abgelöst werden. Zur Auflösung der örtlichen Volksvertretung ist ein Gesetz des Föderationssubjekts, auf dessen Territorium sich die betreffende Kommune befindet, oder – falls die beanstandeten Rechtsakte auf kommunaler Ebene nicht binnen dreier Monate nach dem rechtskräftigen Gerichtsbeschluß geändert wurden und das Parlament des Föderationssubjekts nicht die in diesem Gesetz vorgesehenen Maßnahmen (Verwarnung, Einbringung eines Gesetzes zur Auflösung der örtlichen Volksvertretung) vorgenommen hat – ein föderales Gesetz erforderlich, das nur der russische Präsident einbringen kann (aber nicht muß).

Ähnliches gilt für die Ablösung eines örtlichen Verwaltungschefs: Falls dessen beanstandete Rechtsakte nicht binnen dreier Monate nach dem Gerichtsbeschluß geändert wurden und der zuständige Republikpräsident/Gouverneur nicht die in diesem Gesetz vorgesehenen Maßnahmen (Verwarnung, Ablösung) vorgenommen hat, kann der Präsident ihn entlassen. Ausgenommen davon sind die Verwaltungchefs der Stadtstaaten Moskau und St. Petersburg, für die, da sie Verwaltungchefs von Föderationssubjekten sind, die für diesen Personenkreis gültigen Ablösungsbestimmungen gelten.

Bürger, deren Rechte und gesetzliche Interessen im Zusammenhang mit der Auflösung einer örtlichen Volksvertretung oder der Amtsenthebung eines örtlichen Gemeindechefs verletzt wurden, haben das Recht, dagegen bei den obersten regionalen Gerichten bzw. dem Obersten Gericht Rußlands binnen zehn Tagen nach Bekanntgabe des entsprechenden Gesetzes, Erlasses oder Beschlusses zu klagen. Über die Klage muß binnen zehn Tagen nach Einreichung entschieden werden.

Der Föderationsrat lehnte am 26. Juli 2000 mit 92 gegen 12 Stimmen dieses Gesetz ab, für das am 7. Juli 334 Staatsdumaabgeordnete gestimmt hatten (bei 27 Gegenstimmen und 3 Enthaltungen). Der Föderationsrat empfahl der Staatsduma die Bildung einer Schlichtungskommission, was nicht geschah. Statt dessen überstimmte die Staatsduma das Veto des Föderationrats.

# 10    Politische Parteien

## 10.1    *Das Ende der KPdSU*

Das aus der "Kommunistischen Partei der UdSSR" (KPdSU) ist das Ergebnis des Putsches gegen Gorbatschow im August 1991. Das, was die Putschisten verhindern wollten, haben sie sozusagen in einer Art geschichtlicher Dialektik beschleunigt: das Ende ihrer eigenen Partei und in Folge der Sowjetunion. Allerdings zeichnete sich das politische Ende der KPdSU schon vor dem Putsch vom August 1991 ab, wenn es auch ohne ihn nicht so schnell eingetreten wäre. Die Ursachen für den Zusammenbruch des Kommunismus und seines Kerns, der KPdSU, liegen freilich tiefer: Der Kommunismus ist in der östlichen Führungsmacht zusammengebrochen, weil er nicht in der Lage war, die wirtschaftlichen und politischen Probleme einer Industriegesellschaft zu lösen. Die strategische Überdehnung des sowjetischen Machtbereichs, die fortschreitende Erosion der ideologischen Legitimierung des kommunistischen Systems bei der eigenen Bevölkerung und das Aufzehren der Wirtschaftsressourcen von einer paranoisch aufgeblähten Rüstung sind die konkreten Ursachen für das Scheitern eines politischen Experiments, unter dem Millionen von Menschen gelitten haben und zu Tode gekommen sind.

### 10.1.1    *Diskreditierung der KPdSU bei den Wählern*

Wäre der Putsch nicht geschehen, hätte die KPdSU bei Wahlen zum neuen Parlament in einer wie auch immer gearteten Sowjetunion, die für 1992 vorgesehen waren, nur noch 10 % der Stimmen erhalten. Selbst nicht einmal alle KPdSU-Mitglieder hätten für ihre Partei votiert. Keine demokratische Partei wäre bereit gewesen, die KPdSU in irgendeine Koalition einzubeziehen.

Wieso konnte die bis dahin noch so mächtige Partei plötzlich auf dem Abfallhaufen der Geschichte landen? Der eigentliche Grund liegt darin, daß sich die KPdSU dem Wunschdenken hingegeben und die Entwicklungen in der Gesellschaft nicht wahrgenommen hat.

Innerhalb der KPdSU hatten sich die unteren Parteifunktionäre bis hin zur Gebietsebene mehr verändert als der sich darüber wölbende KPdSU-Apparat auf Republik- und auf Unionsebene. Die auf der unteren Ebene neu gewählten Parteifunktionäre standen der Parteibasis näher als die Republiks- sowie die zentralen Funktionäre und waren deshalb viel stärker für eine Perestrojka als jene. Der höhere Parteiapparat erschrak über den raschen Fortgang der Perestrojka an der Parteibasis und ging deshalb zur Abwehr über. So ist das Entstehen der "Russischen Kommunistischen Partei" (RKP) im Juni 1990 unter ihrem konservativen Ersten Sekretär Iwan Poloskow zu verstehen, der Anfang August 1991 zurücktrat.

KPdSU-Generalsekretär Michail Gorbatschow versuchte zu verhindern, daß die Partei – wie er es auf dem Plenum des Zentralkomitees (ZK) der KPdSU Anfang Februar 1990 formulierte – an den "Wegrand des politischen Lebens" abgedrängt wird.[107] Er konnte auf diesem Plenum den Verzicht der Partei auf die Verankerung ihres Führungsanspruchs in Artikel 6 der Verfassung der UdSSR durchsetzen und so den Weg zu einem Mehrparteiensystem freimachen. Die Partei sollte ihre führende Rolle nicht mehr auf administrative Weise durch Absicherung in der Verfassung ausüben, sondern politisch, indem sie sich geheimen Wahlen stellt. Programmatisch versuchte Gorbatschow eine Sozialdemokratisierung der KPdSU durch das neue Parteiprogramm einzuleiten, dessen letzter Entwurf Anfang Juli 1991 veröffentlicht wurde[108]. Doch all dies kam zu spät.

---

107 Pravda [Wahrheit], 6.2.1990.
108 Izvestija [Nachrichten], 10.7.1991. Die Billigung des Programmentwurfs

Die KPdSU hatte seit dem Winter 1989/90 vier Millionen Mitglieder verloren, bildete aber mit 15 Millionen[109] noch immer die stärkste politische Gruppierung im Land. Viele Parteimitglieder zahlten keine Mitgliedsbeiträge mehr. Während sie deshalb früher aus der Mitgliederliste gestrichen wurden, bat sie inzwischen die KPdSU, doch in der Partei zu bleiben, um eine hohe Mitgliederzahl vorweisen zu können.

Unterdessen beeilte sich die Parteibürokratie, aus ihrem politischen Kapital Geldkapital zu machen. KPdSU-Funktionäre gründeten in zunehmenden Maße unter Verwendung von Parteigeldern und Parteigebäuden eigene Firmen oder Joint ventures mit westlichen Firmen. Die besten Betriebe sind von Parteifunktionären im Grunde bereits unter sich privatisiert worden. Die Parteinomenklatur wandelte sich zu einer Nomenklaturbourgeoisie. Das enttäuschte und verärgerte die Parteibasis. Sie mußte mit ansehen, daß sich gerade ihre Spitzenfunktionäre besonders kapitalistisch gaben. Diese Entwicklungen demoralisierten die Parteibasis und nahmen ihr jegliche Motivation zu aktivem politischem Engagement.

### 10.1.2    Parteiinterne Spannungen

Die KPdSU bestand in ihrer Schlußphase ohnehin aus mehreren Parteien. Auf dem ZK-Plenum am 25. April 1991 hatte Gorbatschow bereits erklärt, daß vor ihm Vertreter nicht einer, sondern von zwei, drei oder vier Parteien sitzen.[110] Die Partei war vertikal und horizontal gespalten. Die vertikalen Spannungen bezogen sich auf die Differenz zwischen einer Kommunistischen Partei,

---

erfolgte auf dem ZK-Plenum am 25./26. Juli 1991 Pravda [Wahrheit], 26., 27., 29. und 30.7.1991). Vgl. dazu: Mann 1991.

109 Gorbatschow in seiner Rede auf dem ZK-Plenum am 25.7.1991, in: Sovetskaja Rossija [Sowjetrußland], 26.7.1991.

110 Moskovskije novosti [Moskauer Neuigkeiten], Nr. 19, 12.5.1991.

die sich als eine unionsweite Partei begriff und am bisherigen sowjetischen Imperium festhalten wollte (Imper[ial]-Kommunisten), und einer Kommunistischen Partei, die diesen Anspruch nicht mehr erhob und sich deshalb nur noch als eine Republikpartei verstand (Souverän-Kommunisten), die für die Souveränität und Unabhängigkeit ihrer Republik eintrat.

Die horizontalen Spannungen innerhalb der KPdSU bestanden hauptsächlich zwischen den Konservativen und den Demokraten. Die Konservativen wollten das stalinistisch-breschnewistische System der gesellschaftlichen Beziehungen bewahren bzw. wiederherstellen, wie der Putsch zeigte, notfalls auch mit Gewalt. Sie hatten wenig Rückhalt und in normalen Zeiten keine besondere Perspektive. Die Demokraten in der KPdSU formierten sich zu den Reformströmungen "Demokratische Bewegung der Kommunisten" und "Kommunisten für Demokratie".

Die "Demokratische Bewegung der Kommunisten" setzte in der KPdSU die Politik der "Demokratischen Plattform in der KPdSU" fort. Diese war auf dem 28. KPdSU-Kongreß im Juli 1990 aus der Partei ausgetreten, weil Gorbatschow nicht ihre politischen Positionen übernommen hatte bzw. übernehmen konnte. Aus der "Demokratischen Plattform in der KPdSU" gingen Ende 1990 die "Republikanische Partei der Russischen Föderation" und die "Partei der demokratischen Wiedergeburt der Ukraine" hervor.

Die "Demokratische Bewegung der Kommunisten" forderte die Demokratisierung der KPdSU, die Überwindung der unbeweglichen Verwaltungsstrukturen in der Partei und die Durchführung wirklicher politisch-ökonomischer Reformen. Vertreter der "Demokratischen Bewegung der Kommunisten" waren in höchsten Parteipositionen sowie in der Programmkommission zu finden und spielten dort eine wichtige Rolle.

Die "Kommunisten für Demokratie" ihrerseits entstanden im April 1991[111] als eine Reformströmung unter den Kommunisten im Kongreß der Volksdeputierten der Russischen Sozialistischen Föderativen Sowjetrepublik (RSFSR). An ihrer Spitze stand Aleksandr Ruzkoj, ein ehemaliger Afghanistan-Kämpfer und Jagdbomberkommandant. Boris Jelzin gewann ihn in einem geschickten Schachzug für die Vizepräsidentschaftskandidatur, weil er für seine Politik im Volksdeputiertenkongreß[112] der RSFSR auch einen Teil der Stimmen der Kommunisten brauchte. Außerdem konnte er auf diese Weise die Fraktion der Kommunisten sowie die Militärs spalten. Am 12. Juni 1991 wurde Jelzin zum Präsidenten Ruzkoj zum Vizepräsidenten der RSFSR gewählt. Später wurde Ruzkoj, in seinem machtpolitischen Ehrgeiz zu einem scharfen Gegner Jelzins. Wegen seines verbrecherischen Aufrufs zum Sturm auf das Moskauer Rathaus und das Fernsehzentrum Ostankino, bei dem es Tote gegeben hat, wurde Ruzkoj Anfang Oktober 1993 verhaftet.

Anfang August 1991 initiierten die "Kommunisten für Demokratie" die Gründung der "Demokratischen Partei der Kommunisten Rußlands" innerhalb der RKP.[113] Nach dem Verbot der RKP als Teil der KPdSU wurde die "Demokratische Partei der Kommunisten Rußlands" für kurze Zeit eine selbständige Partei.

In den republikanischen und regionalen Sowjets waren 1991 die Kommunisten unterschiedlich stark vertreten. Sie bildeten in den Sowjets selten eine eigene Fraktion, weil nicht alle KPdSU-Mitglieder ihr beitreten wollten. Die Sitzweise nach Gebieten und nicht nach Fraktionen in den Sowjets machte es den Kommunisten leichter, gegen die eigene Partei mit den Demokraten zu stimmen, was ein Teil von ihnen immer tat.

---

111 Sovetskaja Rossija [Sowjetrußland], 12.4.1991.

112 "Volksdeputiertenkongeß' ist die Kurzform der offiziellen Bezeichnung "Kongreß der Volksdeputierten".

113 TASS russ., 6.8.1991.

Die KPdSU war keine politische Partei, sondern im Grunde eine Art Staatsstruktur. Jelzin hatte in seinem Erlaß am 6. November 1991 die KPdSU und die KP der RSFSR verboten. Bei ihnen handelte es sich vielmehr um "einen besonderen Mechanismus der Formierung und Realisierung der politischen Macht", der durch das "Zusammenwachsen mit staatlichen Strukturen bzw. deren direkte Unterstellung unter die KPdSU" durchgesetzt worden ist.[114]

Ausgelöst wurde das Verbot der KPdSU durch das Verhalten ihrer obersten Organe während des Putsches. So ist ein geheimes Telegramm des Sekretariats des ZK der KPdSU vom 19. August 1991 – dem zweiten Putschtag – mit der Chiffre 215/schn 19.08.91 bekannt geworden, in dem die Parteikomitees der Republiken, Regionen und Gebiete, also des ganzen Landes, aufgefordert wurden, "Maßnahmen zur Teilnahme der Kommunisten an der Unterstützung des Staatlichen Komitees für den Ausnahmezustand in der UdSSR", also des Putschkomitees, zu ergreifen.[115]

Die Kommunisten riefen wegen des Verbots ihrer Partei das russische Verfassungsgericht an. Das Verfassungsgericht faßte am 30. November 1992 den Beschluß, daß (nur das Verbot der Führungsorgane der KP der RSFSR als Teil der KPdSU verfassungsmäßig gewesen sei. Das Verbot der territorialen Grundorganisationen der KPdSU sei jedoch verfassungswidrig gewesen, insofern diese Organisationen ihren gesellschaftlichen Charakter bewahrt und die staatlichen Strukturen nicht verändert hätten. Da die KPdSU und ihre Leitungsorgane aufgelöst wurden, wird die Überprüfung der Verfassungsmäßigkeit der Partei eingestellt.[116]

---

114 Rossijskaja gazeta [Russische Zeitung], 9.11.1991.

115 Rossijskaja gazeta [Russische Zeitung], 23.7.1992.

116 Rossijskaja gazeta [Russische Zeitung], 16.12.1993. Vgl. Pivovarov/Fursov 1993.

Das Verfassungsgericht hat die Frage nach der Verfassungsmäßigkeit der Kommunistischen Partei zwar nicht direkt, wohl aber indirekt beantwortet. Denn das Gericht hat diejenigen Teile des Erlasses des Präsidenten, durch welche er Organisationsstrukturen der KPdSU aufgelöst hat, als in Übereinstimmung mit der Verfassung stehend anerkannt. "Nach der Logik der Dinge können die Handlungen des Präsidenten zur Auflösung der Strukturen der KPdSU jedoch nur dann als verfassungsgemäß beurteilt werden, wenn diese Strukturen selbst, welche die ganze Partei verkörperten, nicht verfassungsgemäß waren." Auf der anderen Seite garantierte die Aufhebung des Verbots der Grundorganisationen kommunistischer Parteien die Freiheit der Anhänger der kommunistischen Ideologie, allerdings unter der Voraussetzung, daß sie ihre Ziele nicht durch die Anwendung von Gewalt zu erreichen suchen.[117]

## 10.2 Entstehungsprozeß der neuen Parteien

Die neuen politischen Parteien entstanden in Rußland nicht schlagartig, sondern sie bildeten sich im Rahmen eines längeren Entwicklungsprozesses heraus, der noch nicht abgeschlossen ist. Folgende Phasen können unterschieden werden:
- Entstehung informeller gesellschaftlicher Gruppierungen (1986-88),
- Herausbildung von Protoparteien (1988-89),
- Parteienbildung gemäß der Antinomie "Demokraten – Kommunisten" (1990-91),
- zwischen den beiden Putschen: Parteienbildung im Dreieck "Demokraten – Zentristen – Opposition" (1991-93)[118],
- zwischen den beiden Staatsdumawahlen: Etablierung der "Partei der Macht" (1993-95),

---

117 Savickij 1993: 134 ff.
118 Auf der Grundlage der Periodisierung von Korgunjuk/Zaslavskij 1996.

- nach der zweiten Staatsdumawahl: Entstehen neuer politischer Kräfte (1995-bis heute).

Im folgenden werden diese Entwicklungsphasen kurz beschrieben, wobei die vielen Gruppierungen, Parteien und Bewegungen nicht einzeln vorgestellt werden, denn die meisten sind inzwischen von der politischen Bühne längst verschwunden. In einem gesonderten Kapitel werden die wichtigen Parteien und politischen Bewegungen, die in der Staatsduma mit Fraktionen vertreten bzw. die ein politischer Faktor werden können, ausführlich dargestellt.

### 10.2.1    Entstehung informeller gesellschaftlicher Gruppierungen

In der Periode der Perestrojka und Glasnost unter Gorbatschow schwand die Angst der Menschen, andere politische Meinungen zu artikulieren. In den Jahren von 1986 bis 1988 entstanden – vor allem in den Großstädten – informelle gesellschaftliche Gruppierungen wie Klubs, Bürgerrechtsgruppen und Bürgerinitiativen. In den Klubs diskutierten – meist Intellektuelle – kulturelle und politische Fragen. Bekannt wurde die Perestrojka-Klubs in Moskau und Leningrad. Die Bürgerinitiativen kümmerten sich z.B. um Baudenkmäler oder um ökologische Anliegen. Besondere Verdienste hat sich die Bürgerrechtsgruppe "Memorial" unter Leitung des Mitglieds der Akademie der Wissenschaften der UdSSR und Friedensnobelpreisträgers Andrej Sacharow erworben, die sich die Aufklärung der Verbrechen des Sowjetsystems zum Ziel gesetzt hat. Die Klubs, Bürgerrechtsgruppen und Bürgerinitiativen bildeten sich meist um Führungspersönlichkeiten folgenden Zuschnitts:
- ehemalige Dissidenten,
- junge Wissenschaftler oder Journalisten,
- Persönlichkeiten mit hohem sozialen Status wie Institutsdirektoren, Chefredakteure großer Zeitungen, bekannte Schriftsteller, die oft aus

dem Hintergrund wirkten als Beschützer dieser Initiativen (Luchterhand 1993: 134).

## 10.2.2    Herausbildung von Protoparteien

Die informellen gesellschaftlichen Gruppierungen zogen immer mehr Menschen an sich und entwickelten eine eigene innere Dynamik, die zwischen 1988 und 1989 zur Herausbildung von Protoparteien führte. Dieser Prozeß wurde forciert durch die Wahl des von Gorbatschow neu geschaffenen, aus 2.500 Deputierten bestehenden Kongresses der Volksdeputierten der UdSSR 1989 nach einem neuen Wahlrecht. 1.500 Deputierte wurden in Wahlkreisen in geheimer Wahl aus – erstmals – mehreren Kandidaten gewählt. Die restlichen 750 entsandten – ebenfalls als Ergebnis geheimer Wahlen – gesellschaftliche Organisationen. Die KPdSU, die kommunistischen Staatsgewerkschaften sowie die genossenschaftlichen Organisationen wie z.B. die Kolchosen oder die Konsumgenossenschaften, stellten je 100 Deputierte, der kommunistische Jugendverband Komsomol, die Frauenräte, die Kriegs- und Arbeiterveteranenverbände, die wissenschaftlichen Vereinigungen, die Künstlerverbände und "andere gesellschaftliche Organisationen und Vereinigungen von Bürgern", die auf Gesetzesbasis gebildet wurden und die gesamtsowjetische Organe aufwiesen, je 75 Deputierte. Da die Anfang 1989 bestehenden ca. 40.000 informellen Vereinigungen oft nur von lokaler oder regionaler Bedeutung waren, konnten sie keine Kandidatenlisten für die Wahlen aufstellen. Ihnen blieb nur die Möglichkeit, sich an der Kandidatenaufstellung in den territorialen und national-territorialen Wahlkreisen zu beteiligen. Im neuen Volksdeputiertenkongreß entstand – zum ersten Mal in einem mehr oder weniger immer noch kommunistischen Parlament – eine Fraktion, die "Interregionale Abgeordnetengruppe", der viele Demokraten angehörten, die auf

Reformen drängte und die von Andrej Sacharow und Boris Jelzin geleitet wurde.

Die Wahl zum Volksdeputiertenkongreß führte den vielen neue gesellschaftlichen Gruppierungen deutlich vor Augen, daß sie sich zu landesweiten Vereinigungen zusammenschließen müssen, wenn sie politischen Einfluß gewinnen wollen, also zu Parteien. Doch das waren noch keine richtigen Parteien im westlichen Sinne, sondern Protoparteien. Diese Parteien konnten sich nur auf wenige Mitglieder stützen und hatten kaum eine soziale Verankerung. Die Menschen waren – und sind es größtenteils auch heute noch – nur selten zur Mitarbeit in einer Partei bereit, denn "Partei", selbst wenn es sich nicht um eine kommunistische handelt, ist durch die KPdSU diskreditiert worden. Auch ein Anknüpfen an die politischen Parteien der vorkommunistischen Zeit, die in der Zeit zwischen der Revolution von 1905 und der bolschewistischen Oktoberrevolution von 1917 bestanden, erwies sich als unmöglich.[119] Nicht selten war die Parteimitgliedschaft zufällig, auch für die wenigen hauptberuflichen Parteifunktionäre, die dann gelegentlich von einer Partei zur anderen in ihrer hauptberuflichen Tätigkeit überwechselten, weil ihnen die Konditionen oder die Parteiführer mehr zusagten.

Die damals entstandenen neuen politischen Parteien waren eher Kopfgeburten. Meist wurden sie von Intellektuellen dominiert. Ihre Führer, um die herum sie entstanden, waren meistens Natur- oder Geisteswissenschaftler ohne politische Erfahrung. Den neuen Eliten mangelt es – ihrem eigenen Bekunden nach – nicht nur an politischer Streitkultur im parlamentarischen Wettbewerb (Selbstbeschränkung, Kompromißbereitschaft, Verhandlungsfähigkeit), sondern auch an Sachkompetenz und Professionalität bei der Ausarbeitung und Umsetzung ihrer Konzepte.

Typisch für die neuen Parteien war ihre fortlaufende Zersplitterung. Traten politische Differenzen in den Vorständen der ohne-

---

119 Vgl. zu den alten russischen politischen Parteien: Političeskaja istorija 1993.

hin kleinen Parteien auf, verließ ein Teil des Vorstandes den Raum und gründete eine neue Partei. Wenn sich bei einigen Parteien der politische Realismus durchzusetzen begann und sie sich zu Parteienblöcken zusammenschlossen, dann dauert es nicht lange, und diese Koalitionen zerfielen wieder.

Den damaligen Protoparteien fehlte es an Finanzmitteln, Räumlichkeiten und Ausrüstung. Nicht selten mußten sie ihre Parteiarbeit von ihrer Wohnung aus betreiben und hatten weder einen Schreibtisch noch einen Computer oder ein Telefaxgerät, von einem Auto ganz zu schweigen. Da sie über keine vollständige Mitgliederkartei verfügten und keine Möglichkeit hatten, die niedrigen Mitgliedsbeiträge bei säumigen Zahlern einzutreiben, mußte sie die Parteiarbeit nicht selten von ihrem geringen Lohn aus finanzieren.

### 10.2.3    Parteienbildung gemäß der Antinomie "Demokraten – Kommunisten"

In den Jahren 1990/91 spitze sich der politische Kampf gegen die KPdSU zu. In ihren Programmen waren sich viele neue demokratischen Parteien ähnlich, weil ihre bisherigen programmatischen Aussagen meist vorrangig auf die Abwehr des Kommunismus und das Festschreiben der allgemeinen Grundlagen einer demokratischen Gesellschaft mit Marktwirtschaft ausgerichtet waren und weniger auf die Darlegung von Lösungsvorschlägen für die brennenden konkreten Probleme.

Im Frühjahr 1990 erkannte Gorbatschow, daß das Machtmonopol der KPdSU nicht mehr zu halten ist. Deshalb verzichtete die KPdSU auf die verfassungsmäßige Verankerung ihres Machtmonopols. Mit dem Gesetz über die gesellschaftlichen Vereinigungen am 15. Oktober 1990[120] wurden daraus die juristischen Konse-

---

120 Pravda [Wahrheit] 16.10.1990.

quenzen gezogen. Dadurch wurden die rechtlichen Voraussetzungen für die Herausbildung eines Mehrparteiensystems geschaffen, denn die neuen politischen Parteien bewegten sich bis dahin formal im illegalen Raum.

Die nicht-kommunistischen Gruppierungen hatten alle nur ein gemeinsames Ziel, die KPdSU aus der Macht zu drängen. Die größte Rolle bei der politischen Mobilisierung spielten die politischen Bewegungen, aus denen später viele politische Parteien hervorgingen. Die Bewegungen sind eine Eigenschöpfung des Demokratisierungsprozesses in der ehemaligen Sowjetunion. Sie haben im engeren Sinne keine Mitglieder, weil sie keine Parteien sind. Die einflußreichste Bewegung jener Zeit war die Bewegung "Demokratisches Rußland" (DR), die im Januar 1990 als Wählerblock entstanden war. DR konnte sich auf eine große Zahl von Aktivisten stützen – bis zu 1,5 Millionen –, die in den Zeiten des Kampfes gegen das totalitäre System in kurzer Zeit Zehntausende auf die Straße brachten, z.B. gegen das gewaltsame und blutige Vorgehen der sowjetischen Truppen gegen die Unabhängigkeitsbestrebungen von Litauen und Lettland in Wilna und Riga im Januar 1991. Innerhalb eines Tages organisierte DR am 14. Januar 1991 auf dem Roten Platz in Moskau eine unangemeldete Demonstration – mit 500 Deputierten in den ersten Reihen – gegen die Gewaltmaßnahmen im Baltikum. Auf dem Manegeplatz im Zentrum Moskaus protestierten anschließend 10.000 bis 15.000 Menschen. Eine Woche später waren es schon 800.000.

Weitere Impulse zur Herausbildung eines Parteiensystems gingen von der Wahl des Kongresses der Volksdeputierten der RSFSR im Frühjahr 1990 aus. Der gescheiterte Putsch vom August 1991 – DR bildete den Kern des Widerstandes gegen die Putschisten – und die damit verbundene Ausschaltung der KPdSU aus dem politischen Leben als Folge der Verwicklung ihrer Nomenklatur in den Umsturzversuch gab der Parteienentwicklung weiteren Auftrieb.

Die Weiterentwicklung des russischen Parteiensystems zwischen
den beiden gescheiterten Putschen, dem Augustputsch 1991 gegen
Gorbatschow und dem Oktoberputsch 1993 gegen Jelzin, erfolgte
vor dem Hintergrund einer gewissen Differenzierung. Nachdem
die Frontstellung gegen KPdSU nicht mehr erforderlich war, weil
sie von der politischen Bühne verschwunden war, konnten sich
neue politische Kräfte herausbilden, die in das bisherige politische
Schema "Demokraten – Opposition" nicht mehr einzuordnen
waren, sondern die eine mittlere, eine zentristische Position einnahmen. Die Opposition ging politisch nicht mehr nur von einer
Seite aus, wie bisher, also nicht mehr nur von links durch die
Kommunisten, sondern inzwischen auch von rechts durch die Na-
tionalisten.

Stimulierend auf die Weiterentwicklung des russischen Parteiensystems wirkte sich die Wahl der ersten – nach der neuen Zäh-
lung – Staatsduma im Dezember 1993 aus. Um politischen Einfluß zu gewinnen, mußten die Parteien und Bewegungen bestrebt
sein, ein gewisses programmatisches und organisatorisches Niveau zu erreichen, um sich an der Wahl nach Parteienlisten beteiligen zu können. Zum ersten Mal sahen sich die Listenbewerber
vor eine neue Notwendigkeit gestellt: Sie mußten Finanzmittel
auftreiben, um einen einigermaßen wirkungsvollen Wahlkampf
führen zu können, damit sie genügend Wählerstimmen bekommen,
um für den Einzug in das neuen Parlament die Fünf-Prozent-
Hürde überspringen zu können, was nur wenigen gelang.

Der Prozeß der Parteienentwicklung zwischen den beiden Staatsdumawahlen 1993 bis 1995 stand im Zeichen des Versuchs, von
oben eine "Partei des Macht" zu etablieren. Im Herbst 1994 erkannte die politische Führung, daß es nicht nur Vorteile, sondern
auch deutliche Nachteile hat, wenn der Präsident über allen Parteien stehen möchte und über keine politische Basis verfügt, die
ihm seine Wiederwahl und der Regierung eine Mehrheit in der
Staatsduma sichert. Deshalb wurde der Gedanke entwickelt, eine
Art Präsidentenpartei zu gründen. Vorsitzender dieser Partei sollte
der damalige Leiter der Administration des Präsidenten, Sergej
Filatow, werden. An prominenten Persönlichkeiten sollten ihr u.a.
der damalige Vorsitzende der Staatsduma, Iwan Rybkin, angehören. Doch dann trat der ehemalige Perestrojka-Vordenker Gorbatschows, Aleksandr Jakowlew, an die Spitze der Partei, die sich
den Namen "Partei für soziale Demokratie" zulegte.[121] Als Jakowlew im Dezember 1994 deutlich den Einmarsch russischer
Truppen nach Tschetschenien kritisierte, sperrte die Administration des Präsidenten die Gelder für diese Partei und betrachtete sie
nicht mehr als die Partei des Präsidenten.

Die politische Führung in Moskau entwickelte daraufhin eine
neue Variante: Im Frühjahr 1995 – immer mit Blick auf die Staatsdumawahl im Dezember 1995 – wurden zwei neue Wahlblöcke
gegründet: ein rechts-zentristischer und ein links-zentristischer.
Mit diesem Schritt sollte versucht werden, nach amerikanischem

---

121 Der Autor war beratend in der Entstehungsphase der Partei beteiligt. Der
    Parteinahme war seine Empfehlung, wobei im Russischen der Genetiv sowohl
    ein Genetivus subjectivus als auch ein Genetivus objectivus sein kann. Man
    könnte den Parteinamen "Partija social'noj demokratii" sowohl als "Partei der
    sozialen Demokrratie" als auch als "Partei für soziale Demokratie" übersetz-
    zen. Für russische Ohren klingt der Parteiname mehr nach "Partei für soziale
    Demokratie".

Vorbild in Rußland allmählich ein Zweiparteiensystem zu schaffen, welches das gesamte politische Spektrum abdeckt. Den linkszentristischen Wahlblock führte Iwan Rybkin an und den rechtszentristischen, der sich "Unser Haus Rußland" nannte, der damalige Premier Wiktor Tschernomyrdin. Während Rybkins Wahlblock bei der Staatsdumawahl im Dezember 1995 sehr schlecht abschnitt, konnte Tschernomyrdins Wahlblock in das Parlament einziehen und dort eine Fraktion bilden.

### 10.2.6     Nach der zweiten Staatsdumawahl: Entstehen neuer politischer Kräfte

Die russische Parteienlandschaft veränderte sich nach der zweiten Staatsdumawahl 1995 durch die Gründung der "Russische Republikanische Volkspartei" (RRVP) Ende 1996/Anfang 1997 durch Aleksandr Lebed. Diese Partei soll die politische Basis bilden für Lebeds Einzug in die Staatsduma 1999 und eine möglichst erfolgreiche Beteiligung an der Präsidentenwahl im Jahr 2000.

Damit die politischen Parteien wirken können, ist ihre Registrierung beim russischen Justizministerium nötig. Dafür ist u.a. erforderlich, daß die Partei ein Statut hat, das nicht im Widerspruch zur Verfassung steht, sowie ein Programm, über zentrale Organe verfügt und in mindestens 45 der 89 Föderationssubjekte mit ihren regionalen Parteiorganisationen registriert ist.[122] Nach wie vor fehlt, wie Jelzin in seiner Botschaft an die Föderalversammlung zur Lage der Nation im Februar 1998 beklagte, ein Parteiengesetz.[123]

---

122 Vremennye pravila registracii ustavov političeskich partij i inych obščestvennych ob-edinenij v Ministerstve justicii Rossijskoj Federacii [Vorläufige Regelung der Registrierung der Statuten der politischen Parteien und sonstiger gesellschaftlicher Vereinigungen im Ministerium der Justiz der Russischen Föderation], in: Rossijskie vesti [Russische Neuigkeiten], 24.11.1994.

123 In: Rossijskaja gazeta [Russische Zeitung], 24.2.1998, S. 6.

## 10.3    Neue Parteien und politische Bewegungen

Im folgenden werden nicht alle der über 90 Parteien und ungefähr 50 politischen Bewegungen vorgestellt, die nach Auskunft Jelzins in seiner Botschaft an die Föderalversammlung zur Lage der Nation[124] Anfang 1998 beim russischen Justizministerium registriert waren. Behandelt werden diejenigen Parteien und Bewegungen – chronologisch entsprechend dem Zeitpunkt ihrer Gründung –, die bei der Staatsdumawahl 1999 die Fünf-Prozent-Hürde übersprungen haben und die im Parlament Fraktionen bilden konnten.

### 10.3.1    "Liberal-demokratische Partei Rußlands" (LDPR)

ENTSTEHUNG: Die "Liberal-demokratische Partei Rußlands" (LDPR) wurde am 31. März 1990 in Moskau unter dem Namen "Liberal-demokratische Partei der Sowjetunion" (LDPSU) gegründet und am 12. April 1991 registriert. Die Rolle, die der KGB bei Gründung der Partei spielte, ist umstritten und nach wie vor unklar. Zum Parteivorsitzenden wurde Wladimir Shirinowskij (vgl. Biographie im Anhang) gewählt. Nach dem Zerfall der UdSSR änderte die "Liberal-demokratische Partei der Sowjetunion" ihren Namen in "Liberal-demokratische Partei Rußlands" (LDPR). Am 14. Dezember 1992 wurde die LDPR zum zweiten Mal registriert, weil die frühere Registrierung vom April 1991 wegen grober Verletzung der Gesetze durch die Vorlage gefälschter Dokumente annulliert werden mußte.

ORGANISATION: Die Partei, die politisch im nationalistischen und keineswegs – wie der Name suggeriert – im liberalen Feld anzusiedeln ist, hat 200.000 Mitglieder in mehr als 80 Föderations-

---

124 In: Rossijskaja gazeta [Russische Zeitung], 24.2.1998, S. 6.

subjekten (Oleščuk/Pavlenko 1997: 32), die Hälfte von ihnen zwischen 16 und 29 Jahren (Novosti 1996: 17). 50% der Parteimitglieder sind Arbeiter, ein knappes Drittel gehört der Intelligenz an und ein knappes Fünftel sind Bauern (Gel'bras 1993: 233).

Der LDPR-Parteitag bestätigte 1994 ohne vorherige Aussprache in weniger als einer Minute einstimmig mittels Handaufhebung Shirinowskij als Parteichef für zehn Jahre bis zum 2. April 2004. Zugleich erhielt er das Recht, persönlich die Mitglieder der höchsten zentralen und regionalen Führungsgremien zu ernennen und abzulösen. Zwischen den alle drei Jahren stattfindenden Parteitagen gehen die Vollmachten auf den Parteivorsitzenden über. Mit diesen Beschlüssen setzte sich der Parteitag über das bis dahin geltende LDPR-Statut hinweg[125], das nur eine dreijährige Amtszeit des Parteivorsitzenden vorsah. Bis dahin mußten auch die übrigen Führungsmitglieder der Partei laut Statut vom Parteitag gewählt werden, vor allem die beiden Stellvertreter des Parteivorsitzenden und die Mitglieder des Obersten Rats. Der Parteivorsitzende führte bisher zusammen mit dem Obersten Rat die Partei zwischen den Parteitagen. Der Oberste Rat bestimmt die Taktik der Parteitätigkeit, stellt den Ausgabenteil des Budgets auf, arbeitet Änderungsvorschläge für Programm und Statut aus und ernennt die provisorischen regionalen Koordinatoren und Sekretäre der Primärorganisationen (bis zur Durchführung von Organisationskonferenzen oder -versammlungen).[126]

Die LDPR gibt die Zeitung "Prawda Shirinowskogo" ("Die Wahrheit Shirinowskijs") mit einer Auflage von 100.000 Exemplaren und die Zeitung "Sokol Shirinowskogo" ("Der Falke Shirinowskijs") mit einer Auflage von 20-50.000 Exemplaren heraus. Der Parteitag von 1994 beschloß die Gründung einer eigenen

---

125 Liberal'no-Demokratičeskaja partija Rossii [Liberal-demorktatische Partei Rußland]. Ustav [Statut]. Moskau o.J.

126 Ustav Liberal'no-Demokratičeskoj partii Rossii [Statut der Liberal-Demokratischen Partei Rußlands]. Moskau 1998.

Rundfunk- und Fernsehgesellschaft mit dem gleichen Namen "Sokol Shirinowskogo" ("Der Falke Shirinowskijs"). Die Partei hat sich auch eine Jugendorganisation namens "Falken Shirinowskijs" geschaffen, in der die Ausbildung zur Selbstverteidigung erfolgt.

PARTEIPROGRAMM: Laut ihrem dritten Parteiprogramm von 1995[127] läßt sich die LDPR von folgenden Grundsätzen leiten:

- Liberalismus: Freiheit, freie Entwicklung der Bürger, politischen Parteien und gesellschaftlichen Organisationen, freies Funktionieren aller Bereiche und Einrichtungen der Gesellschaft, freie Wahl der wirtschaftlichen, politischen, wissenschaftlichen, kulturellen und sonstigen Tätigkeit, Meinungs- und Weltanschauungsfreiheit, Toleranz gegenüber anderen Meinungen. Doch die freie Entwicklung des einzelnen darf nicht zu Anarchie und gesellschaftlichem Chaos führen. Alle Erscheinungsformen des Liberalismus dürfen nicht in Widerspruch geraten zur von der Gesellschaft frei angenommenen Verfassung.

- Demokratie: Volksmacht, demokratischer Staatsaufbau aller seiner Organe wie der legislativen, exekutiven und richterlichen Gewalt sowie der örtlichen Verwaltungsorgane, freie Wahlen, Mehrparteiensystem, demokratische Rechte der Bürger, ihre völlige Gleichberechtigung, unabhängig von ihrer nationalen Zugehörigkeit, ihrer Herkunft, ihres Glaubensbekenntnisses und ihrer geistig-politischen Anschauungen. Der Demokratie muß die Tätigkeit aller Organisationen verpflichtet sein: der parteipolitischen, gesellschaftlichen, wissenschaftlichen, kulturellen, Frauen-, Jugend- und sonstigen Organisationen.

- Gerechtigkeit: Die LDPR tritt für eine soziale Gesellschaft ein, ohne den "rohen" Kapitalismus, aber auch ohne den totalitären Sozialismus. Jeder Bürger soll Bedingungen vorfinden, unter denen er seine schöpferischen Fähigkeiten entfalten kann, in einer würdigen, aber einer differenziert sozial gesicherten Gesellschaft.

- Rechtsordnung: Die LDPR will in Rußland eine strenge Ordnung einführen, die auf der Verfassung und den Gesetzen fußt. Es müssen solche Bedingungen geschaffen werden, daß der Grundsatz "Herrschaft des Gesetzes" realisiert werden kann. Das Gesetz muß genau

---

127 Programma Liberal'no-Demokratičeskoj partii Rossii [Programm der Liberal-Demokratischen Partei Rußlands]. Moskau 1998.

von allen beachtet werden: sowohl von den Bürgern als auch von der staatlichen Gewalt. Niemand darf über dem Gesetz stehen oder es sich leisten, das Gesetz ignorieren zu können. Die Rechtsordnung ist die Bedingung für die Realisierung der Prinzipen des Liberalismus, der Demokratie und der sozialen Gerechtigkeit.

– Patriotismus: Die wichtigste Voraussetzung für die Wiederherstellung des russischen Staates ist der Patriotismus, den sowohl die Parteinomenklatura als auch die Radikaldemokraten zerstört haben. Die LDPR betrachtet als ihre zentrale Aufgabe, das russische Volk vor der Unterjochung und dem Aussterben zu retten und einen starken und mächtigen russischen Staat wieder erstehen zu lassen.

POLITISCHE AUSSAGEN: Wesentlich präziser als die hochtrabenden programmatischen Thesen sind die politischen Aussagen Shirinowskijs[128], die sich folgendermaßen zusammenfassen lassen:

– Schaffung eines nationalen Einheitsstaats mit einer rein administrativen Aufteilung in große Gouvernements in den Grenzen der ehemaligen Sowjetunion unter Vorherrschaft der Russen,

– Errichtung eines autoritären Regimes,

– Begrenzung der Privatisierung und in unterschiedlichem Maße staatliche Planung sowie administrative Lenkung der Wirtschaft,

– Förderung des militärisch-industriellen Komplexes,

– Aufbau einer starken Armee,

– Verringerung der Säuglingssterblichkeit und Steigerung der Geburtenrate bei den Russen,

– Bekämpfung der organisierten Kriminalität und der Mafia,

– keine Schulden gegenüber dem Ausland sowie – Wiederherstellung des Großmachtstatus' Rußlands, das eine mehr oder weniger isolationistische Außenpolitik betreiben wird ohne Mitgliedschaft in der NATO, in der Europäischen Union oder im Europa-Rat.

PARLAMENTSARBEIT:

Shirinowskij unterstützte von allen Fraktionsführern am stärksten die russische Militärintervention in Tschetschenien. "Wäre ich Befehlshaber, würde an der Stelle Grosnys jetzt ein großer Bombentrichter klaffen – keine Hunde, keine Leichen, nur ein

---

128 Der Autor stützt sich dabei u.a. auf zwei einstündige Gespräche mit Shirinowskij im Juni 1993 und im April 1996.

Trichter."[129] Es versteht sich angesichts dieser rigorosen Position von selbst, daß Shirinowskij eine Verhandlungslösung für den Tschetschenien-Krieg ablehnte.

In wichtigen Fragen stimmte die LDPR-Fraktion in der Staatsduma – trotz aller Kritik am sozialen und ökonomischen Kurs der Regierung – fast immer im Sinne des Präsidenten ab. Bei der Präsidentenwahl 1996 rief Shirinowskij seine Wähler auf, im zweiten Wahlgang für Jelzin zu votieren.

---

129 Gespräch, in "Der Spiegel", Nr. 3, 1995, S. 115.

Tabelle 4: Wahlerfolge der Parlamentsparteien und -bewegungen sowie der Präsidentschaftskandidaten (in %, Direktmand. i. [ ])

| | LDPR/ (Block) Shirinowskij | KPRF/ Sjuganow | "Jabloko"/ Jawlinskij | UHR/ Tschernomyrdin | VGR/ Lushkov (Prima-kow) | URK/ Kirijenko | Bär/ Einheit/ Putin (Shoj-gu) |
|---|---|---|---|---|---|---|---|
| Präsidentenwahl 1991 | 7,8 | – | – | – | – | – | – |
| Staatsdumawahl 1993 | 22,8 [4] | 12,4 [13] | 7,9 [7] | – | – | – | – |
| Staatsdumawahl 1995 | 11,2 [1] | 22,3 [58] | 6,9 [14] | 10,1 [10] | – | – | – |
| Präsidentenwahl 1996: 1. Wahlgang | 5,7 | 32,0 | 7,3 | – | – | – | – |
| Präsidentenwahl 1996: 2. Wahlgang | – | 40,3 | – | – | – | – | – |
| Staatsdumawahl 1999 | 6,0 [0] | 24,3 [46] | 5,9 [4] | 1,2 [7] | 13,3 [31] | 8,5 [5] | 23,3 [9] |
| Präsidentenwahl 2000 | 2,7 | 29,2 | 5,8 | - | - | - | 52,9 |

## 10.3.2 "Kommunistische Partei der Russischen Föderation" (KPRF)

ENTSTEHUNG: Am 13./14. Februar 1993 wurde die am 20./ 21. Juni 1990 gegründete "Kommunistische Partei der Russischen Sozialistischen Föderativen Sowjetrepublik" (KP der RSFSR) als "Kommunistische Partei der Russischen Föderation" (KPRF) wiederbegründet und am 24. März 1993 registriert. Die Namensänderung war notwendig, weil die RSFSR als Unionsrepublik der UdSSR nach der Auflösung der Sowjetunion ein selbständiger Staat geworden war. Die Wiederbegründung war erforderlich, weil die KPdSU und mit ihr die KP der RSFSR nach dem Putsch im August 1991 verboten worden waren. In diesem Zusammenhang ist bemerkenswert, daß zu Sowjetzeiten alle Unionsrepubliken formal über eine eigene Parteiorganisation verfügten, nur nicht die größte von ihnen, die RSFSR. Das wurde in Moskau immer damit begründet, daß die Parteiorganisation der RSFSR die KPdSU sei. Wenn man für die RSFSR eine eigene Parteiorganisation gebildet hätte, würde das bedeuten, daß der zentrale Parteiapparat der KPdSU keinen eigenen organisatorischen Unterbau mehr habe und völlig in der Luft hänge. Wenn es im Frühjahr 1990 dann doch zur Gründung einer regionalen KP für die RSFSR kam, zeugt das von der politischen Weitsicht der damaligen russischen Spitzenfunktionäre, die bereits anderthalb Jahr vor der Auflösung der UdSSR nicht mehr voll davon überzeugt waren, daß die Sowjetunion als Staat auf Dauer unverändert werde weiterbestehen können.

ORGANISATION: Mit 550.000 Mitgliedern in 20.000 Grundorganisationen (in 88 Föderationssubjekten außer Tschetschenien) 130 ist die KPRF nicht nur die größte der fünf kommunistischen

---

130 Rossijskoe informacionnoe agenstvo "Novosti" [Russische Nachrichtenagentur "Nowosti"] [Hrsg.), Spravočnik [Handbuch], Vypusk No. 2 [Ausgabe Nr. 2], Obščestvenno-političeskie dviženija i partii v Rossii [Gesellschaftlich-politische Bewegungen und Parteien in Rußland]. Moskau, November 1996,S. 19.

Nachfolgeparteien, sondern die größte politische Partei der Russischen Föderation.

In ihrem auf dem II. Parteitag 1993 angenommenen und auf dem IV. Parteitag 1997 ergänzten Statut[131] bekennt sich die Partei zum Leninschen Prinzip des demokratischen Zentralismus, das etwas demokratischer interpretiert wird als zu Zeiten der KPdSU:

- Wahl aller Parteiorgane von unten nach oben,
- periodische Rechenschaftslegung der gewählten Organe gegenüber ihren Wählern und gegenüber höheren Parteiorganen,
- Kollegialität und Glasnost aller Parteiorganisationen und -organe,
- Freiheit der Kritik,
- Selbständigkeit der Parteiorganisationen bezüglich ihrer eigenen Tätigkeit,
- Parteidisziplin,
- Recht der Minderheit auf die Darlegung ihrer Meinung bei der Vorbereitung einer Entscheidung, aber Unterwerfung der Minderheit unter die Mehrheit, nachdem die Entscheidung getroffen worden ist;
- Verbindlichkeit der Entscheidung der höheren Leitungsorgane für die niedrigeren.

Das höchste Organ der KPRF ist der Parteitag, der alle drei Jahre zu tagen hat. Er wählt das Zentralkomitee (ZK), das zwischen den Parteitagen die Partei leitet. Mit der Wahrnehmung der laufenden Aufgaben zwischen seinen Plenarsitzungen beauftragt das ZK das von ihm gewählte Präsidium. Diese Struktur und Aufteilung der Zuständigkeiten entspricht der ehemaligen KPdSU: die Funktionen des ehemaligen Zentralkomitees nimmt das neue ZK wahr und des ehemaligen Politbüros das Präsidium des ZK. Der Partei-

---

131 Ustav Obščerossijskoj obščesvennoj organizacii "Kommunističeskaja partija Rossijskoj Federacii" [Statut der allrussischen gesellschaftlichen Organisation "Kommunistische Partei der Russischen Föderation"]. Prinjat II s-ezdom KPRF 14.2.1993 i s popravkami prinjatymi IV s-ezdom KPRF [Angenommen auf dem II. Parteitag 14.2.1993 und mit Änderungen, die auf dem IV. Parteitag der KPRF angenommmen wurden], in: IV S-ezd Kommunističeskoj partii Rossijskoj Federacii 19-20 aprelja 1997 goda [IV. Parteitag der Kommunistischen Partei der Russischen Föderation 19.-20. April 1997] (Materialy i dokumenty [Materialien und Dokumente] Moskau 1997, S. 93-107.

vorsitzende wird von dem ZK gewählt. Parteivorsitzender ist Gennadij Sjuganow, der bis 1990 Stellvertretender Leiter der Ideologischen Abteilung des ZK der KPdSU und dann Mitglied des Politbüros sowie des Sekretariats des ZK der KP der RSFSR war (vgl. *Biographie im Anhang*). Als einer der sechs Stellvertreter Sjuganows fungiert der letzte Parteichef der KP der RSFSR: Walentin Kupzow.

Innerhalb der KPRF lassen sich – trotz aller Querverbindungen und Überschneidungen – drei innerparteiliche Grundströmungen ausmachen, die in unterschiedlicher Stärke jeweils Teile des Parteiprogramms repräsentieren (Timmermann 1998: 15 f.):

– Die Nationalpatrioten unter dem Vorsitzenden Sjuganow: Die Vertreter dieser Strömung wollen Rußland als Großmacht auf der Grundlage traditioneller russischer Werte wieder herstellen. Dabei heben sie den spezifischen Charakter Rußlands gegenüber der westlichen Zivilisation hervor und drängen das marxistische Erbe in den Hintergrund. In diesem Zusammenhang konvergieren sie programmatisch mit den übrigen national-patriotischen Gruppierungen mit Ausnahme der LDPR, die sie als unseriös einschätzen. Versuche, die KPRF in eine Partei rechts-zentristischen Typs zu verwandeln, wurden allerdings auf dem IV. Parteitag im April 1997 zurückgewiesen.

– Die marxistischen Erneuerer unter dem ehemaligen Vorsitzenden der KP der RSFSR und jetzigen Stellvertretenden KPRF-Vorsitzenden Walentin Kupzow. Ein weiterer Vertreter dieser Strömung ist der dritte Mann in der KPRF-Hierarchie, der Stellvertretende KPRF-Vorsitzende und Internationale Sekretär der Partei, Iwan Melnikow, der zugleich Vorsitzender des Komitees der Staatsduma für Wissenschaft und Bildung ist und der eine analoge Funktion in der Parlamentarischen Versammlung des Europarats wahrnimmt. Die dritte prominente Vertreter dieser KPRF-Grundströmung ist der Vorsitzende der Staatsduma, Gennadij Selesnjow. Sie halten am sozialistischen Erbe Marxscher und Leninscher Prägung fest und möchten im russischen Parteienspektrum das linke Feld besetzen. Die national-patriotischen Eskapaden Sjuganows beobachten sie mit Skepsis.

– Die kleinste Strömung in der KPRF bilden die stalinistischen Nostalgiker. Mit einem Anteil von 10-15 % haben sie nur einen geringen Einfluß auf Programmatik und Politik der Partei, profitieren aber von dem Druck anderer kleinerer radikaler kommunistischer Parteien, welche die KPRF zur Liquidierung ihrer nationalistischen bzw. links-reformerischen Programmatik zwingen und auf das traditionelle Konzept des Marxismus-Leninismus festlegen wollen.

Die Partei hat mit einigen Problemen zu kämpfen: Ihre Mitgliedschaft ist überaltert und stagniert seit Jahren. Trotz ihres ideologischen Anspruchs hat die Partei den Kontakt zur Arbeiterklasse weitgehend verloren, was daran liegt, daß nach dem Zusammenbruch ganzer Industriebereiche die nach traditionellem kommunistischem Verständnis ideologisch führende Arbeiterklasse desorientiert und passiviert ist. Hinzu kommt die geringe soziale Mobilisierungsfähigkeit der KPRF, weil die früheren organischen Verbindungen zu flankierenden gesellschaftlichen Organisationen gerissen sind.

Auf der zentralen Ebene hat die KPRF nur begrenzten Zugang zu Radio und Fernsehen. Auf der regionalen Ebene gibt die Partei 120 Zeitungen und Zeitschriften heraus.

PARTEIPROGRAMM: In ihrem auf dem III. Parteitag 1995 angenommenen und auf dem IV. Parteitag 1997 ergänzten Programm[132] bezeichnet die KPRF den Kommunismus als die "historische Zukunft der Menschheit". Die KPRF läßt sich wieterhin von der "entwickelten marxistisch-leninistischen Lehre" und der "materialistischen Dialektik" leiten. Rußland stehe vor einer folgenschweren Entscheidung. Die jetzige herrschende Klasse versuche, durch Betrug Rußland zu einem primitiven Kapitalismus zurückzuführen. Nach der Zerstörung der Sowjetunion drohe das gleiche Schicksal nun der Russischen Föderation. Rußland besitze keine staatliche Souveränität und werde zur Halbkolonie des

---

132 Programma Kommunističeskoj partii Rossijskoj Federacii [Programm der Kommunistischen Partei der Russischen Föderation]. Dopolnenija i izmenija prinjaty IV s-ezdom KPRF 20 aprelja 1997 goda [Ergänzungen und Änderungen, angenommen auf dem IV. Parteitag der KPRF am 20. April 1997], in: IV S-ezd Kommunističeskoj partii Rossijskoj Federacii 19-20 aprelja 1997 goda [IV. Parteitag der Kommunistischen Partei der Russischen Föderation 19.-20. April 1997] (Materialy i dokumenty [Materialien und Dokumente] Moskau 1997, S. 74-92.

Westens. Der größte Teil der Bevölkerung verarme. Daraus entwickele sich Widerstand gegen das herrschende System.

Die KPRF schlägt für die weitere Entwicklung Rußlands den sozialistischen Weg vor. Der Wirtschaftskurs soll geändert und die Produktion wie die Einkommen sollen durch das Volk kontrolliert werden. Für die lebensnotwendigen Nahrungsmittel und Industriewaren werden niedrige stabile Preise garantiert. Dem Volk werden die sozio-ökonomischen Rechte auf Arbeit, Erholung, Wohnung, kostenlose Bildung, medizinische Versorgung sowie die Altersversorgung zugesichert. Mit Hilfe von Komplexprogrammen soll die Arbeitslosigkeit beseitigt werden. Die Privatbanken und sonstigen Finanzinstitutionen sollen einer strikten staatlichen Kontrolle unterworfen werden. Durch strenge Maßnahmen soll der Kapitalabfluß in das Ausland verhindert werden.

Die "Plünderung" des staatlichen Eigentums soll beendet werden. Deshalb ist vorgesehen, das Außenhandelsmonopol des Staates für strategisch wichtige Güter, darunter Rohstoffe, wieder einzuführen. Die russische Außenpolitik soll unabhängig sein und den national-staatlichen Interessen des Landes entsprechen. Die internationale Autorität Rußlands soll gestärkt werden.

POLITISCHE AUSSAGEN: Auf der Grundlage der Bücher, die Sjuganow publiziert hat (Zjuganov 1994, Zjuganov 1995a, Zjuganov 1995b, Zjuganov 1996), läßt sich sein politisches Weltbild folgendermaßen zusammenfassen: "Im Zentrum... steht Rußland als eigenständige Zivilisation; ihr staatlicher Träger ist die russische Großmacht. Dem russischen sozialen Koloß, bestimmt von Kollektivismus und Gerechtigkeitssinn, tritt als geographischer Rivale der Westen, geführt von der Supermacht USA, gegenüber. Der Westen hat im vergangenen Jahrzehnt – unterstützt durch die Reformer und Demokraten im Land selbst – die Sowjetunion als geopolitisches Kraftfeld ausgeschaltet. Aufgabe der russischen Politik ist es jetzt, die seit Jahrzehnten bestehende politische Balance wiederherzustellen und eine Diktatur des Westens über die Welt zu verhindern. Die Wiederherstellung einer Union als Nachfolger der UdSSR ist ein wichtiger Schritt auf diesem Weg. Die Rivalität mit dem Westen schließt eine Zusammenarbeit auf der Basis der Gleichheit keineswegs aus." (Simon 1996)

Der Kapitalismus sei mit der Mentalität des russischen Volkes unvereinbar (Zjuganov 1995a: 70-72). Der Westen mit seiner ozeanisch-atlantischen Zivilisation konkurriert mit der kontinental-eurasischen Zivilisation Rußlands. Ökonomischer Träger der westlichen Zivilisation ist nach Sjuganow die kosmopolitische Handels- und Finanzoligarchie, die nach der Herrschaft über die Welt strebt. "Als ihr weltanschaulicher Träger dient die liberal-demokratische Ideologie, deren Grundzüge folgende sind: extremer Individualismus, militante Ungeistigkeit, religiöser Indifferentismus, Ergebenheit gegenüber der Massenkultur, Antitraditionalismus und die Vorherrschaft des quantitativen Prinzips gegenüber dem qualitativen." (Zjuganov 1995a: 52 f.)

Trotz seiner gegenwärtigen Erfolge ist der Kapitalismus nach Ansicht Sjuganows "an die Grenzen seiner Möglichkeiten" gelangt. Die zunehmenden Konflikte des Westens – der "goldenen Milliarde" – mit der von ihr die Rohstoffe liefernden und ausgebeuteten Peripherie sowie die ökologischen Grenzen, die erreicht werden, verlangen eine vollständige Neuordnung von Produktion und Konsum, neue Prioritäten in der ökonomischen Entwicklung und ein "neues System der gesellschaftlichen Werte". Diese wesentlichen und objektiven Bedürfnisse der globalen Entwicklung werden zum Sieg des Sozialismus und Kommunismus führen. (Zjuganov 1995a: 62 f.)

Laut der bisher nicht veröffentlichten "Konzeption der Außenpolitik der Russischen Föderation" der KPRF, die eigentlich im April 1996 publiziert werden sollte, ist Rußland für "viele Jahrhunderte" nicht mehr in der Lage, eine selbständige Außenpolitik zu führen. Es hat alle seine Bündnispartner verloren. Die NATO versucht im Osten, einen Sicherheitsgürtel zu errichten zwecks Isolierung Rußlands von der restlichen Welt. Priorität in der Außenpolitik der KPRF haben die GUS-Länder, die Länder

der ehemaligen sozialistischen Weltgemeinschaft, China, Indien, die arabischen Länder sowie die Zusammenarbeit zum gegenseitigen Vorteil mit den führenden westlichen Mächten.

Kurzfristige Ziele einer von der KPRF bestimmten russischen Außenpolitik sind:

- Sicherstellung der Souveränität und territorialen Integrität Rußlands,
- friedliche Verhinderung von Konflikten im nahen Ausland,
- Schaffung eines Gürtels des Friedens und der Freundschaft um die russischen Grenzen,
- Verhinderung der Ausdehnung der NATO bis an die Grenzen der Russischen Föderation,
- aktive und gleichberechtigte Teilnahme Rußlands an der Lösung gesamteuropäischer Probleme, besonders im Rahmen des Europarats,
- Beendigung des unkontrollierten Verkaufs russischer Naturschätze und Ressourcen in das Ausland,
- Überprüfung und Kündigung ungleicher internationaler und bilateraler Verträge sowie Vereinbarungen, die von der russischen Regierung in den Jahren der demokratischen Reformen und unter Opferung der staatlichen Interessen der Russischen Föderation geschlossen worden sind.

Das mittelfristige Ziel einer KPRF-Außenpolitik sind:

- Beitritt Rußlands zu einer Reihe nicht-militärischer internationaler Organisationen wie der Bewegung der Nichtpaktgebunden, der OPEC und der OECD,
- Erneuerung der vertraglichen Beziehungen Rußlands zu interessierten Staaten,
- Ergreifen von Schritten zur Abrüstung und zum Verbot von Atomwaffenversuchen,
- Beschleunigung der Integration der früheren Republiken der UdSSR in Form einer Erneuerung der Staatengemeinschaft auf streng freiwilliger Grundlage.

Die langfristigen außenpolitischen Ziele der KPRF sind:

- Auflösung der NATO und der anderen regionalen Militärorganisationen,
- Durchsetzung des Prinzips, daß die UNO nicht als Instrument zur Aggression und zur Einmischung in die inneren Angelegenheiten souveräner Staaten benutzt wird,

– Demokratisierung der Tätigkeit des Sicherheitsrats und anderer Organe der Vereinten Nationen.

PARLAMENTSARBEIT: Die KPRF-Fraktion kritisiert den Reformkurs der Regierung. Dreimal sprach sie der Regierung das Mißtrauen aus: im Oktober 1994 sowie im Juni und im Juli 1995. Dreimal versucht sie, ein Absetzungsverfahren des Präsidenten einzuleiten: 1994, 1995 und 1997. Scharf kritisierte die KPRF-Fraktion den Tschetschenien-Krieg. In der zweiten Legislaturperiode verhielt sich die KPRF-Fraktion mehr konformistisch. So stimmte sie nach der Präsidentenwahl im August 1996 bereits im ersten Anlauf der Wiederberufung von Wiktor Tschernomyrdin zum Regierungschef zu sowie dem Haushalt 1997. Am 24. April 1998 stimmten einige KPRF-Abgeordnete für den damaligen neuen Regierungschef Kirijenko, obwohl das Zentralkomitee beschlossen hatte, gegen den neuen von Jelzin vorgeschlagenen Regierungschef zu votieren. Im Juni 1998 sammelte die Fraktion Unterschriften, um das Verfahren zur Absetzung Jelzins einzuleiten, wozu nach Artikel 93, Abs. 2, die Unterschriften von einem Drittel der Abgeordneten erforderlich sind. Bei der Abstimmung darüber votierte die Fraktion am 15. Mai 1999 nahezu geschlossen gegen Jelzin.

### 10.3.3   "Jabloko"

ENTSTEHUNG: Der "Block: Jawlinskij – Boldyrew – Lukin", abgekürzt Jabloko, was im Russischen "Apfel" heißt, entstand im Oktober 1993 als eine Vereinigung der drei Politiker Grigorij Jawlinskij, Jurij Boldyrew und Wladimir Lukin auf der Grundlage vor allem der "Republikanischen Partei der Russischen Föderation" und der "Sozialdemokratischen Partei Rußlands". Beide Parteien, die für Jawlinskij 1993 die meisten der nötigen Unterschriften gesammelt hatten, sowie Boldyrew haben inzwischen Jabloko verlassen.

ORGANISATION: Jabloko mit 10.000 bis 15.000 Mitgliedern und Regionalorganisationen in 75 Föderationssubjekten ist keine Partei, sondern ein Block, auf dessen Liste auch Mitglieder anderer Parteien und Bewegungen kandidieren können, wenn sie nur dem Programm von Jabloko zustimmen. Die herausragende Führungsfigur ist der Wirtschaftswissenschaftler Jawlinskij (vgl. *Biographie im Anhang*), der 1990 Stellvertretender russischer Regierungschef war und ein Jahr später am "500-Tage"-Programm zur Einführung der Marktwirtschaft mitgearbeitet hat, das aber von Gorbatschow nicht akzeptiert wurde. Die obersten Führungsorgane sind der Zentralrat (58 Mitglieder) und das Ratsbüro (12 Mitglieder).[133]

PROGRAMMATIK: Das umfangreiche Programm von Jabloko enthält folgende Zielsetzungen (Jawlinskij 1996):

In der Verfassungs- und Innenpolitik:

– deutliche Abgrenzung der Kompetenzen zwischen den drei Staatsgewalten,

– Festlegung von Ausmaß und Form der Verantwortlichkeit der Regierung vor dem Parlament,

– Begrenzung und Präzisierung der Vollmachten des Präsidenten,

– Erhaltung der Einheit Rußlands durch konsequente Dezentralisierung der Staatsmacht,

– klare Abgrenzung der Kompetenzen zwischen der Zentrale und den Föderationssubjekten sowie

– Entwicklung der örtlichen Selbstverwaltung.

In der Wirtschaftspolitik fordert Jabloko:

– Unterstützung des Mittelstands,

– marktwirtschaftliche Reformen ohne unheilvolle Folgen für die Bevölkerung,

– eine wirtschaftlich effiziente Privatisierung und keine Herausbildung neuer Monopole,

---

133 Ustav obščerossijskoj politčeskoj obščestvennoj organizacii "Ob-edinenie jabloko", utveržden VI S-ezdom 15 marta 1998 g. [Statut der allrussischen politischen gesellschaftlichen Organisation "Vereinigung Jabloko", bestätigt auf dem VI. Parteitag am 15. März 1998]. Moskau 1998.

- Wiederbelebung der Produktion in den Hochtechnologiebereichen durch entschlossene Strukturreformen sowie
- staatliche Unterstützung der Kleinbetriebe.

Die Priorität in der Außenpolitik sollte nach Jabloko bei den Beziehungen Rußlands zu den UdSSR-Nachfolgestaaten liegen. Notwendig sei eine GUS-Wirtschaftsunion auf der Basis der Verträge von 1991. Rußland sei eine Großmacht und sollte in dieser Eigenschaft einer der Garanten der internationalen Stabilität werden. Dazu sei nicht nur die Reform der Wirtschaft, sondern auch des Militärs erforderlich. Die Abrüstungspolitik sollte in Übereinstimmung mit langfristigen strategischen Überlegungen durchgeführt werden. Die Beendigung des "kalten Krieges" bedeute nicht, daß die Armee ihre Bedeutung als ein wichtiger Faktor der nationalen Sicherheit verloren hat. Die Aufrechterhaltung der atomaren Parität sei lebenswichtig für das Fortbestehen des Staates.

Die Funktion des Präsidenten sollte beschränkt und das Amt einer stärkeren parlamentarischen Kontrolle unterworfen werden. Die Initiative zu einer solchen Reform müsse vom Präsidenten ausgehen. In der gegenwärtigen Zeit sei eine solche Initiative nicht zu erwarten.

Mit den Föderationssubjekten sollen von Moskau keine Sonderverträge mehr geschlossen werden. Es soll vielmehr ein neuer allgemeiner Föderationsvertrag im Rahmen der Verfassung abgeschlossen werden, der für alle Föderationssubjekte gilt. Dabei soll das Kompetenzniveau der Gebiete so weit angehoben werden, daß es das Niveau der Republiken erreicht.

Die bisherige erste Privatisierung von kleinen und mittleren Betrieben, vor allem im Dienstleistungsbereich, aber auch von einigen großen Betrieben über die kostenlose Verteilung von Vouchern, war falsch, weil sie:
- zu früh und zu schnell durchgeführt wurde,
- ihr keine reale Einschätzung der Werte der Betriebe zugrunde lag,
- keine Kontrolle durch den Staat erfolgte, wer die Betriebe tatsächlich erhielt,

- keine Rechtsgrundlage für die Bedingungen der Aktionärstätigkeit besteht,
- keine Investitionen erfolgten, weil die Voucher kein Geld brachten und
- nicht zwischen Eigentümer und Managern (Generaldirektoren) unterschieden wurde.

Die zweite Privatisierungswelle soll so ablaufen, daß Aktien gekauft werden müssen und so die privatisierten Betriebe zu Geld für Investitionen kommen.

In Rußland soll eine wirkliche Militärreform durchgeführt werden. Die Armee soll modernisiert und mobiler werden. Ihre Größe ergibt sich dann aus ihrem Zustand und den Aufgaben, die sie erhält. Vor allem muß die Struktur der Dislozierung der Armee geändert werden, denn diese ist immer noch die alte aus den Zeiten der UdSSR, die es nicht mehr gibt. Der Wehrdienst soll verkürzt, und mehr Berufssoldaten sollen eingestellt werden.

Der Export von Rüstungsgütern soll verstärkt werden, aber nicht in Länder, die für Rußland eine Gefahr werden könnten. Das betrifft vor allem Länder im Süden Rußlands. Die Konversion soll dann durchgeführt werden, wenn sie auf technisch hohem Niveau erfolgen kann.

Oberste Priorität bei der Außenpolitik hat für Jabloko die wirtschaftliche Integration der GUS-Staaten auf freiwilliger Grundlage. Es wird keine Militärintegration der GUS-Länder angestrebt. Jabloko bietet dem Baltikum Partnerschaft und wirtschaftliche Zusammenarbeit an. Aber es müssen die Rechte der russischen Bevölkerungsteile geachtet werden.

Auch gegenüber dem Westen haben die Wirtschaftsinteressen in der Außenpolitik den Vorrang. Es geht darum, daß der Westen die Wirtschaftsblockade gegenüber Rußland aufhebt und seine Märkte öffnet.

Jabloko ist dafür, daß alle Verträge eingehalten werden, die Rußland mit dem Westen geschlossen hat. Jabloko ist jedoch gegen die Osterweiterung der NATO, weil sie einer Absage des Westens an den Kurs eines einigen Europas ist, den Jabloko verfolgt. Jabloko hat dagegen keine Einwände gegen eine Mitgliedschaft der mittelosteuropäischen Länder in der EU. Rußland möchte ja am liebsten selbst EU-Mitglied werden. In seiner Osteuropapolitik geht Jabloko davon aus, daß es eine große Reserve in den Wirtschaftsbeziehungen Rußlands zu diesen Staaten gibt.

Mit den USA will Jabloko einen gleichberechtigten Dialog führen und die Abrüstungspolitik fortsetzen. Jabloko ist für eine Ratifizierung von START II. In Europa soll ein System einer umfassenden Sicherheit entstehen.

Die Chinapolitik hat für Jabloko eine hohe Priorität. China soll ein stabiler Partner sein. Vor allem der Handel zwischen beiden Ländern soll sich entwickeln.

PARLAMENTSARBEIT: Jabloko kritisiert scharf den wirtschafts- und sozialpolitischen Kurs von Präsident und Regierung. Bis zur Gründung der Bewegung "Unser Haus Rußland" als "Partei der Macht" enthielt sich Jabloko meist der Stimme bei den Mißtrauensabstimmungen über die Regierung. Danach stimmte Jabloko zweimal für einen Mißtrauensantrag gegen die Regierung Tschernomyrdin: im Juni und im Juli 1995. Deutlich sprach sich Jabloko gegen den Tschetschenien-Krieg aus.


### 10.3.4 "Vaterland – Ganz Rußland" (VGR)

GRÜNDUNG UND ORGANISATION: Die Bewegung "Vaterland" wurde vom Moskauer Oberbürgermeister Jurij Lushkow im Herbst 1998 gegründet und am 19. Dezember 1998 beim russischen Justizministerium unter der Nummer 3641 registriert. Laut Statut, das auf dem Gründungskongreß am 19. Dezember 1998 angenommenen wurde, ist das oberste Organ der Kongreß, der mindestens alle zwei Jahre stattfinden muß. Er wählt den Vorsitzenden der Organisation – es ist Lushkow – und den Zentralrat als höchstes Organ zwischen den Kongressen.

Am 22. April 1999 formierte sich die regionale Gruppierung mit dem Namen "Ganz Rußland" unter der Leitung von 16 einflußreichen Regionalpolitikern, wie z.B. der Präsidenten von Tatarstan (Mintimer Schajmijew), Baschkortostan (Murtasa Rachimow) und Inguschetien (Ruslan Auschew), des Oberbürgermeisters von St. Petersburg (Wladimir Jakowlew) und der Gouverneure von Chabarowsk, Astrachan, Omsk, Perm und des Autonomen Bezirks der Chanten und Mansen. Ein Hauptorganisator dieses neuen Blocks ist der Vorsitzende der Staatsdumagruppe "Russische Regionen", Oleg Morosow. Hinter dieser Gruppierung stehen Kapitalgruppen aus dem Öl- und Gasbereich.

Nach dem Anschluß von "Ganz Rußland" an "Vaterland" nennt sich Lushkows Bewegung nun "Vaterland – Ganz Rußland" (VGR). Davon profitieren beide Bewegungen: "Ganz Rußland" konnte allein zur Wahl nicht antreten, weil diese Gruppierung erst nach dem Ende der Registrierungsfrist am 19. Dezember 1998 entstanden ist. Lushkow seinerseits verbessert durch die Hinzunahme der regionalen Gruppierung "Ganz Rußland" seine geringe Popularität in den Regionen.

PROGRAMMATIK: Als oberste Werte bezeichnet VGR "Freiheit, Gesetz, Eintracht". In ihrem Manifest von Mitte April 1999 bekennt sich "Vaterland" zu sozialdemokratischen Werten. Die Wahlplattform, die in Ermangelung eines Programms zur politischen Zielfeststellung herangezogen wird, von VGR besteht aus sechs Kapiteln mit den Überschriften: "Sozialstaat für den Menschen", "Kultur und geistige Werte einer gesunden Gesellschaft", "Effiziente Organisation der Macht", "Staat und föderative Beziehungen", "Bedingungen des sozioökonomischen Wachstums", "Reform des Gesetzgebungsprozesses". In diesen Kapiteln werden 142 gesetzgeberische Initiativen, sozusagen in Form eines Aktionsprogramms, aufgelistet und kurz beschrieben, die die VGR in die neue Staatsduma einbringen möchte – insofern ist die Wahlplattform präzise. In der Einleitung wird erklärt, daß sich VGR für eine Erweiterung der Kompetenzen der Staatsduma einsetzen werde. Priorität in der parlamentarischen Arbeit werden die konsequente Entwicklung der föderalen Beziehungen, die Stärkung des Staats und die Schaffung rechtlicher Grundlagen für wirtschaftliches Wachstum haben.

In der *Sozialpolitik* strebt VGR folgende Ziele an: Anhebung der Einkommen der Bevölkerung, Unterstützung der Familien sowie der alleinerziehenden Frauen, Verbesserung der Situation der Rentner sowie der gesundheitlichen Versorgung und Erleichterungen bei der Gewährung von Krediten an die Bevölkerung für den Kauf von Wohnungen und höherwertigen Konsumgütern.[134] Von den im Sozialkapitel vorgeschlagenen Gesetzesinitiativen dürfte die Ausarbeitung eines Sozialgesetzbuches und eines Arbeitsgesetzbuches die wichtigste sein. Ferner sollen Gesetzentwürfe zu folgenden wichtigen Themen vorgelegt werden: staatliche soziale Standards, Renten, Schutz der Invaliden, Wiedereingliederung ehemaliger Häftlinge, Obdachloser und Bettler, soziale Partnerschaft, öffentlicher Dienst, Gesundheitswesen, Verbraucherschutz, Umweltschutz, Schutz von Privateigentum, geistiges Eigentum, Schutz unternehmerischer Tätigkeit, Schutz privater Bankeinlagen.

In ihrem *Wissenschafts- und Kulturprogramm* setzt VGR folgende Prioritäten: Förderung der Grundlagenforschung, Einführung und Entwicklung moderner Technologien, Anhebung des sozialen Status der Wissenschaftler, Gewährleistung einer allgemein zugänglichen sowie qualitativ hochwertigen Bildung, Unterstützung der Kulturschaffenden und Wahrung der sprachlichen Selbständigkeit der Völker Rußlands.

Bei der *effizienteren Organisation des Staats* verfolgt VGR diese Ziele: Korrektur des Systems der staatlichen Gewalten durch eine Verfassungsreform, Stärkung der Organe der örtlichen Selbstverwaltung, Reform des Gerichtssystems, Einhaltung von Gesetzlichkeit und Rechtsordnung, Stärkung der Verteidigungs-

---

[134] Nezavisimaja gazeta [Unabhängige Zeitung], 13.10.1999, S. 12.

fähigkeit und Sicherheit Rußlands, Anhebung des sozialen Status der Militärangehörigen und schrittweiser Übergang zu einer Freiwilligenarmee. Dazu möchte VGR folgende Gesetzesinitiativen ergreifen: Stärkung der Rolle der Staatsduma bei der Regierungsbildung, d.h. die Staatsduma muß nicht nur dem Premier zustimmen, sondern auch der Ernennung der "Macht"minister (des Verteidigungs-, des Innen- und des Zivilverteidigungsministers sowie des Außen- und des Finanzministers). Ferner muß der neue Premier nach diesem Gesetzesvorhaben sein Regierungsprogramm mit der Staatsduma diskutieren. Schließlich soll die Staatsduma ermächtigt werden, die Regierung zu entlassen, wenn sie ihr innerhalb von drei Monaten zweimal das Mißtrauen ausspricht. Weitere Gesetzentwürfe will VGR vorlegen, u.a. über das Oberste Gericht, über die Rechtsanwaltschaft, über die Einführung von parlamentarischen Untersuchungsausschüssen, über die Präzisierung der Kompetenzen des Präsidenten, insbesondere seines Rechts, Dekrete zu erlassen, sowie über die Ordnung für die vorzeitige Beendigung der Vollmachten des Präsidenten im Krankheitsfall, über die Einführung des Amts eines Vizepräsidenten, über den Sicherheitsrat, über die Einberufung einer Verfassungsversammlung, über die Erweiterung der Kompetenzen des Föderationsrats bezüglich des Einsatzes der Streitkräfte innerhalb Rußlands zur Gewährleistung der Souveränität und der territorialen Integrität des Landes, über den Ausnahme- und Kriegszustand, über die Streitkräfte, über den Ersatzdienst, über die zivile Kontrolle der Streitkräfte, über die Unterstützung der Landsleute im Ausland und über das Recht auf Arbeit.

Auf dem Gebiet der *föderativen Beziehungen* will VGR die Kompetenzen des Zentrums und der Regionen stärker abgrenzen, Rechtsprinzipien für das Schlichtungsverfahren in Streitfällen zwischen föderalen und regionalen Machtorganen ausarbeiten, jedem Territorium die Erhaltung und Entwicklung seiner Eigenart garantieren, ein umfassendes und klares Finanzierungssystem regionaler Programme einführen, das die sozioökonomischen, geographischen und sonstigen Besonderheiten jeder Region berücksichtigt. Zur Erreichung dieser Ziele möchte VGR u.a. folgende Gesetzesinitiativen einbringen: über den Eintritt in die und den Austritt aus der Russischen Föderation sowie über die Bildung neuer Föderationssubjekte innerhalb der Russischen Föderation, über den föderativen Staat (strengere Abgrenzung der Kompetenzen der Zentrale und der Föderationssubjekte sowie der Interregionalen Wirtschaftsassoziationen) und über den Budgetföderalismus.

In der *Wirtschafts- und Sozialpolitik* setzt VGR folgende Prioritäten: Unterstützung der einheimischen Produktion und Schutz des russischen Binnenmarkts, Stärkung der regulierenden Rolle des Staats, Unterstützung der Landwirtschaft und Gewährleistung der Sicherheit in der Nahrungsmittelversorgung, Reform der Besteuerung, Gewährleistung der ökonomischen Freiheit und unternehmerischen Tätigkeit sowie Verbesserung der staatlichen Budgetpolitik. Das wichtigste konkrete Vorhaben im Bereich der 31 gesetzgeberischen Initiativen von VGR zu diesem Themenbereich dürfte die Verabschiedung des neuen Steuerrechts sein.

Schließlich möchte VGR den *Gesetzgebungsprozeß* reformieren. Die diesbezüglichen gesetzgeberischen Initiativen von VGR umfassen eine bessere Vorbereitung von Gesetzen, die unabhängige Beratung durch Experten, die Inventarisierung aller Rechtsakte und die Herausgabe einer Sammlung aller Gesetze.


### 10.3.5 *"Union rechter Kräfte" (URK)*

Zu dieser Union schlossen sich im August 1999 die Bewegungen des ehemaligen Premiers Sergej Kirijenko ("Neue Kraft"), des ehemaligen Stellvertretenden Regierungschefs Boris Nemzow ("Junges Rußland"), der ehemaligen Vorsitzenden des Staatskomitees für die Förderung der Entwicklung des Kleinunternehmertums, Irina Chakamada ("Gemeinsame Sache"), und des Reformpremiers von 1992, Jegor Gajdar ("Demokratische Wahl Rußlands"), zusammen. Leiter des Wahlkampfstabs der Koalition war der ehemalige Stellvertretende Regierungschef und jetzige Vorstandsvorsitzende des Stromversorgungskonzerns "JeES Rossii", Anatolij Tschubajs. Die "Union rechter Kräfte" möchte in Rußland eine bürgerliche Gesellschaft sowie die soziale Marktwirtschaft einführen. Sie beabsichtigt, Industrie und Landwirtschaft wiederzubeleben, Kriminalität, Korruption und Faschismus zu bekämpfen, die Menschenrechte und die demokratischen Institutionen zu schützen sowie die Freiheit des Wortes zu garantieren.

Nemzow betonte auf einer Pressekonferenz Ende August 1999, es sei notwendig, die russische Regierung zu stärken und die verfassungsmäßige Macht des Präsidenten einzuschränken. Das beziehe sich vor allem auf das Recht, die Regierung zu entlassen. Ferner solle die Immunität der Abgeordneten und der Gouverneure aufgehoben werden, weil durch sie Kriminelle an die Macht kämen. Nemzow paßt das nomenklatorische und administrative kapitalistische System, das im Land errichtet worden ist, nicht. Er trat für eine konkrete Marktwirtschaft europäischen Typs ein. Kirijenko erklärte die Bereitschaft zur Zusammenarbeit nicht nur mit politischen, sondern auch mit nichtpolitischen, ökologischen und gesellschaftlichen Organisationen. Das Ziel sei die Bildung einer offenen Bürgergesellschaft, in der die Gesellschaft und die Menschen die Möglichkeit hätten, die Machtorgane zu kontrollieren und Einfluß auf sie auszuüben.

## 10.3.6  *"Einheit"*

Mit dem Namen „Einheit" bildete sich Ende September 1999 ein neuer Block von 31 Gouverneuren und verschiedenen kleineren politischen Bewegungen, der vom Minister für Zivilverteidigung, Ausnahmesituationen und Beseitigung der Folgen von Naturkatastrophen, Sergej Schojgu (Jg. 1955), geleitet wird und der bis heute kein politisches Programm vorgelegt hat. Diese Bewegung wurde von der Administration des Präsidenten initiiert und sollte sich mit Tschernomyrdins "Unser Haus Rußland" verbünden. Aber aufgrund programmatischer Differenzen kam das angestrebte Bündnis nicht zustande. Ende Mai 2000 erklärte sich „Einheit" zur politischen Partei.

# 11 Die Formierung der neuen russischen politischen Elite

Für die Systemstabilisierung ist außer den Ebenen des Wahl- und Parteiensystems, der Verbände sowie der staatlichen Verwaltung die Ebene der Elitenrekrutierung und des "Elitenlernens" von Bedeutung (Merkel 1994: 474). Das Schicksal von Übergangsdemokratien, die auf die Ablösung autoritärer Systeme folgen, hängt vor allem das ergab die Südamerika-Forschung von der Qualität der eine große Rolle spielenden professionellen Politiker ab (O'Donnel 1992: 23), also von der politischen Elite. Und umgekehrt gilt: Im Prozeß der Demokratisierung ergeben sich die größten Probleme, wenn die Reformen gegen den Willen der nach wie vor ein autoritäres Regime bevorzugenden alten Eliten eingeleitet wurden (Valenzuela 1992: 23). Im Fall Rußlands ist es also wichtig, daß die bisherige herrschende Elite nicht in ihren Positionen verbleibt, sondern möglichst weitgehend ausgewechselt wird. Dabei ist allerdings zu fragen, aus welchen Positionen die Mitglieder der neuen politischen Klasse kommen.

## 11.1 Etappenweise Herausbildung der neuen Elite

Die Herausbildung der neuen russischen Elite erfolgte nicht plötzlich, sondern prozessual. Nur von außen betrachtet war die nachstalinsche Sowjetunion ein monolithisches totalitäres Machtgebilde. Unter ihrer Oberfläche begannen Differenzierungsprozesse, die allerdings nicht zu einer Pluralisierung führten.

Bereits in den 60er und 70er Jahren kam es zu einer Auflockerung der Machtstrukturen, vor allem auf der horizontalen Ebene (vgl. Lapina 1996). Dies geschah dadurch, daß sich einzelne Behörden und Produktionseinheiten eine gewisse Autonomie gegenüber ihren jeweiligen Parteikomitees, von denen sie abhingen, sichern konnten. So entwikkelten sich auf der horizontalen Ebene nichtsanktionierte Verbindungen in Form des Barterhandels und verschiedener Arten der gegenseitigen Hilfe, die zumeist privaten Charakter trugen. Auch wenn sich diese besonderen Beziehungen zuerst im wirtschaftlichen Bereich entwickelten, so hatten sie dennoch politischen Charakter, denn zum einen handelte es sich um die administrativ gelenkte Planwirtschaft, zum anderen stellten diese neuen Wirtschaftsbeziehungen einen gewissen Kompromiß innerhalb der herrschenden Klasse dar, die primär die politische Klasse war, auch wenn sie wirtschaftsleitende Funktionen wahrnahm.

In den 70er und 80er Jahren ging die KPdSU einen Schritt weiter und delegierte die gesamte Macht an der Basis an die administrative regionale Elite unter der Bedingung, daß sie die zentrale Parteiführung und die offizielle Linie der herrschenden Partei also die Machtvertikale unterstützte. Diese gewisse Ausdifferenzierung der Parteimacht auf der regionalen Ebene vollzog sich noch innerhalb der herrschenden Klasse und bedeutete nicht eine beginnende Herauslösung von bestimmten Bereichen aus der ideologisch vorgeschriebenen Identität von Partei/Staat mit der Gesellschaft.

Ende der 80er und Anfang der 90er Jahre bildeten sich in der Sowjetunion unabhängige Interessengruppen heraus. Sie trugen dazu bei, daß die Gesellschaft anfing, sich aus ihrer Identität mit dem Staat zu lösen und autonom zu werden, so daß in einem gewissen Sinn von einer Segmentierung (Lane 1992: 3) der herr-

schenden Elite gesprochen werden kann. Der sich daraus entwik-
kelnde "wilde" Pluralismus löste das korporativ-bürokratische
System allmählich auf (Lapina 1996: 4).


## 11.1.2 Allmähliche Formierung der neuen Elite

Die neue russische politische Elite bildete sich im Schoß des alten
sowjetischen Systems als eine Art Gegenelite auf der zentralen
und regionalen Ebene in verschiedenen Schüben heraus. Auf der
zentralen oder föderalen Ebene erfolgte der erste Schub nach der
Wahl von Boris Jelzin zum Vorsitzenden des Obersten Sowjet der
RSFSR am 29. Mai 1990. Da es das Amt eines Präsidenten der Russischen Föderation noch nicht gab, nahm Jelzin damals als Präsident des russischen Parlaments zugleich die Funktionen eines
Staatsoberhauptes Rußlands wahr. Der zweite Schub erfolgte ein
Jahr später, als Jelzin am 12. Juni 1991 zum ersten Präsidenten
der Russischen Föderation gewählt wurde. Jelzin baute sich eine
eigene Administration auf, die inzwischen fast 1.550 Personen
umfaßt und mindestens so groß ist wie der Apparat des ehemaligen ZK der KPdSU. Der dritte große Schub in der Herausbildung
der zentralen russischen politischen Elite erfolgte durch die Wahl
der Abgeordneten zur Staatsduma und zum Föderationsrat am
12. Dezember 1993. Zum vierten und vorläufig letzten Schub der
Entwicklung der zentralen politischen Elite Rußlands kam es nach
der Staatsdumawahl am 17. Dezember 1995 sowie nach der Präsidentenwahl am 16. Juni und 3. Juli 1996.
Auf der regionalen Ebene formierte sich die neue politische
Elite in den verschiedenen Föderationssubjekten ebenfalls zu
verschiedenen Zeitpunkten. Der Prozeß der Herausbildung einer
neuen regionalen politischen Elite begann 1992 und 1993 im
exekutiven Bereich mit der Wahl der Präsidenten der 20 Republiken der Russischen Föderation (RF). (In der Kabardino-
Balkarischen Republik wurde der Präsident allerdings nicht ge-

wählt.) Ab Dezember 1993 setzte sich der Prozeß der regionalen Elitenbildung im legislativen Bereich mit der Wahl der regionalen Volksvertretungen fort. Er findet im Frühjahr 1997 mit der Wahl der Leiter der regionalen Exekutive in den Gebieten (Gouverneure) und der Vorsitzenden der regionalen Volksvertretungen seinen Abschluß. Beide, also sowohl der Präsident bzw. der Gouverneur als auch der Vorsitzende des regionalen Gesetzgebungsorgans, sind ex officio Mitglied im Föderationsrat, dem russischen Oberhaus.

## 11.2    Kooptation alter Nomenklaturisten

Voraussetzung für eine erfolgreiche Transformation ist ein möglichst weitgehender Elitenwechsel. Ein formales Auswechseln der Entscheidungsträger genügt allerdings nicht. Wichtig ist, daß tatsächlich neue Kräfte, die nicht durch das alte System geprägt wurden, Führungspositionen einnehmen.

Nachdem sich die neue politische Elite nach dem niedergeschlagenen Putsch im August 1991 anfangs konsolidiert hatte, mußte sie sehr bald feststellen, daß sie über zu wenig Führungspersonal verfügt. Aus diesem Grund sah sie sich gezwungen, mit der alten Nomenklatura einen Kompromiß zu schließen und sie in die neuen Politik- und Wirtschaftsapparate zu integrieren. Etwa bis zum Sommer 1992 konnte die Balance zwischen der neuen politischen Elite und der alten Nomenklatura von der neuen Führung einigermaßen im Gleichgewicht gehalten werden. Inzwischen geht die alte Nomenklatura in ihrer "Revanche" einen Schritt weiter und versucht seither, der neuen politischen Elite ihr Entwicklungsmodell eines "bürokratischen Marktes" aufzuzwingen (Lapina 1996: 4).

Der neuen politischen Elite gehören keine prominenten Dissidenten mehr an. Gleb Jakunin schaffte nicht einmal mehr den Einzug in die Staatsduma. Der enge Mitarbeiter von Andrej Sa-

charow, Sergej Kowaljow, ist zwar in das Parlament wiedergewählt worden, wurde aber seiner Ämter des Vorsitzenden der
Menschenrechtskommission beim Präsidenten und des Menschenrechtsbeauftragten der Staatsduma wegen seiner Kritik des
Tschetschenienkriegs 1995 enthoben.

Das Institut für Soziologie der Russischen Akademie der Wissenschaften legte 1994 eine Untersuchung unter der Leitung von
Olga Chryshtanowskaja vor, welche die Nomenklaturisten unter
den neuen Amtsinhabern nach Rekrutierungsapparaten aufschlüs-
selte, ohne allerdings absolute Zahlen zu nennen (vgl. Tabelle 5):

Wenn man dem ersten Hinweis auf diese Untersuchung folgt,
muß sie vor 1994 vorgenommen worden sein.[135] Vor ihrer Berufung in ihre neue Position haben die Amtsinhaber in folgenden
Bereichen niemals eine Nomenklaturfunktion innegehabt: im
Umfeld Jelzins zu 25,0 %, in der Regierung zu 24,7 %, im regionalen Bereich zu 17,7 %, bei den Parteiführern zu 42,9 % und bei
der neuen Businesselite zu 39,0 %. Am häufigsten sind demnach
die alten Nomenklaturisten in der regionalen Elite zu finden. In
den zentralen exekutiven Strukturen des Präsidenten und der
Regierung sind etwa nur halb so viele neue Kader vertreten wie
unter den Parteiführern und der Businesselite.

---

135 Savvateeva, Irina, O tech, kto nami pravit [Über jene, die uns regieren], in:
Izvestija [Nachrichten], 18.5.1994.

*Tabelle 5:* Rekrutierung der Nomenklaturisten der russischen Elite *(in %)*

| | Präsidenten- umgebung | Government | Regional- elite | Parteiführer | Business |
|---|---|---|---|---|---|
| Nomenklaturisten | 75,0 | 74,3 | 82,3 | 57,1 | 61,0 |
| *aus Apparaten von:* | | | | | |
| KPdSU | 21,2 | 0,0 | 17,8 | 65,0 | 13,1 |
| Komsomol | 0,0 | 0,0 | 1,8 | 5,0 | 37,7 |
| Sowjets | 63,8 | 26,9 | 78,6 | 25,0 | 3,3 |
| Wirtschaft | 9,1 | 42,3 | 0,0 | 5,0 | 37,7 |
| Sonstige | 6,1 | 30,8 | 0,0 | 10,0 | 8,2 |

*Quellen:* Chryžtanovskaja Olga, Finansovaja oligarchija v Rossii, in: Izvestija, 10.1.1996. Khryshtanovskaya/White 1996: 729. Chryžtanovskaja 1995: 65.

Zwei Drittel der Nomenklaturisten im Präsidentenumfeld fanden aus den Strukturen der Sowjets den Weg in den Präsidialapparat. Der ehemalige KPdSU-Apparat stellt rund ein Fünftel der Präsidialnomenklaturisten. Der riesige Präsidialapparat spielt im russischen Entscheidungsprozeß manchmal die Rolle des ehemaligen Apparats des Zentralkomitees der KPdSU, was auch dadurch dokumentiert wird, daß der Präsidialapparat – ein Zufall? – im ehemaligen Gebäude des ZK der KPdSU residiert.

Die Regierung bietet ein völlig anderes Bild. Ihre Nomenklaturisten kommen zu zwei Fünfteln aus der Wirtschaft, das heißt aus Wirtschaftsapparaten und aus den Reihen der Generaldirektoren aus der Zeit der Planwirtschaft, zu einem Viertel aus den Sowjets und zu einem knappen Drittel aus anderen Apparaten. Diese Aufteilung ist einleuchtend, denn die Regierung ist auch heute – vereinfacht gesprochen – mehr oder weniger ein Wirtschaftskabinett.

Die Nomenklaturisten unter den neuen Parteiführern kommen zu zwei Dritteln aus dem ehemaligen KPdSU-Apparat und nur zu einem Viertel aus den Sowjets. Sie hatten keine Schwierigkeiten, statt für die KPdSU nun für eine der vielen neuen Parteien zu arbeiten, die sie vielleicht zum Teil selbst gegründet haben, um sich eine neue politische Basis zu schaffen.

Die politische Herkunft der regionalen Nomenklaturisten ähnelt der ihrer Kollegen im Präsidialapparat, vor allem, wenn zu den ehemaligen KPdSU-Nomenklaturisten die Funktionäre des KPdSU-ähnlichen Apparats der kommunistischen Jugendorganisation Komsomol addiert werden: ein knappes Fünftel des KPdSU-Apparats und drei Viertel des Apparats der Sowjets. Unter den ehemaligen KPdSU-Nomenklaturisten gab es offensichtlich ein Fünftel wendige Funktionäre, die den Absprung in den Staatsapparat an der Landesspitze und in den Regionen schafften.

Bei der Business-Elite ist auffallend, daß ihre Nomenklaturisten zu einem Drittel nicht nur aus dem ehemaligen Planwirtschaftsapparat kommen, sondern zu einem weiteren Drittel aus dem ehemaligen Komsomolapparat. Die jungen und meist ehrgeizigen Komsomolfunktionäre waren meist anpassungsfähiger und drängten stärker in die neue herrschende Struktur, das Business, als ihre ehemaligen KPdSU-Kollegen. "It was access to the market, in the first instance, that allowed the nomenklatura to begin to protect their position as the future of the regime became uncertain; afterwards, for many, it was the market and particularly banking that allowed them to retain their position of advantage." (Khryshtanovskaya/White 1996: 730)

Für die Etappe der Transformation der russischen Elite sind folgende Prozesse kennzeichnend: 1. die Errichtung eines eigenen Staatsapparats durch die bürokratische Elite, 2. die Integration der politischen und der wirtschaftlichen Elitegruppierungen und 3. die Regionalisierung der Elite. (Badovskij 1994: 52) Vor allem die Integration von politischer und wirtschaftlicher Elite ist nicht verwunderlich, denn der Staat kontrolliert das Eigentum, den Privatisierungsprozeß, die Verteilung der Budgetmittel und der zentralen Investitionen, die Personalpolitik sowie die Vorbereitung und Annahme der für den Umbau des Wirtschaftssystems erforderlichen entsprechenden normativen Akte. Es liegt auf der Hand, daß die Wirtschaftselite eine enge Verbindung zur bürokratischen Elite sucht und umgekehrt, weil die bürokratische Elite von der Transformation der Wirtschaft auch persönlich profitieren will. Daraus ergibt sich eine besondere Interessenlage der neuen politischen Elite.

Der ehemalige Stellvertretende Regierungschef für Wirtschaftsfragen unter Jelzin, der Reformökonom Jegor Gajdar, der am 2. Januar 1992 die Preise freigab, analysierte diese Interessenlage mit bestechender Klarheit (Gajdar 1995). Die neue russische Elite, die Gajdar mit dem alten Begriff "Nomenklatura" belegt, will nur eine "halbliberale Ökonomie: liberal für sich selbst, nicht aber für die anderen". Sie folgt der Idealformel "Der Macht das Eigentum hinzufügen". Die neue Nomenklatura betrachtet den Staat als ihr Privateigentum. Sie ist auf die Erhaltung des jetzigen Zustands ausgerichtet, also des "bürokratischen Markts" und der "pseudostaatlichen Wirtschaft", in dem sich das vermeintlich staatliche Kapital de facto in Privatbesitz der neuen Nomenklatura-Bürokratie befindet und für sie arbeitet (Gajdar 1995: 139, 180). "Ziel der Bürokratie ist es, das derzeitige zur Hälfte 'umgestülpte' System der Eigentumsverhältnisse in Rußland zu erhalten und zu konservieren. Die Unbestimmtheit dieser Verhältnisse erlaubt es der Nomenklatura, für das 'niemandem gehörende' Eigentum zwar nicht verantwortlich zu sein, jedoch darüber zu verfügen und die Einnahmen daraus zu verwenden, als wäre es ihr persönliches Eigentum. Dies ist echter parasitärer Imperialismus für die oberste bürokratische Schicht. Zum Schutz, zum Ausbau und zur Festschreibung dieses Zustands benötigt sie einen starken Staat..." (Gajdar 1995: 181).

Von 1989 bis 1991 hatte sich dieselbe Oligarchie gegen eine Stärkung des Staates gewandt, weil sie die Lockerung der Bandagen benötigte, um in Ruhe ihre Macht privatisieren und dieser das Eigentum hinzufügen zu können. Da dieser Prozeß der "Beuteumverteilung" nun abgeschlossen ist, steht bei der Nomenklatura-Bürokratie die Hyperstaatlichkeit wieder hoch im Kurs, weil es jetzt darauf ankommt, das Errungene zu behaupten.

In der altersmäßigen Verteilung der politischen Elite in der Regierung und in anderen Elitegruppen gab es nach einer Analyse von N. Petrov für 1993 – neuere empirische Untersuchungen liegen leider nicht vor – nur geringe Unterschiede zwischen den einzelnen Elitegruppen. Ihre Ergebnisse – leider ohne Nennung der absoluten Zahlen – sind in Tabelle 6 zusammengefaßt:

*Tabelle 6:* *Altersstruktur der russischen Elite von 1993 (in %)*

| | 60 Jahre | 50 Jahre | 40 Jahre | 30 Jahre |
|---|---|---|---|---|
| Elite insgesamt (N = 343) | 12 | 44 | 31 | 13 |
| Regierung (N = 93) | 15 | 49 | 26 | 10 |
| Parlamentsführer (N = 46) | 13 | 41 | 28 | 18 |
| Regionale Elite (N = 56) | 5,5 | 48 | 41 | 5,5 |
| Parteiführer (N = 78) | 12 | 28 | 38 | 22 |

*Quelle:* Petrov 1995: 44.

Die größte Häufigkeit weisen jeweils die 50jährigen auf (zwischen 40 und 50 %). Lediglich die Parteiführer sind mit der größten Häufigkeit von 38 % in der Altersgruppe der 40jährigen zu finden, sind also jünger als die Mitglieder der anderen Elitegruppen. Ferner fällt auf, daß die regionale Elite von 1993 einen von den übrigen Elitegruppen abweichend geringen Prozentsatz von jüngeren (30 Jahre) und älteren Mitgliedern (60 Jahre) aufweist. Das könnte bedeuten, daß man zwischen dem 50. und dem 60. Lebensjahr den Aufstieg von der regionalen in die zentrale Elite geschafft haben muß. Aber warum sind so wenig junge Menschen in der regionalen Elite zu finden? Diese stark von den persönlichen Beziehungen geprägte überschaubarere regionale Elite ließ wohl weniger Newcomer zu als die zentrale Elite.

## 11.3    Elitenwechsel

In welchem Maß hat ein Elitenwechsel auf der zentralen und regionalen Ebene stattgefunden? Auf der zentralen Ebene werden die Regierung vom März 1997 sowie die Staatsduma vom 17. Dezember 1995 untersucht und für die regionale Ebene der Föderationsrat.

### 11.3.1    Zentrale Ebene

#### 11.3.1.1    Regierung

Trotz der geringen personellen Veränderungen in der neuen Regierung im Vergleich zu ihrer Vorgängerin vom August 1996 ist der Elitenwechsel in der damals nach der Präsidentenwahl gebildeten neuen Regierung Tschernomyrdin vom 17. März 1997 sehr weit gediehen. Kein Minister, kein Vorsitzender eines Staatskomitees oder Komitees der Russischen Föderation und kein Leiter eines Föderalen Dienstes, einer Agentur Rußlands oder einer Föderalen Aufsicht sowie kein Erster oder einfacher Stellvertreter dieser Funktionsträger – insgesamt 413 Personen – amtierte bereits vor dem Putsch am 20. August 1991. Alle sind also erst unter Jelzin in ihre Spitzenpositionen gekommen und sind zwischenzeitlich von Jelzin nicht selten mehrmals ausgewechselt worden.

Laut Verfassung (Art. 110, Abs. 2) besteht die russische Regierung streng genommen nur aus dem Premierminister, seinen Stellvertretern und den föderalen Ministern. Tatsächlich werden die Vorsitzenden der Staatskomitees sowie die Direktoren bzw. Leiter der Föderalen Dienste ebenfalls mit zur Regierung gerechnet. Die Staatskomitees und die Föderalen Dienste werden gebildet, wenn es um die Wahrnehmung von speziellen Aufgaben geht. Es zeigt sich aber, daß gelegentlich Staatskomitees bzw. Föderale Dienste zu Ministerien aufgewertet und Ministerien manchmal zu Staatskomitees zurückgestuft werden. Daraus ist abzulesen, daß die Unterscheidungsmerkmale zwischen Staatskomitees und Föderalen Diensten auf der einen und Ministerien auf der anderen Seite nicht eindeutig sind. Es kommt auch vor, daß den Vorsitzenden von Staatskomitees zugleich der Rang von Stellvertretenden Regierungschefs zuerkannt wird.

*Tabelle 7:   Soziologisches Profil der russischen Regierung (Stand 15.8.1997)*

| | Variable % (N) | Stellvertretender Premiers/Minister % (N) | Staatskomitee-vorsitzende % (N) | Leiter Föderaler Dienste % (N) |
|---|---|---|---|---|
| *Gesamtzahl* | 62 | 26 | 17 | 19 |
| Durchschnittsalter | 51 | 52 | 51 | 51 |
| Frauen | 4,8 (3) | 3,8 (1) | 5,9 (1) | 5,3 (1) |
| *Nationalität:* | | | | |
| 1. Häufigkeit | Russe | Russe | Russe | Russe |
| | 89,5 (17) | 100,0 (11) | 100,0 (4) | 50,0 (2) |
| *Hochschulabschluß* | 98,3 (59) | 100,0 (26) | 100,0 (16) | 94,4 (17) |
| *Studienfach:* | | | | |
| 1. Häufigkeit | Technische Wissenschaften | Technische Wissenschaften | Wirtschaft/ Humanwis.* | Technische Wissenschaften |
| | 38,3 (23) | 38,5 (10) | (je) 31,5 (5) | 50,0 (9) |
| 2. Häufigkeit | Humanwis.* | Humanwis.*/ Naturwissenschaften | Technische Wissenschaften | Militärwesen |
| | 20,0 (12) | (je) 19,2 (5) | 25,4 (4) | 16,7 (3) |
| 3. Häufigkeit | Wirtschaft | Wirtschaft/ Militärwesen | Naturwissen-schaften | keine Häufigkeit |
| | 16,7 (10) | (je) 11,5 (3) | 12,5 (2) | |

| | Variable % (N) | Stellvertretender Premiers/Minister % (N) | Staatskomitee-vorsitzende % (N) | Leiter Föderaler Dienste % (N) |
|---|---|---|---|---|
| *Rekrutierungsebene:* | | | | |
| 1. Häufigkeit | UdSSR u. Rußland 83,3 (50) | UdSSR u. Rußland 76,9 (20) | UdSSR u. Rußland 87,5 (14) | UdSSR u. Rußland 88,9 (16) |
| 2. Häufigkeit | Lokal 11,7 (7) | Lokal 19,2 (5) | Lokal 12,5 (2) | Gebiet 11,1 (2) |
| 3. Häufigkeit | Gebiet 5,0 (3) | Gebiet 3,8 (1) | keine Häufigkeit | keine Häufigkeit |
| *Rekrutierungsposition:* | | | | |
| 1. Häufigkeit | Administration 80,0 (48) | Administration 76,9 (20) | Administration 75,0 (12) | Administration 88,9 (16) |
| 2. Häufigkeit | Wissenschaft 8,3 (5) | Wissenschaft 11,5 (3) | keine Häufigkeit | keine Häufigkeit |
| 3. Häufigkeit | Legislative 5,0 (3) | keine Häufigkeit | keine Häufigkeit | keine Häufigkeit |

\* Humanwis. (Humanwissenschaften) = Sozialwissenschaften, Jura und Medizin.

*Quellen:* Berechnungen des Autors (SPSS-Dateneingabe, Corina Alt). Die biographischen Angaben wurden zusammengetragen aus: Datenbank "Labyrint" der Moskauer Expertengruppe "Panorama". Nachrichtenagentur "Novosti". Schulz-Torge 1997.

Die Analyse von Tabelle 7 ergibt folgendes Bild: Das Durchschnittsalter der 62 Regierungsmitglieder beträgt 51 Jahre, 13 Jahre weniger als das der Mitglieder der Breshnew-Regierung (Schneider 1983: 19). Der Anteil der Frauen mit 4,9 % (3) ist äußerst gering. Sofern Angaben über die Nationalität vorlagen, ist die Dominanz der Russen mit 89,5 % (17) nicht überraschend und entspricht ungefähr dem Anteil der Russen an der Gesamtbevölkerung der Russischen Föderation (81,5 %).[136] Bei all diesen Variablen sind die Unterschiede zwischen den verschiedenen Funktionsgruppen der Regierung äußerst gering, so daß daraus geschlossen werden kann, daß es hinsichtlich des sozialen Backgrounds keine Rolle spielt, ob wir es mit Ministern, Vorsitzenden der Staatskomitees oder Direktoren der Föderalen Dienste zu tun haben.

Fast alle Funktionsträger weisen einen Hochschulabschluß auf. Beim Studienfach dominieren zu einem Drittel (38,3 % oder 23) die Technischen Wissenschaften, gefolgt mit einem Fünftel (20,0 % oder 12) von den Humanwissenschaften, zu denen die Sozialwissenschaften, Jura und Medizin gerechnet wurden, und mit einem Sechstel (16,7 % oder 10) von den Wirtschaftswissenschaften. Verglichen mit der Sowjetzeit hat sich der Anteil der Ingenieure unter den Regierungsmitgliedern von zwei Dritteln auf ein Drittel halbiert. Festzuhalten ist allerdings, daß bei den Staatskomiteevorsitzenden das Studium der Wirtschafts- und der Humanwissenschaften dominiert.

Bei der Rekrutierung in die Regierungsposition dominiert insgesamt und auch bei den einzelnen Funktionsgruppen die zentrale Ebene (UdSSR und Russische Föderation) mit rund 80 %, gefolgt von der lokalen Ebene. (Prozentwerte unterhalb der zahlenmäßigen Mindesthäufigkeit von fünf sind zu vernachlässigen, weil sie zufällig sein können.). Rekrutiert wurde das Regierungsmitglied

---

136 100% entsprechen nicht immer der Gesamtzahl von 62 Regierungsmitgliedern, denn es fehlen oft die Angaben zu den verschiedenen Variablen.

ebenfalls zu rund 80 % in einer administrativen Position. Da die größte Häufigkeit sowohl bei der Rekrutierungsebene als auch bei der Rekrutierungsposition 80 % beträgt, kann davon ausgegangen werden, daß der Aufstieg zum Minister, Staatskomiteevorsitzenden oder Direktor des Föderalen Dienstes aus der jeweiligen Stellvertreterposition heraus erfolgte. Auf der Regierungsebene fand zwar ein durchgehender Elitenwechsel statt, aber die neuen Inhaber von Spitzenfunktionen sind selten neue Leute, sondern meist frühere Nomenklaturisten des Regierungsapparats im zweiten und dritten Glied.

In der letzten Zeit zeichnet sich bei der Finanzelite die Tendenz ab, auch politische Macht zu erringen. Der 51jährige ehemalige Mathematikprofessor Boris Beresowskij, einer der reichsten Männer Rußlands, ist Präsident der Autohandelsfirma "LogoWas", welche die wichtigsten Automarken der Welt in Rußland vertreibt, Vorstandsvorsitzender der "Vereinigten Bank", Mitglied des Vorstands der "Meshekonomsberbank" und hält Anteile an einer Ölfirma und an der russischen Fluggesellschaft Aeroflot. Nach der Ablösung Aleksandr Lebeds als Sekretär des Sicherheitsrats wurde Beresowskij von Jelzin am 29. Oktober 1996 zum Stellvertretenden Sekretär des Sicherheitsrats ernannt.

Besonders nachhaltig waren in der Regierung die Interessen der Gasindustrie durch den damaligen Premier Wiktor Tschernomyrdin, ehemaliger Vorsitzender des damals noch voll staatlichen Energiekonzerns GAZPROM, vertreten. Vorsitzender des Direktorenrats von GAZPROM ist Aleksandr Kasakow[137], Erster Stellvertretender Leiter der Administration des Präsidenten. GAZPROM mit 40 %iger Staatsbeteiligung kontrolliert 94 % der russischen und 22 % der Weltgasförderung. Die Gas- und Ölelite sind die wichtigste Wirtschaftselite Rußlands wegen der Bedeutung dieses Wirtschaftszweigs, der 50 % der Deviseneinnahmen und 40 % der Haushaltseinnahmen liefert (vgl. dazu: Lapina

---

137 Nach Angaben der Moskauer Datenbank "Labirint".

1997. Rossijskaja akademija nauk 1997) In der Staatsduma nur wenige Wirtschaftseliten verfügen über einen parlamentarischen Lobbyisten ist GAZPROM durch Wladimir Medwedew aus Tjumen vertreten, Vorsitzender der fraktionsähnlichen Gruppe "Russische Regionen" in der Staatsduma und Präsident der "Union der Gas- und Ölproduzenten".

Ein Beispiel für die Verflechtung von Politik und Wirtschaft auf der regionalen Ebene bietet der Unternehmer Kirsan Iljumshimow, der 1993 zum Präsidenten der Republik Kalmykien gewählt wurde und in dieser Funktion zugleich Mitglied des Föderationsrats ist.

## 11.3.1.2 Staatsduma

Im Gegensatz zur exekutiven Elite ist im parlamentarischen Bereich die Erneuerungsquote wesentlich höher. So gehören der am 17. Dezember 1995 neu gewählten Staatsduma nur 157 Abgeordnete an, die ihr schon vorher Mitglied der Staatsduma waren, und 15 ehemalige Abgeordnete des Föderationsrats.[138] Das bedeutet, daß 278 Abgeordnete neu sind, was einem Anteil von 61,78 % entspricht. Der Deutsche Bundestag von 1994 wies dagegen nur eine halb so große Erneuerungsquote, nämlich 30,5 % auf (205 von 672).[139] Mit rund zwei Dritteln an neuen Abgeordneten hat die jetzige Staatsduma einen hohen personellen Erneuerungsgrad.

---

138 Rossijskie vesti [Russische Neuigkeiten], 16.1.1997. OMRI Daily Digest, Nr. 12, Part I, 17.1.1996.
139 Deutscher Bundestag. 13. Wahlperiode 1994. Darmstadt 1995, S. 300-303.

*Tabelle 8:* Soziologisches Profil der Staatsduma: Fraktionen *(Stand 1.9.1997)*

| | Alle % (N) | KPRF % (N) | LDPR % (N) | UHR % (N) | JBL % (N) |
|---|---|---|---|---|---|
| *Gesamtzahl* | 443 | 144 | 50 | 66 | 46 |
| Durchschnitts-alter | 49 | 52 | 42 | 47 | 44 |
| Frauen | 9,9 (44) | 11,7 (17) | 0,0 | 7,6 (5) | 13,0 (6) |
| Ländliche Herkunft | 12,2 (54) | 11,8 (17) | 2,0 (1) | 7,6 (5) | 2,2 (1) |
| *Regionenanteil:* | | | | | |
| 1. Häufigkeit | Moskau 29,3 (130) | Moskau 25,5 (37) | Moskau 48,0 (24) | Moskau 18,2 (12) | Moskau 41,3 (19) |
| 2. Häufigkeit | St. Petersburg 5,2 (23) | Krasnodar 3,4 (5) | Moskauer Gebiet 10,0 (5) | St. Petersburg 7,6 (5) | St. Petersburg 19,6 (9) |
| 3. Häufigkeit | Moskauer Gebiet 3,4 (15) | Stawropol/ Altaj-Region (je) 2,8 (4) | St. Petersburg 6,0 (3) | keine Häufigkeit | Jekaterinburg/ Jaroslawl (je) 4,3 (2) |
| *Rekrutierungs-ebene:* | | | | | |
| 1. Häufigkeit | Zentral 43,8 (194) | Lokal 49,3 (71) | Zentral 64,0 (32) | Lokal 33,3 (22) | Zentral 54,3 (25) |
| 2. Häufigkeit | Lokal 37,2 (165) | Zentral 33,3 (48) | Lokal 28,0 (14) | Zentral 27,3 (18) | Lokal 30,4 (14) |

| | Alle % (N) | KPRF % (N) | LDPR % (N) | UHR % (N) | JBL % (N) |
|---|---|---|---|---|---|
| 3. Häufigkeit | Gebiet 8,1 (36) | Gebiet 6,9 (10) | Stadt 4,0 (2) | Gebiet 16,7 (11) | Gebiet 10,9 (5) |
| *Rekrutierungsposition:* | | | | | |
| 1. Häufigkeit | Abgeordneter 40,0 (177) | Abgeordneter 30,6 (44) | Abgeordneter 52,0 (26) | Administration 27,3 (18) | Abgeordneter 52,2 (24) |
| 2. Häufigkeit | Privatwirtschaft 10,6 (47) | Wissenschaft 9,7 (14) | keine Häufigkeit | Abgeordneter 24,2 (16) | keine Häufigkeit |
| 3. Häufigkeit | Administration 10,2 (45) | Parlamentsapparat 9,0 (13) | keine Häufigkeit | Privatwirtschaft 16,7 (11) | keine Häufigkeit |
| *Mitglied der Föderalversammlung 1993:* | | | | | |
| Staatsduma | 34,0 (151) | 21,4 (31) | 54,0 (27) | 19,7 (13) | 43,5 (20) |
| Föderationsrat | 2,5 (11) | 2,8 (4) | 0,0 | 1,5 (1) | 2,2 (1) |
| kein Mitglied | 63,5 (282) | 75,9 (110) | 46,0 (23) | 78,8 (52) | 54,3 (25) |
| *Wahlart:* | | | | | |
| Liste | 50,7 (225) | 64,1 (93) | 98,0 (49) | 68,2 (45) | 67,4 (31) |
| Direkt | 49,3 (219) | 35,9 (52) | 2,0 (1) | 31,8 (21) | 32,6 (15) |
| Parteimitgliedschaft | entfällt | 95,2 (138) | 98,0 (49) | 84,8 (56) | 95,7 (44) |

| | Alle %(N) | KPRF %(N) | LDPR %(N) | UHR %(N) | JBL %(N) |
|---|---|---|---|---|---|
| *Komiteemitgliedschaft:* | | | | | |
| 1. Häufigkeit | Budget 10,5 (46) | keine Häufigkeit | Geopolitik 16,3 (8) | Budget 12,1 (8) | Budget 13,3 (6) |
| 2. Häufigkeit | Internationale Angelegenheiten 5,5 (24) | keine Häufigkeit | Verteidigung 14,3 (7) | Föderationsfrage n 7,6(5) | Internationale Angelegenheiten 8,9 (4) |
| 3. Häufigkeit | Sicherheit 5,0 (22) | keine Häufigkeit | Internationale Angelegenheiten 6,1 (3) | keine Häufigkeit | keine Häufigkeit |
| *Komiteestatus:* | | | | | |
| 1. Häufigkeit | Mitglied 67,5 (295) | Mitglied 81,1 (116) | Stellv. Vors. 51,0 (25) | Mitglied 56,1 (37) | Stellv. Vors. 48,9 (22) |
| 2. Häufigkeit | Stellv. Vors. 25,9 (113) | Stellv. Vors. 11,9 (17) | Mitglied 40,8 (20) | Stellv. Vors. 37,9 (25) | Mitglied 42,2 (19) |
| 3. Häufigkeit | Vorsitzender 6,6 (29) | Vorsitzender 7,0 (10) | Vorsitzender 8,2 (4) | Vorsitzender 6,1 (4) | Vorsitzender 8,9 (4) |

*Quellen:* Berechnungen des Autors (SPSS-Dateneingabe Andrea Mennicken). Die biographischen Angaben wurden zusammengetragen aus: Datenbank "Labyrint" der Moskauer Expertengruppe "Panorama". Nachrichtenagentur "Novosti". Fond razvitija parlamentarizma v Rossii 1996. Institut sovremennoj politiki 1996. Glubockij/Muchin/Tjukov 1995. Barsenkov/Koreckij/Ostapenko 1994.

Die Abgeordneten der neu gewählten Staatsduma wurden auf der Grundlage ihrer Zugehörigkeit zu den vier großen Parteifraktionen des Unterhauses hinsichtlich der Variablen des sozialen Backgrounds und der Rekrutierung nach Fraktionen und Gruppen untersucht. Fraktionen konnten nur diejenigen Parteien bilden, die mit einer Liste an der Wahl teilgenommen hatten, mindestens fünf Prozent der Stimmen errangen und wenigstens 35 Abgeordnete vorweisen können. Die Abgeordneten, die für Parteien kandidierten, welche die Fünf-Prozent-Hürde nicht überwinden konnten, konnten nicht in die Staatsduma einziehen, es sei denn, sie sind als Direktkandidaten gewählt worden. Ein Teil der 225 in Direktwahlkreisen gewählten Abgeordneten schlossen sich zu Gruppen zusammen. Die übrigen 225 Listenabgeordneten bildeten folgende vier Fraktionen der "Kommunistischen Partei der Russischen Föderation" (KPRF) unter Gennadij Sjuganow, der "Liberaldemokratischen Partei Rußlands" (LDPR) unter Wladimir Shirinowskij, von "Unser Haus Rußland" (UHR) unter dem damaligen Premier Wiktor Tschernomyrdin und von "Jabloko" (JBL) unter dem Reformökonomen Grigorij Jawlinskij.

Voraussetzung für die Bildung einer Fraktion war nach der Geschäftsordnung der Staatsduma (Art. 28) die Mindestmitgliederzahl von 35 und die Tatsache, daß die Mitglieder dieser Fraktion bei der Staatsdumawahl mit einer eigenen Liste kandidiert haben. Wenn sich nach der Staatsdumawahl mindestens 35 Abgeordnete zusammenschlossen, die auf verschiedenen Listen oder direkt kandidierten, bildeten sie eine Gruppe. Zur Zeit bestehen folgende registrierte Gruppen in der Staatsduma: die kommunistisch-nahen "Agrarier" unter Nikolaj Charitonow, die zentristische, aber nicht sehr weit von den Kommunisten entfernte "Volksmacht" unter dem ehemaligen sowjetischen Regierungschef Nikolaj Ryshkow und die "Russischen Regionen" unter Wladimir Medwedew. Die kleine demokratische Gruppe "Demokratische Wahl Rußlands" unter Sergej Juschenkow konnte wegen ihrer geringen Mitgliederzahl nicht registriert werden. Die übrigen Abgeordneten werden in Tabelle 9 unter "Unabhängige" zusammengefaßt.

Der soziale Hintergrund und die Rekrutierungsmuster der Staatsdumaabgeordneten sind auf der Grundlage der Tabellen 8 und 9 folgende: Das Durchschnittsalter aller Abgeordneten beträgt 49 Jahre; die Abweichungen von diesem Alter sind relativ gering. Das höchste Durchschnittsalter weist mit 53 Jahren die Gruppe "Volksmacht" auf, gefolgt von den Kommunisten mit 52 Jahren und den Agrariern mit 51 Jahren. Die kommunistischen oder kommunistisch-nahen bzw. kommunistisch-orientierten Fraktionen und Gruppierungen stellen die durchschnittlich ältesten Abgeordneten der Staatsduma. Die jüngsten Abgeordneten mit einem Durchschnittsalter von 42 Jahren hat Shirinowskij in die Staatsduma geschickt, gefolgt von Jawlinskijs "Jabloko" mit 44 Jahren. Politisch kontrastreicher kann das andere Ende der Altersskala nicht zusammengesetzt sein.

Nur knapp ein Zehntel der Abgeordneten sind Frauen, wobei die LDPR auch bei dieser Variablen eine extreme Position einnimmt, denn sie zählt keine einzige Frau unter ihren Abgeordneten. Auch der prozentuale Anteil der Abgeordneten, die aus dem ländlichen Bereich kommen, liegt nur wenig über einem Zehntel (12,2 %).

*Tabelle 9: Soziologisches Profil der Staatsduma: Gruppen (Stand 1.9.1997)*

| | Agrarier % (N) | Volksmacht % (N) | Russische Regionen % (N) | Demokratische Wahl Rußlands % (N) | Unabhängige % (N) |
|---|---|---|---|---|---|
| *Gesamtzahl* | 36 | 35 | 40 | 8 | 18 |
| Durchschnittsalter | 51 | 53 | 47 | 48 | 48 |
| Frauen | 11,1 (4) | 14,3 (5) | 12,5 (5) | 0,0 | 11,1 (2) |
| Ländliche Herkunft | 55,6 (20) | 17,1 (6) | 5,0 (2) | 0,0 | 11,1 (2) |
| *Regionenanteil:* | | | | | |
| 1. Häufigkeit | keine Häufigkeit | Moskau 2,9 (8) | Moskau 43,6 (17) | Moskau 50,0 (4) | Moskau 38,9 (7) |
| 2. Häufigkeit | keine Häufigkeit | keine Häufigkeit | Tjumen 10,3 (4) | keine Häufigkeit | St. Petersburg 11,1 (2) |
| *Rekrutierungsebene:* | | | | | |
| 1. Häufigkeit | Zentral 47,2 (17) | Zentral 45,7 (16) | Zentral 57,5 (23) | Zentral 75,0 (6) | Zentral 50,0 (9) |
| 2. Häufigkeit | Lokal 36,1 (13) | Lokal 40,0 (14) | Lokal 27,5 (11) | keine Häufigkeit | Lokal 33,3 (6) |

| | Agrarier % (N) | Volksmacht % (N) | Russische Regionen % (N) | Demokratische Wahl Rußlands % (N) | Unabhängige % (N) |
|---|---|---|---|---|---|
| *Rekrutierungsposition:* | | | | | |
| 1. Häufigkeit | Abgeordneter 50,0 (18) | Abgeordneter 42,9 (15) | Abgeordneter 52,5 (21) | Abgeordneter 75,0 (6) | Abgeordneter 38,9 (7) |
| 2. Häufigkeit | keine Häufigkeit | Stiftung/Club 14,3 (5) | Privatwirtschaft 15,0 (6) | keine Häufigkeit | keine Häufigkeit |
| 3. Häufigkeit | keine Häufigkeit | Privatwirtschaft 11,4 (4) | Administration 12,5 (5) | keine Häufigkeit | keine Häufigkeit |
| *Mitglied der Föderalversammlung 1993:* | | | | | |
| Staatsduma | 47,2 (17) | 34,3 (12) | 47,5 (19) | 75,0 (6) | 33,3 (6) |
| Föderationsrat | 0,0 | 5,7 (2) | 2,5 (1) | 0,0 | 11,1 (2) |
| kein Mitglied | 52,8 (19) | 60,0 (21) | 50,0 (20) | 25,0 (2) | 55,6 (10) |
| *Wahlart:* | | | | | |
| Liste | 11,1 (4) | 2,9 (1) | 0,0 | 0,0 | 11,1 (2) |
| Direkt | 88,9 (32) | 97,1 (34) | 100,0 (40) | 100,0 (8) | 88,9 (16) |

| | Agrarier % (N) | Volksmacht % (N) | Russische Regionen % (N) | Demokratische Wahl Rußlands % (N) | Unabhängige % (N) |
|---|---|---|---|---|---|
| *Komiteemit-gliedschaft:* | | | | | |
| 1. Häufigkeit | Agrarfragen 38,9 (14) | Budget/Industrie (je) 14,3 (5) | Budget 23,1 (9) | keine Häufigkeit | Budget 10,5 (46) |
| 2. Häufigkeit | keine Häufigkeit | Inter. Angel./GUS (je) 8,6 (3) | Sicherheit 12,8 (5) | keine Häufigkeit | keine Häufigkeit |
| 3. Häufigkeit | keine Häufigkeit | keine Häufigkeit | Föderationsfragen 10,3 (4) | keine Häufigkeit | keine Häufigkeit |
| *Komiteestatus:* | | | | | |
| 1. Häufigkeit | Mitglied 72,2 (26) | Mitglied 71,4 (25) | Mitglied 74,4 (29) | Mitglied 100,0 (8) | Mitglied 93,8% (15) |
| 2. Häufigkeit | Stellv. Vors. 22,2 (8) | Stellv. Vors. 20,0 (7) | Stellv. Vors. 20,5 (8) | entfällt | Stellv. Vors. 6,3 (1) |
| 3. Häufigkeit | Vorsitzender 5,6 (2) | Vorsitzender 8,6 (3) | Vorsitzender 5,1 (2) | entfällt | entfällt |

*Quellen:* Berechnungen des Autors (SPSS-Dateneingabe Andrea Mennicken). Die biographischen Angaben wurden zusammengetragen aus: Datenbank "Labyrint" der Moskauer Expertengruppe "Panorama". Nachrichtenagentur "Novosti". Fond razvitija parlamentarizma v Rossii 1996. Institut sovremennoj politiki 1996. Glubockij./Muchin/Tjukov 1995. Barsenkov/Koreckij/Ostapenko 1994.

Daß mehr als die Hälfte (55,6 %) der Agrarier vom Land kommen, ist verständlich, denn sie sind meist Kolchos- oder Sowchos-Funktionäre. Bemerkenswert ist, daß in der LDPR-Fraktion nur ein einziger Abgeordneter vom Land vertreten ist, was Ausdruck der geringen regionalen Verankerung dieser Partei ist. Bei der regionalen Herkunft überwiegt mit knapp einem Drittel (29,3 %) natürlich Moskau. Die Moskau-"Lastigkeit" ist bei der LDPR, die nach wie vor keine breite Verankerung in der Provinz aufweist, mit 48,0 % am höchsten. Prozentwerte, die sich auf weniger als fünf Fälle stützen, sind statistisch nicht aussagekräftig, weil sie zufällig sein können, dicht gefolgt mit 43,6 % von der Abgeordnetengruppe "Russische Regionen" und der Fraktion "Jabloko" mit 41,3 %.

Die Dominanz Moskaus bei der Regionengruppe wird vielleicht verständlich, wenn bedacht wird, daß Moskau ein eigenes Föderationssubjekt ist, auf dessen Territorium 80 % des gesamten russischen Bankkapitals konzentriert sind und das deshalb in besonders starker Weise seine regionalen Interessen demonstriert. Mit sehr großem Abstand folgen als zweithäufigste regionale Basis mit 5,2 % St. Petersburg und mit 3,4 % das Moskauer Gebiet. Moskau – einmal die Stadt und das Gebiet zusammengenommen – und St. Petersburg sind demnach diejenigen Regionen, die am stärksten in der Staatsduma vertreten sind.

Dem hohen Moskauanteil entspricht die Dominanz der Rekrutierungsebene Moskau zu 75,0 % bei den wenigen Abgeordneten der nicht registrierten Gruppe "Demokratische Wahl Rußlands", 64,0 % bei den Mitgliedern der LDPR-Fraktion und 57,3 % bei der Gruppe "Russische Regionen". Bei der KPRF-Fraktion mit ihrer breiten regionalen Basis dominiert mit 49,3 % die lokale Ebene, gefolgt von der UHR-Fraktion mit 33,3 %. Den höchsten Wert auf der Gebietsebene hat mit 16,7 % UHR, denn auf dieser Ebene ist die wichtige Administrationsklientel des Regierungswahlblocks angesiedelt. Daß die Prozentwerte für die Rekrutierung auf der zentralen Ebene unter Umständen größer sind als die Werte für die Stadt Moskau, erklärt sich daraus, daß z.B. der Abgeordnete als ehemaliger Staatsdumadeputierter, also in einer zentralen Position, wiedergewählt wurde, er aber ortsmäßig aus der Region stammt und dort auch kandidierte.

Bei den Rekrutierungspositionen überwiegt die Abgeordnetenfunktion wieder bei den Deputierten von "Demokratische Wahl Rußlands" (75,0 %) und LDPR (52,0 %), allerdings auch bei der Jabloko-Fraktion (52,2 %), die ebenfalls überdurchschnittlich viel Abgeordnete auf der zentralen Ebene in Moskau rekrutiert hatte. UHR ist die einzige Fraktion, die mit 27,3 % die meisten Abgeordneten in Administrationspositionen rekrutierte, was der UHR-Wählerklientel entspricht. Da die Ausprägung "Abgeordnete" alle Abgeordnetenpositionen einschließt, auch z.B. diejenigen einer Gebietsduma, wurde gesondert nach der Mitgliedschaft in der vorigen Föderalversammlung, also in der Staatsduma oder im Föderationsrat, gefragt.

Eine deutliche "Erbhof"-Mentalität zeigt sich mit 75,0 % bei den Abgeordneten der nicht registrierten Gruppe "Demokratische Wahl Rußlands", deren statistische Bedeutung aber wegen deren geringer Anzahl relativiert werden muß, der LDPR-Fraktion, deren Mitglieder schon zu 54,0 % in der vorigen Staatsduma waren, und bei der Gruppe "Russische Regionen" mit 47,5 %. Die höchste personelle Erneuerungsquote weist mit 78,8 % die UHR-Fraktion auf, was nicht verwunderlich ist, da UHR als neuer Wahlblock neue politische Kräfte aufbieten mußte. Erstaunlich ist, daß die KPRF-Fraktion zu drei Vierteln (75,9 %) keine ehemaligen Staatsduma- oder Föderationsratsabgeordneten in ihren Reihen aufweist, was sich aus ihrem guten Abschneiden bei der Staatsdumawahl erklärt, das zu einer Vergrößerung ihrer Fraktion um 200 % führte. Die Fraktion erweiterte sich gegenüber 1993 um 104 Abgeordnete. Allein diese neuen Abgeordneten bedeuten eine personelle "Auffrischung" der Fraktion um 69,8 %.[140] Wenn

---

140 Zur Stärke der Parlamentsfraktionen, vgl.: Schneider 1996a.

dieser Prozentsatz von der gesamten Erneuerungsquote von 75,9 % abgezogen wird, hat sich sie KPRF-Fraktion nur um 6,1 % erneuert. Den dritten Platz in der Erneuerungsquote nimmt mit 60,0 % die kommunistisch-nahe neue Gruppe "Volksmacht" ein.

Den höchsten Prozentsatz an Nicht-"Partei"mitgliedern (15,2 %) weist die UHR-Fraktion auf, was Ausdruck dafür ist, daß es sich bei "Unser Haus Rußland" nicht um eine Partei im eigentlichen Sinn handelt, sondern um eine Bewegung, in der auch Nicht-UHR-Mitglieder mitarbeiten können. Daß auf der KPRF-Liste zu 4,8 % Deputierte erfolgreich kandidierten, die nicht der KPRF angehörten, ist vielleicht als ein Versuch zu interpretieren, auch Kandidaten aus den anderen kleinen kommunistischen Gruppierungen zu gewinnen.

Ausdruck des Personenprofils einer Partei und bis zu einem gewissen Grad ihrer regionalen Verankerung ist deren Anteil an direkt gewählten Abgeordneten. Den höchsten Wert mit 35,9 % hat die KPRF-Fraktion vorzuweisen, gefolgt von der Jabloko-Fraktion mit 32,6 % und der UHR-Fraktion mit 31,8 %. Die statistischen Werte der Gruppierungen können in diesem Zusammenhang nicht gewertet werden, da sie sich ja nur aus direkt gewählten Abgeordneten zusammensetzen. Hätten sie mit einer eigenen Liste kandidiert, hätten sie Fraktionen bilden können.

Bei der Komiteearbeit sind ebenfalls gewisse Besonderheiten festzustellen: Daß die Agrarier zu 38,9 % im Komitee für Agrarfragen vertreten sind, versteht sich von selbst. Der Häufigkeit nach rangiert an zweiter Stelle die Gruppe "Russische Regionen", die mit 23,1 % ihre Abgeordneten in das Komitee für Budget, Steuern, Banken und Finanzen entsandt hat, weil in diesem Komitee die für die Regionen zentralen Fragen behandelt werden. An dritter Stelle rangiert das Komitee für Geopolitik, in dem die LDPR-Fraktion mit 16,3 % ihrer Mitglieder vertreten ist. 1993 wurde dieses Komitee gebildet, um zu verhindern, daß die Shirinowskij-Deputierten mehrheitlich in das Komitee für internationale Angelegenheiten eintreten. Im Gegensatz zur LDPR setzt die

KPRF keine Schwerpunkte in der Komiteearbeit. In der Frage des Status zeigen die LDPR- und die Jabloko-Fraktion eine Besonderheit: Sie weisen nicht wie die übrigen Fraktionen und Gruppen die Mitgliedschaft am häufigsten in den Komitees auf, sondern stellen mit 51,0 % bzw. 48,9 % ihrer Abgeordneten jeweils die Stellvertretenden Vorsitzenden. Auf diese Weise kann die Fraktion Einfluß auf die Arbeit der verschiedenen Komitees nehmen.

## 11.3.2    Regionale Ebene

Formal betrachtet hat sich auch auf der regionalen Ebene in den Spitzen von Exekutive und Legislative ein umfassender Elitenwechsel vollzogen. So sind die Präsidenten der Republiken und die Leiter der Gebietsadministrationen (Gouverneure) erst nach dem Augustputsch 1991 in ihr Amt gekommen. Die Ergebnisse einer Analyse des Karrierewechsels der regionalen Elite von 1993 neuere empirische Untersuchungen liegen leider nicht vor wurden zu folgender Kreuztabelle zusammengefaßt:

*Tabelle 10: Karrierewechsel bei der regionalen Elite 1993*

| Karriereposition von 1993 N Zeilen-% Spalten-% | Ehem. 1. Sekretäre regionaler KPdSU-Komitees N Zeilen-% Spalten-% | Ehem. 1. Sekretäre von KPdSU-Hauptstadt-Komitees N Zeilen-% Spalten-% | Ehem. Vors. von Gebietsexekutiv-komitees N Zeilen-% Spalten-% | Alle N Zeilen-% Spalten-% |
|---|---|---|---|---|
| **Befindet sich in Eliteposition** | 8 24,2 16,0 | 5 15,2 12,2 | 20 60,6 40,0 | 33 100,0 23,4 |
| **Übergang in den Staatssektor** | 16 35,5 32,0 | 18 40,0 43,9 | 11 24,5 22,0 | 45 100,0 31,9 |
| **Übergang in den Privatsektor** | 19 41,3 38,0 | 13 28,3 31,7 | 14 30,4 28,0 | 46 100,0 32,6 |
| **Region verlassen** | 7 41,2 14,0 | 5 29,4 12,2 | 5 29,4 10,0 | 17 100,0 12,1 |
| **Alle** | 50 35,5 100,0 | 41 29,0 100,0 | 50 35,5 100,0 | 141 100,0 100,0 |

*Quelle: Berechnungen auf der Grundlage der Daten in: Petrov 1995: 55.*

Tabelle 10 zeigt, daß von Angehörigen der ehemaligen regionalen Elite jeweils ein knappes Drittel den Wechsel in den Staatsapparat oder in die neu entstehende Privatwirtschaft vollzog. Dies gilt besonders für die ehemaligen KPdSU-Sekretäre mit dem Unterschied, daß die hierarchiemäßig höher gestellten Ersten Sekretäre der Parteikomitees der Hauptstädte etwas häufiger den Weg in regionale staatliche Spitzenstellungen schafften als die regionalen Parteisekretäre.

Ein knappes Viertel der regionalen Nomenklaturisten konnte seine Eliteposition behaupten auch wenn sie jetzt anders bezeichnet wird am stärksten mit zwei Fünfteln die ehemaligen Vorsitzenden der Gebietsexekutivkomitees. Den Übergang in den Staatsapparat schafften zu mehr als zwei Fünfteln am häufigsten die Ersten Sekretäre der KPdSU-Komitees in den Hauptstädten. Am häufigsten gelang mit 38 % den Ersten Sekretären der regionalen KPdSU-Komitees der Absprung in die Privatwirtschaft, wobei wahrscheinlich oft Parteigelder und Parteiimmobilien als Startkapital genutzt wurden. Nur ein Zehntel der ehemaligen regionalen Elite hat die Region verlassen, was auf der einen Seite Ausdruck ihrer regionalen Verbundenheit ist und auf der anderen Seite auch Ausdruck der Schwierigkeit, außerhalb der Heimatregion neue Elitepositionen zu finden.

Am weitesten fortgeschritten bei der Herausbildung einer neuen Elite sind diejenigen Regionen, die sich am stärksten der zentralen Kontrolle entzogen und sich am weitesten von der föderalen Elite distanziert haben (Badovskij 1994). Die geringsten realen Umbildungen in der regionalen Elite fanden in den Republiken statt, die alle nach nichtrussischen Nationalitäten benannt sind. Die Idee des Nationalstaates erlaubte es den dort bestehenden regionalen Eliten, die neuen politischen Realitäten zu adaptieren und sich unter neuen formalen Bezeichnungen an der Macht zu halten. In dem Maße, wie sich die regionale Elite vom Zentrum entfernt, entwickelt sie in den Regionen eine Strategie, die auf die Gewinnung der Initiative bei der Formierung der politischen Elite auf der föderalen Ebene gerichtet ist. Die Verbindung zwischen der regionalen und der zentralen Elite stellt die erste Parlamentskammer der Föderationsrat dar.

Alle Spitzen der regionalen Elite, nämlich der Präsident/ Gouverneur und der regionale Parlamentspräsident aller 89 Föderationssubjekte, sind Mitglieder der ersten Parlamentskammer, des Föderationsrats. In diesem Jahr wurde der mehrjährige Prozeß ihrer Wahl in den Föderationssubjekten abgeschlossen.[141] Wenn man die Abgeordneten des Föderationsrats analysiert, analysiert man zugleich die regionale Spitzenelite. Die Ergebnisse einer empirischen Untersuchung der Biographien der Mitglieder des Föderationsrats nach dem Stand vom 1. April 1997 ist in Tabelle 11 folgendermaßen zusammengefaßt:

Das Durchschnittsalter der Föderationsmitglieder liegt mit 51 Jahren nur geringfügig mit zwei Jahren über dem der Staatsdumaabgeordneten und entspricht dem der Regierung. Die durchschnittlichen Altersunterschiede zwischen den Präsidenten/Gouverneuren und den Vorsitzenden der regionalen Legislativen beträgt nur ein Jahr. Mit nur einer Frau hat der Föderationsrat den geringsten Frauenanteil, verglichen mit den schon niedrigen Werten bei der Staatsduma (9,9 %) und der Regierung (4,8 %). Die sehr hohe Hochschulabschlußquote erreicht beim Föderationsrat mit 98,2 % die Werte der Regierungsmitglieder (98,3 %). (Bei der Staatsduma konnte diese Variable leider nicht abgefragt werden, weil die entsprechenden biographischen Angaben bei vielen Abgeordneten fehlten.) Bei der Studienfachhäufigkeit dominieren wie bei der Regierung die Technischen Wissenschaften mit einem höheren Prozentsatz (50,0 % statt 38,3 %). An zweiter Stelle rangieren mit 25,3 % Landwirtschaft und Wirtschaft, die zu einer Gruppe zusammengefaßt wurden, und an dritter Stelle mit 21,6 % die Humanwissenschaften, die Sozialwissen-

---

141 Zu den Gouverneurswahlen sowie zu den Kompetenzen des Föderationsrats, vgl.: Schneider 1997.

schaften, Jura und Medizin umfassen. Ähnliche Prozentanteile weist die Regierung auf, wenn auch in umgekehrter Häufigkeitsrangfolge. Zwischen den Präsidenten/Gouverneuren und den Vorsitzenden der regionalen Legislativen gibt es auch bei dieser Variablen nur minimale Unterschiede.

Daß die Föderationsmitglieder am häufigsten auf der regionalen Ebene rekrutiert wurden (50,6 %) und an zweiter Stelle im lokalen Bereich (22,9 %) versteht sich von selbst. Erst an dritter Stelle folgt die zentrale Ebene mit 14,1 %. Bei der Rekrutierungsposition dominiert bei den Präsidenten/Gouverneuren mit 40,4 % die Administration, während bei den Vorsitzenden der regionalen Volksvertretungen Administration und Legislative mit je 37,0 % gleiche Prozentanteile aufweisen. Bei den Präsidenten/Gouverneuren rangiert die Legislative mit 25,8 % an zweiter Stelle. Bei beiden Mitgliedergruppen folgt als dritte Häufigkeit mit 7,9 % bzw. 6,2 % die Staatswirtschaft.

Unter "Parteibindung" ist nicht nur die Mitgliedschaft in der entsprechenden Partei gemeint, sondern auch die Nähe zu dieser Partei, die darin zum Ausdruck kommt, daß diese Partei z.B. den formal parteilosen Gouverneur bei den Gouverneurswahlen als ihren Kandidaten aufstellte. Die Auswertung dieser Variablen ergibt, daß bei den Präsidenten/Gouverneuren mit 53,4 % die "Partei der Macht" UHR dominiert, was erklärlich ist, denn die Gouverneure wußten, daß sie, um eine einigermaßen erfolgreiche Politik betreiben zu können, auf die zentralen Finanzmittel der Regierung angewiesen sind und daß der UHR-Vorsitzende Tschernomyrdin damals Premier war. Ganz anders sieht es bei den Vorsitzenden der regionalen Legislativen aus, bei denen mit einer geringeren Häufigkeit von 36,4 % die KPRF dominiert.

Tabelle 11: Soziologisches Profil des Föderationsrats (Stand 1.4.1997)

| | Alle<br>% (N) | Präsident/Gouverneur<br>% (N) | Vors. der reg. Legislative<br>% (N) |
|---|---|---|---|
| *Gesamtzahl* | 178 | 89 | 89 |
| **Durchschnittsalter** | 51 | 52 | 51 |
| **Frauen** | 0,6 (1) | 1,1 (1) | 0,0 (0) |
| **Hochschulabschluß** | 98,2 (165) | 98,9 (87) | 97,5 (78) |
| *Studienfach:* | | | |
| 1. Häufigkeit | Technische Wissenschaften<br>50,0 (81) | Technische Wissenschaften<br>47,7 (41) | Technische Wissenschaften<br>52,6 (40) |
| 2. Häufigkeit | Landw. u. Wirtschaft<br>25,3 (41) | Landw. u. Wirtschaft<br>29,1 (25) | Humanwissenschaften*<br>23,7 (18) |
| 3. Häufigkeit | Humanwissenschaften*<br>21,6 (35) | Humanwissenschaften*<br>19,8 (17) | Landw. u. Wirtschaft<br>21,1 (16) |
| *Rekrutierungsebene:* | | | |
| 1. Häufigkeit | Gebiet<br>50,6 (86) | Gebiet<br>44,9 (40) | Gebiet<br>56,8 (46) |
| 2. Häufigkeit | Lokal<br>22,9 (39) | Lokal<br>23,6 (21) | Lokal<br>22,2 (18) |
| 3. Häufigkeit | Republik<br>14,1 (24) | UdSSR/Republik<br>(je) 13,5 (12) | Republik<br>14,8 (12) |

|  | Alle % (N) | Präsident/Gouverneur % (N) | Vors. der reg. Legislative % (N) |
|---|---|---|---|
| *Rekrutierungsposition:* | | | |
| 1. Häufigkeit | Administration 38,8 (66) | Administration 40,4 (36) | Administration./Legisl. (je) 37,0 (30) |
| 2. Häufigkeit | Legislative 31,2 (53) | Legislative 25,8 (23) | Partei 7,4 (6) |
| 3. Häufigkeit | Staatswirtschaft 7,1 (12) | Staatswirtschaft 7,9 (7) | Staatswirtschaft 6,2 (5) |
| *Parteibindung:* | | | |
| 1. Häufigkeit | UHR 42,5 (34) | UHR 53,4 (31) | KPRF 36,4 (8) |
| 2. Häufigkeit | KPRF 20,0 (16) | KPRF 13,8 (8) | UHR 13,6 (3) |
| Neu im Föderationsrat | 67,1 (116) | 40,4 (36) | 95,2 (80) |
| *Komiteemitgliedschaft:* | | | |
| 1. Häufigkeit | Budget 15,0 (23) | Budget 22,4 (17) | Föderation 14,3 (11) |
| 2. Häufigkeit | Internationale Angelegenheiten 12,4 (19) | Internationale Angelegenheiten 13,2 (10) | Sozialpolitik 13,0 (10) |
| 3. Häufigkeit | Föderation 9,8 (15) | Sicherheit 10,5 (8) | Internationale Angelegenheiten 11,7 (9) |

|  | Alle % (N) | Präsident/Gouverneur % (N) | Vors. der reg. Legislative % (N) |
|---|---|---|---|
| *Komiteestatus:* |  |  |  |
| 1. Häufigkeit | Mitglied 70,6 (108) | Mitglied 75,0 (57) | Mitglied 66,2 (51) |
| 2. Häufigkeit | Stellv. Vorsitzender 20,3 (31) | Stellv. Vorsitzender 13,2 (10) | Stellv. Vorsitzender 27,3 (21) |
| 3. Häufigkeit | Vorsitzender 5,9 (9) | Vorsitzender 7,9 (6) | Vorsitzender 3,9 (3) |

\* Humanwissenschaften = Sozialwissenschaften, Jura und Medizin.

*Quellen:* Berechnungen des Autors (SPSS-Dateneingabe Corina Alt). Die biographischen Angaben wurden zusammengetragen aus: Datenbank "Labyrint" der Moskauer Expertengruppe "Panorama". Nachrichtenagentur "Novosti". Fond razvitija parlamentarizma v Rossii 1996. Institut sovremennoj politiki 1996. Glubockij./Muchin/Tjukov 1995. Barsenkov/Koreckij/Ostapenko 1994.

Auch hinsichtlich der Komiteemitgliedschaft gibt es gewisse Unterschiede zwischen den beiden großen Gruppen der Föderationsmitglieder: Die Präsidenten/Gouverneure sind am häufigsten (22,4 %) in das für sie wichtige Komitee für Budget, Finanz-, Währungs- und Kreditregulierung, Geldemission, Steuerpolitik und Zollregulierung eingetreten, die Vorsitzenden der regionalen Legislativen dagegen in das für sie bedeutungsvollere Komitee für Angelegenheiten der Föderation, des Föderationsvertrags und der Regionalpolitik. (zu 14,3 %). An zweiter Stelle rangiert bei den Präsidenten/ Gouverneuren das Komitee für Internationale Angelegenheiten (13,2 %) bei den Vorsitzenden der regionalen Legislativen erst an dritter Stelle (11,7 %). Für die Präsidenten/ Gouverneuren steht an dritter Stelle das Komitee für Sicherheits- und Verteidigungsfragen (10,5 %), während sich die Vorsitzenden der regionalen Volksvertretungen an zweiter Stelle für das Komitee für Sozialpolitik (13,0 %) interessieren. Hinsichtlich des Komiteestatus gibt es zwischen beiden Gruppen nur den Unterschied, daß die Vorsitzenden der regionalen Legislativen doppelt so häufig Stellvertretende Komiteevorsitzende sind (27,3 %) als die Präsidenten/Gouverneure (13,2 %).

Abschließend ist auf die unterschiedliche Erneuerungsquote im Föderationsrat hinzuweisen: Während fast alle Vorsitzenden der regionalen Legislativen (95,2 %) zum ersten Mal dem Föderationsrat angehören, trifft dies nur zu zwei Fünfteln (40,4 %) für die Präsidenten/Gouverneure zu. Die Vertreter der Exekutive sind zu einem größeren Prozentsatz in ihren Ämtern bestätigt worden als die Vertreter der Legislative.

In Rußland hat ein weitgehender formaler Elitenwechsel stattgefunden, doch die meisten neuen Funktionsträger sind nicht selten ehemalige Mitglieder des zweiten Gliedes der alten Nomenklatura. Diese früheren Nomenklatura-Angehörigen hatten wohl meist administrativ-managerhafte Funktionen inne und liefern nun der neuen politischen Elite auf breiter Basis die Fachkenntnisse und Erfahrungen, die sie braucht. Dieser Umstand läßt erkennen, warum der Demokratisierungsprozeß in Rußland auf allen Ebenen nicht mit dem Tempo vorankommt, das man sich vielleicht manchmal wünschen könnte. Dieser Sachverhalt verhindert aber auch, daß Rußland in einem Chaos versinkt, denn lobenswerte politische Absichten radikaler Demokraten reichen allein nicht aus, wenn sie mangels funktionaler Eliten nicht umgesetzt werden können. Entscheidend bleibt letztlich, ob die politische Führung den Demokratisierungsprozeß fortsetzen will.

Die Herausbildung einer neuen politischen Klasse in Rußland, die sich in mehreren Schüben vollzog, ist praktisch abgeschlossen. Die Verschränkung der politischen mit der Wirtschaftselite wird sich auf der zentralen und regionalen Ebene fortsetzen. Zugleich dürfte der Prozeß der Regionalisierung der Elite andauern, die stärker versuchen wird, Einfluß auf die zentralen politischen Entscheidungen zu nehmen.

# 12      Fazit und Ausblick

Nach dem Zerfall der Sowjetunion Ende 1991 und der gewaltsamen Auflösung kommunistisch dominierten Volksdeputierten-kongresses, der den Präsidenten bekämpfte, durch Jelzin im Herbst 1993 bildete sich in Rußland auf der Grundlage einer neuen Verfassung ein demokratisch und marktwirtschaftlich orientiertes politisches System heraus, das trotz aller Schwierigkeiten und Probleme bis heute Bestand hat. Die Transformation ist in Rußland auf der föderalen Ebene durch die Annahme einer neuen Verfassung, die sich zu den Menschenrechten, zur Gewaltenteilung sowie zum Parteienpluralismus bekennt, und die Etablierung der zentralen staatlichen Organe Präsident, Parlament (Staatsduma und Föderationsrat), Regierung sowie Judikative formal abgeschlossen.

Die neue russische Verfassung von 1993 stellt einen totalen Bruch mit der sowjetischen Vergangenheit dar. Nicht mehr eine Ideologie und eine Partei als deren Vordenkerin und Vollzugsorgan stellen den obersten Wert dar, sondern der Mensch mit seinen Freiheiten und Rechten, zu deren Beachtung und Schutz der Staat verpflichtet ist. Zu diesen Freiheiten gehören die Rede, die Presse- und die Reisefreiheit – Freiheiten, welche die Bevölkerung der Russischen Föderation bisher nicht kannte. Dem widerspricht auch nicht der Umstand, daß viele zentrale Massenmedien ganz oder teilweise von großen Banken und Industriegruppen finanziert werden. Nachdem der Staat die Unterstützung der Massenmedien eingestellt hatte, wären viele Presseorgane ohne private Finanzierung in ihrer Existenz gefährdet gewesen. Überlebt hätten wohl nur die kommunistischen und nationalistischen Zeitungen.

Um die Grundwerteartikel der Verfassung besonders zu schützen, wurden hinsichtlich ihrer Änderung zusätzliche Hürden errichtet, so daß sie vom Parlament nicht revidiert werden können. Selbst während politischer Spannungszustände und heftiger Machtkämpfe beachteten alle Beteiligten die von der Verfassung vorgeschriebenen Verfahren – angesichts einer fehlenden Rechtsstaatstradition in Rußland ein nicht zu unterschätzender Transformationserfolg.

Zum ersten Mal wurde in Rußland ein Verfassungsgericht eingerichtet. Nicht nur staatliche Organe, sondern auch Bürger können sich an dieses oberste Verfassungsschutzorgan wenden, was trotz des weitverbreiteten Mißtrauens der Bevölkerung gegenüber jeglicher Staatsmacht gar nicht so selten geschieht. Häufiger als man vielleicht denkt wird vom Verfassungsgericht zugunsten des Bürgers entschieden.

In Rußland haben wir es mit einem "parlamentarischen Regierungssystem mit Präsidialdominanz" zu tun, das dem Präsidenten als Chef der Exekutive – noch über das französische Vorbild hinausgehend – weitgehende Kompetenzen verleiht. Die politischen Probleme auf der zentralen Ebene haben ihre Ursache nicht in der Verfassung, sondern in der Person des Amtsinhabers. Zweimal sind der Präsident und die Staatsduma in geheimen Wahlen gewählt worden, wenn auch bei der Präsidentenwahl 1991 noch nicht die neue Verfassung galt. Gewiß gab es manches an diesen Wahlen auszusetzen, z.B. bezüglich der Finanzierung von Jelzins Präsidentenwahlkampf 1996. Aber vor dem sowjetischen Hintergrund ist die Durchführung solcher Wahlen, die von der OSZE als "free and fair" beurteilt wurden, ein Demokratieerfolg für Rußland.

In einem "parlamentarischen Regierungssystem mit Präsidialdominanz" hat das Parlament weniger Rechte als in einem normalen parlamentarischen Regierungssystem. Die Staatsduma verfügt allerdings über einige wenige wichtige Kompetenzen, die im Zusammenhang mit den beiden von Jelzin ausgelösten Regierungskrisen 1998 stärker in das öffentliche Bewußtsein getreten sind: Die zweite Parlamentskammer muß den Regierungschef bestätigen und den Haushalt sowie Gesetze verabschieden. Die Staatsduma konnte durch die mehrfache Ablehnung von Jelzins Kandidaten für das Amt des Premierministers erreichen, daß er nicht mehr selbstherrlich über die Regierungsbildung entscheidet. Die Regierung ist nicht dem Parlament, sondern dem Präsidenten verantwortlich und an dessen Amtszeit gebunden. Das bedeutet, daß die Regierungszusammensetzung nicht die politischen Kräfteverhältnisse der Staatsduma widerspiegeln muß. Deshalb ist sie im allgemeinen keine politische Regierung, sondern ein Technokratenkabinett. Jelzin sah sich nun gezwungen, wenigstens in Ansätzen die Mehrheitsverhältnisse in der Staatsduma bei der Regierungsbildung zu berücksichtigen.

Die beiden Regierungskrisen 1998 haben dazu geführt, daß das ohnehin zunehmende politische Gewicht der 89 Föderationssubjekte oder Regionen – in etwa unseren Bundesländern vergleichbar – weiter zugenommen hat. Nun sind sie nicht nur in der Länderkammer des Parlaments, dem Föderationsrat, sondern auch erstmals in der Regierung vertreten durch acht Gouverneure, die Vorsitzende der – jeweils mehrere Föderationssubjekte umfassenden – Interregionalen Wirtschaftsvereinigungen sind. Trotz des Abschlusses von ihrem Inhalt nach teilweise sehr unterschiedlichen Kompetenzenabgrenzungsverträgen zwischen Moskau und den Föderationssubjekten (Republiken und Gebiete) und auch nach den erstmals durchgeführten Wahlen der Gouverneure der Gebiete – die Präsidenten der Republiken wurden bereits zu einem früheren Zeitpunkt gewählt –, ist das Verhältnis zwischen der Zentrale und den sich über elf Zeitzonen erstreckenden Regionen weiterhin problematisch und müßte grundsätzlich neu geregelt werden. Putin versucht es durch die Stärkung der Zentralgewalt auf Kosten der Regionen und der politischen Schwächung des verfassungsmäßigen Vertretungsorgans der Regionen, des Föderationsrats.

Zum ersten Mal wird in Rußland eine kommunale Selbstverwaltung aufgebaut, deren administrative Leiter nun auch von der Bevölkerung direkt gewählt werden. Es fehlt der kommunalen Selbstverwaltung allerdings noch die finanzielle Grundlage. Manche Föderationssubjekte legen dabei eine Haltung an den Tag, über die sich vor kurzem in Moskauer noch selbst beklagt haben: Die Zentrale erschwert die Selbständigkeitsbestrebungen der ihr untergeordneten Regionen. Nun sind die Regionen gegenüber den kommunalen Selbstverwaltungsorganen selbst administrativ höherstehend und versuchen, die Selbstverwaltungsbestrebungen der sich hierarchisch unter ihnen befindenden Kommunen zu behindern.

Auf der Mesoebene hat sich noch kein eigentliches Parteiensystem entwickelt, das die unterschiedlichen politischen Interessen bündeln und artikulieren und so die Vermittlung zwischen der Gesellschaft und dem Staat übernehmen könnte. Die auf der zentralen Ebene weitgehend vollzogene politische Transformation ruht auf einem unzureichenden Unterbau, was Risiken für den dauerhaften Bestand des Transformationsgebäudes beinhaltet.

Die Herausbildung einer neuen politischen Klasse ist nahezu abgeschlossen. Dabei zeigt sich, daß die neuen Führungskräfte häufig schon der alten Nomenklatura angehörten, allerdings in der zweiten Reihe. Zugleich ist sowohl auf der zentralen als auch auf der regionalen Ebene eine Verschränkung der politischen mit der Wirtschaftselite festzustellen. Zudem dürfte der Prozeß der Regionalisierung der Elite andauern, die stärker versuchen wird, Einfluß auf die zentralen politischen Entscheidungen zu nehmen, was sich beim letzten Regierungsbildungsprozeß in Moskau gezeigt hat.

Das Fundament des Transformationsgebäudes bildet die bürgerliche oder zivile Gesellschaft. Sie entsteht in Rußland erst inselförmig. Es werden noch Jahre vergehen, bis sich eine civil society in Rußland entwickelt hat und die politische Transformation dann weitgehend vollzogen ist.

# ANHANG

## *Biographien*

BAGLAJ, Marat Wiktorowitsch, Vorsitzender des Verfassungsgerichts (seit 20.2.1997), wurde 1931 in Baku geboren. Er absolvierte 1954 die Juristische Fakultät der Staatlichen Universität Rostow am Don, promovierte 1957 und habilitierte sich 1968 am Institut für Staat und Recht der Akademie der Wissenschaften der UdSSR, wo er zunächst als Wissenschaftlicher Mitarbeiter tätig war. 1962 übernahm er eine Dozentur am Institut für internationale Beziehungen (MGIMO), der Diplomatenausbildungsstätte des Außenministeriums. 1967 wurde er Abteilungsleiter am Institut für die internationale Arbeiterbewegung der Akademie der Wissenschaften der UdSSR (heute Institut für vergleichende Politologie und Arbeiterbewegung). 1977 trat er an die Spitze der Hochschule der kommunistischen Staatsgewerkschaften (heute Akademie für Arbeit und soziale Beziehungen) als Prorektor für Wissenschaft. 1994 übernahm Baglaj zugleich die Leitung des Lehrstuhls für öffentliches Recht an dieser Akademie. In dieser Zeit lehrte er außerdem Verfassungsrecht am MGIMO. 1995 wurde er zum Verfassungsrichter gewählt.

IWANOW, Sergej Borissowitsch, Sekretär des Sicherheitsrats (seit 15.11.1999) und Generalleutnant, wurde 1953 in Leningrad geboren. Er absolvierte 1975 das Anglistik-Studium an der Leningrader Staatsuniversität. Von 1981 bis 1982 studierte er am Institut des KGB der UdSSR. Von 1978 bis 1981 war er Sonderbeauftragter für operative Arbeit beim KGB in Moskau und anschließend in der KGB-Verwaltung Leningrad tätig. Von 1982 bis 1998 war Iwanow in hohen Funktionen mit der Auslandsaufklärung des KGB befaßt. Von 1998 bis 1999 war er Stellvertretender FSB-Direktor.

JAWLINSKIJ, Grigorij Aleksejewitsch, Vorsitzender der politischen Bewegung "Jabloko" (seit 1993) und der gleichnamigen Fraktion der Staatsduma (seit 11.1.1994), wurde am 10. April 1952 im westukrainischen Lwiw (Lemberg) geboren. 1973 absolvierte er das Moskauer Plechanow-Institut für Volkswirtschaft und wurde 1978 Kandidat der Wirtschaftswissenschaften (ähnlich unserer Promotion). Seine wissenschaftliche Karriere begann Jawlinskij 1976 in einem Institut der Verwaltung für Kohleindustrie und setzte sie dann in Forschungsinstituten des Staatskomitees der UdSSR für Arbeit und Sozialfragen fort, wo er über die Stationen eines Stellvertretenden Sektorleiters und eines Stellvertretenden

Abteilungsleiters 1988 bis zum Abteilungsleiter aufstieg. 1989 wechselte Jawlinskij als Abteilungsleiter in die Staatliche Kommission für Wirtschaftsreformen beim Ministerrat der UdSSR. Von Juli bis September 1990 war Jawlinskij Stellvertretender Regierungschef der RSFSR und Ko-Autor des "500-Tage"-Programms zur Einführung der Marktwirtschaft, das aber von Gorbatschow nicht akzeptiert wurde. Anschließend war er Vorsitzender des Staatskomitees der RSFSR für Wirtschaftsreform, dann Wirtschaftsberater des Vorsitzenden des Ministerrats der RSFSR und schließlich von Oktober bis Dezember 1991 Mitglied des Politischen Konsultativrats, den Gorbatschow gebildet hatte. 1992 gründete Jawlinskij das Zentrum für ökonomische und politische Forschungen in Moskau (EPI-Zentr), das er seither leitet.

KASSJANOW, Michail Michajlowitsch, Premier (seit 17.5.2000) und Ständiges Mitglied des Sicherheitsrats (seit 27.5.2000), wurde 1957 im Gebiet Moskau geboren. 1976 absolvierte er ein Ingenieur-Studium am Institut für Straßenverkehrswesen in Moskau und 1983 weiterführende Lehrgänge für Wirtschaft beim Staatlichen Planungskomitee der UdSSR (GOSPLAN). Von 1981 bis 1991 war Kassjanow bei GOSPLAN tätig, zuletzt als Unterabteilungsleiter Außenwirtschaftsbeziehungen, und bis 1993 in gleicher Funktion im russischen Wirtschaftsministerium. Von 1993 bis 1995 leitete Kassjanow die Abteilung für Auslandskredite im russischen Finanzministerium. Von 1995 bis 1999 war er Stellvertretender und dann Erster Stellvertretender Finanzminister. Im Mai 1999 wurde er zum Finanzminister und im Januar 2000 zum Ersten Stellvertretenden Premier ernannt.

KIRIJENKO, Sergej Wadimowitsch, Ko-Vorsitzender der „Union der rechten Kräfte" (seit Herbst 1999) Abgeordneter der Staatsduma (seit 19.12.1999), Vertreter des Präsidenten im Föderalen Bezirk Wolga (seit 13.5.2000) und Mitglied des Sicherheitsrats (seit 27.5.2000), wurde 1962 in der abchasischen Hauptstadt Suchumi, die heute zu Georgien gehört, geboren. Er absolvierte 1984 das Ingenieurstudium am Institut für Eisentransportwesen in Gorkij, dem heutigen Nishnyj Nowgorod. In seinem Beruf arbeitete er offensichtlich nicht, sondern begann gleich seine politische Laufbahn als Sekretär der kommunistischen Jugendorganisation Komsomol auf der Schiffsbauwerft "Krasnoje Sormowo" in Gorkij. Nach dem Zusammenbruch der UdSSR übernahm er 1993 die Leitung der Bank "Garantija" in Nishnyj Nowgorod, bei der vor allem Gelder für die Rentenkassen deponiert waren. 1996 wurde er Präsident der Ölgesellschaft NORSI-Oil AG in Nishnyj Nowgorod. Im Mai 1997 wurde er nach Moskau als Erster Stellvertretender Minister für Brennstoff- und Energiewirtschaft gerufen. Im November 1997 übernahm er die Leitung dieses Ressorts und wurde einen Monat später zugleich Vorsitzender des Kollegiums der Regierungsvertreter der GASPROM AG. Von Mai 1998 bis·August 1998 war Kirijenko russischer Regierungschef.

LEBEDEW, Wjatscheslaw Michajlowitsch, Vorsitzender des Obersten Gerichts Rußlands (seit 1989), wurde 1943 in Moskau geboren. 1968 absolvierte er die Juristische Fakultät der Moskauer Staatlichen Lomonossow-Universität. 1969 arbeitete er für ein Jahr als Justitiar in einer Hauptverwaltung des sowjetischen Ministeriums für Industriebauwesen. Ab 1970 begann er seine Richtertätigkeit in einem Moskauer Stadtbezirk. 1986 wurde er Vorsitzender des Moskauer Stadtgerichts.

PRIMAKOW, Jewgenij Maksimowitsch, Vorsitzender der Bewegung „Vaterland – Ganz Rußland (seit Herbst 1999) und Vorsitzender der gleichnamigen Staatsdumafraktion (seit Januar 2000), wurde 1929 in Kiew geboren. Er absolvierte 1953 das Orient-Institut der Akademie der Wissenschaften der UdSSR. Er ist Doktor der Wirtschaftswissenschaften und Professor. Zuerst war er journalistisch tätig beim Fernsehen und bei der Parteizeitung "Prawda", zuletzt als Nahost-Korrespondent. 1970 wechselte Primakow in die Wissenschaft als Stellvertretender Direktor des "Instituts für Weltwirtschaft und internationale Beziehungen" (IMEMO), 1978 als Direktor des Orient-Instituts und 1985 als Direktor des IMEMO. Unter Gorbatschow begann Primakow 1989 seine politische Karriere als Vorsitzender des Unionssowjets des Obersten Sowjet der UdSSR und als Kandidat des Politbüros des ZK der KPdSU. 1991 übernahm Primakow die Leitung der Auslandsspionage, die er bis 1996 inne hatte. Im Januar 1996 übertrug Jelzin ihm die Leitung des Außenministeriums,. Premier 1998/99.

PUTIN, Wladimir Wladimirowitsch, Präsident (seit 25.3.2000), wurde 1952 in Leningrad geboren. Er absolvierte 1975 ein Jurastudium an der Leningrader Staatlichen Universität. Anschließend war er bis 1990 in der russischen Auslandsspionage für den KGB und die militärische Auslandsaufklärung GRU, u.a. auch in der Bundesrepublik Deutschland, tätig. 1990 trat er unter dem liberalen Reformer Anatolij Sobtschak in die Administration Leningrads ein, wo er 1994 zum Ersten Stellvertretenden Oberbürgermeister von St. Petersburg aufstieg. Anschließend wechselte er nach Moskau, wo er es 1998 bis zum Ersten Stellvertretenden Leiter der Administration des Präsidenten brachte. Direktor des Föderalen Sicherheitsdienstes (FSB), also des KGB-Nachfolgers Inland (Juli 1998 - März 1999), Sekretär des Sicherheitsrats (März - August 1999), Premier (August 1999 - Mai 2000), amtierender Präsident (31.12.1999-24.3.2000).

SCHOJGU, Sergej Kushugetowitsch, Vorsitzender von „Einheit" (seit Herbst 1999), Minister für Zivilverteidigung, Ausnahmesituationen und Beseitigung der Folgen von Naturkatastrophen (seit 1994), Mitglied des Sicherheitsrats (seit 1.2.1994) und Generaloberst, wurde 1955 in der Tuwa geboren. 1977 absolvierte er das Krasnojarsker Polytechnische Institut als Bauingenieur. Anschließend war er bis 1986 in seinem Beruf tätig, zuletzt als Leiter des Trusts „SajanTjashStroj" in Abakan. Von 1988 bis 1990 war Schojgu Zweiter Parteisekretär des Stadkomitees Abakan der KPdSU sowie Parteifunktionär des KPdSU-Komitees von Krasnojarsk. 1990 wechselte er in den Regierungsdienst, zuerst als Stellvertretender Vorsitzender des Staatskomitees für das Bauwesen und dann als Vorsitzender des Staatskomitees für Ausnahmesituationen.

SELESNJOW, Gennadij Nikolajewitsch, Vorsitzender der Staatsduma (seit 17.1.1996) und Mitglied des Sicherheitsrats (seit 13.4.1999), wurde 1947 im Gebiet Swerdlowsk – der Heimat Jelzins – geboren. Er absolvierte 1974 ein Journalistikstudium an der Leningrader Staatlichen Universität und arbeitete dann in den Zeitungen des kommunistischen Jugendverbands "Komsomol" und der KPdSU. Von 1980 bis 1988 war er Chefredakteur der Zeitung "Komsomol'skaja pravda", des Zentralorgans des Komsomol, dann bis 1991 der zentralen Lehrerzeitung "Učitel'skaja gazeta" und ab 1991 der "Pravda". Selesnjow gehörte verschiedenen Partei- bzw. parteiähnlichen Gremien und Apparaten an: 1990 wurde er Erster Stellvertretender Leiter der Abteilung für Propaganda und Agitation des Zentralkomitees des Komsomol, 1990/91 Mitglied des Zentralkomitees der KPdSU und 1995 Mitglied des Präsidiums des Zentralkomitees der KPRF. 1995 wurde er Stellvertretender Vorsitzender der Staatsduma gewählt.

SHIRINOWSKIJ, Wladimir Wolfowitsch, Vorsitzender der LDPR (seit 1989) und der gleichnamigen Fraktion der Staatsduma (seit 11.1.1994), wurde am 25. April 1946 in Alma-Ata geboren. Er studierte von 1964 bis 1970 Turkologie mit Auszeichnung am Institut für orientalische Sprachen – 1972 wurde es in Institut für die Länder Asiens und Afrikas umbenannt – der Moskauer Staatlichen Lomonossow-Universität. Gleichzeitig studierte er von 1965 bis 1967 an der Fakultät für internationale Beziehungen der Hochschule für Marxismus-Leninismus. Von 1972 bis 1977 absolvierte Shirinowskij ein juristisches Fernstudium an der Juristischen Fakultät der Moskauer Staatlichen Lomonossow-Universität. Von 1970 bis 1972 diente er im Stab der Politoffiziere des Militärbezirks Transkaukasien in Tbilissi. Parallel zu seinem juristischen Fernstudium arbeitete er von 1973 bis 1975 maßgeblich im von der Westeuropa-Abteilung des vom KGB gesteuerten "Sowjetischen Komitees für den Schutz des Friedens". Nach einem kurzen "Gastspiel" als Mitarbeiter im Dekanat der Gewerkschaftshochschule gehörte Shirinowskij von 1975 bis 1983 dem Kollegium – eine Art Beratungsgremium – des Justizministeriums an. Von 1983 bis 1990 leitete er schließlich die Rechtsabteilung des Verlags "Mir". 1989 begann Shirinowskij seine politische Tätigkeit mit der Gründung der "Liberal-demokratischen Partei der Sowjetunion" (LDPSU), die nach der Auflösung der Sowjetunion in "Liberal-demokratische Partei Rußlands" (LDPR) umbenannt wurde. Welche Rolle der KGB bei der Gründung der LDPSU spielte, ist nicht eindeutig zu klären. Im Frühjahr 1998 wurde Shirinowskij von der Philosophischen Fakultät der Moskauer Staatlichen Lomonossow-Universität promoviert (= Kandidat der Philosophischen Wissenschaften), wobei als Grundlage seine politischen Propagandaschriften dienten, die er noch nicht einmal selbst alle verfaßt hat.

SJUGANOW, Gennadij Andrejewitsch, Vorsitzender der KPRF (seit 1993) und der gleichnamigen Fraktion der Staatsduma (seit 11.1. 1994), wurde 1944 im Dorf Mamyrino im Gebiet Orjol geboren (vgl. Sjuganows Autobiographie: Zyuganov 1997). 1962 begann er sein Studium an der Physikalisch-mathematischen Fakultät des Pädagogischen Instituts in Orjol, das er 1969 beendete. Von 1978 bis 1981 studierte er an der Akademie für Gesellschaftswissenschaften beim ZK der KPdSU in Moskau. 1980 wurde Sjuganow Kandidat der Philosophischen Wissenschaften. Nach anfänglicher Arbeit als Lehrer in seinem Heimatdorf (1961-62) leistete Sjuganow von 1963 bis 1966 seinen Militärdienst in Spezialeinheiten der militärischen Aufklärung hinsichtlich atomarer, chemischer und bakteriologischer Waffen in Weißrußland, in der DDR und im Gebiet Tscheljabinsk ab. 1966 trat Sjuganow in die KPdSU ein und begann ein Jahr später mit seiner politischen Arbeit im Komsomol, der Jugendorganisation der KPdSU. Nach Abschluß des Pädagogischen Instituts in Orjol 1969 war Sjuganow ein Jahr Dozent am Lehrstuhl für Physik und Mathematik dieses Instituts. 1970 wurde er zum Deputierten des Gebiets- und des Stadtsowjet von Orjol gewählt und leitete bis 1978 die Kommission des Gebietssowjet für Jugendarbeit. 1971 wurde Sjuganow Erster Sekretär des Komsomol eines Stadtbezirks von Orjol, dann der Stadt und von 1972 bis 1974 des Gebiets. 1974 wechselte Sjuganow in den Parteiapparat, zuerst als Zweiter Sekretär – zuständig für Ideologie – des KPdSU-Komitees der Stadt Orjol und dann bis 1983 als Leiter der Abteilung für Propaganda und Agitation des KPdSU-Komitees des Gebiets Orjol. Von 1981 bis 1983 lehrte Sjuganow gleichzeitig am Lehrstuhl für Philosophie des Pädagogischen Instituts in Orjol. 1983 schaffte Sjuganow den Sprung nach Moskau als Instrukteur der Ideologischen Abteilung des ZK der KPdSU für die Stadt und das Gebiet Moskau sowie für den Nord-

Kaukasus. Über die Karrierestufen eines Verantwortlichen Organisators und Sektorleiters avancierte Sjuganow 1989 schließlich zum Stellvertretenden Abteilungsleiter. 1990 erkannte Sjuganow, daß es angesichts der Unabhängigkeitsbestrebungen der Unionsrepubliken notwendig ist, eine KP der RSFSR als "politisches Auffangbecken" für die KPdSU zu gründen, die allerdings der Pererstrojka-Politik Gorbatschows kritisch gegenüberstand. Von 1990 bis 1991 gehörte Sjuganow dem Politbüro des ZK dieser neuen Partei an und war deren Ideologie-Sekretär. Sjuganow war im Juli 1991 Ko-Autor des nationalistischen Manifests "Ein Wort an das Volk", das den August-Putsch von 1991 ideologisch mit vorbereitete. 1993/94 war Sjuganow Vorsitzender der nationalistischen "Front der nationalen Rettung": Seit 1992 ist er Ko-Vorsitzender der nationalistischen "Russischen Nationalversammlung" und seit August 1996 der "National-patriotischen Union".

STROJEW, Jegor Semjonowitsch, Vorsitzender des Föderationsrats sowie der Parlamentsversammlung der GUS (seit 16.2.1996) und Mitglied des Sicherheitsrats (seit 13.4.1999), wurde 1937 in einem Dorf im Gebiet Orjol geboren und absolvierte 1960 das Mitschurin-Institut für Obst- und Gemüsezucht in Mitschurinsk. Seine Berufstätigkeit bestand in Funktionärstätigkeit für die KPdSU, in deren Rahmen er 1986 Mitglied des Zentralkomitees der KPdSU, 1989 Sekretär des Zentralkomitees der KPdSU für Landwirtschaft und 1990 Mitglied des Politbüros wurde. Nach dem Verbot der KPdSU arbeitete Strojew zwei Jahre in seinem Beruf als Direktor des Allrussischen Forschungsinstituts für Obstkulturen. 1993 fand er die Möglichkeit, in die Politik zurückzukehren, aber nicht mehr im Partei-, sondern im Staatsapparat, indem er die Leitung der Administration in seinem Heimatgebiet Orjol übernahm. Damit erreichte er zugleich die Mitgliedschaft im Föderationsrat. Strojew ist Mitglied des Rats von "Unser Haus Rußland" (UHR), Stellvertretender Vorsitzender des Aufsichtsrats der Allrussischen Bank für die Entwicklung der Regionen, Professor und Korrespondierendes Mitglied der Akademie der Landwirtschaftswissenschaften.

USTINOW, Wladimir Wassiljewitsch, Generalstaatsanwalt (seit 17.5.2000) und Mitglied des Sicherheitsrats (seit17.5.2000), wurde 1953 in der Region Chabarowsk geboren. 1978 abolvierte er das Juristische Institut in Charkow. Anschließend war er bis 1983 in der Region Krasnodar in den dortigen Staatsanwaltschaften tätig. 1983 wurde Ustinow Staatsanwalt in mehreren Bezirken der Region Krasnodar und 1985 in Sotschi. 1994 wurde er Erster Stellvertretender Staatsanwalt der ganzen Region Krasnodar und 1997 Stellvertretender Generalstaatsanwalt der Russischen Föderation.

WOLOSCHIN, Aleksandr Staljewitsch, Leiter der Präsidialadministration (seit 21. März 1999), wurde 1956 in Moskau geboren. Er absolvierte 1958 ein Elektromechanik-Studium am Moskauer Institut für Verkehrsingenieurwesen und 1986 die Akademie für Außenhandel der UdSSR. Anschließend war er im Ministerium für Außenwirtschaftsbeziehungen tätig. 1992 wechselte er in die Privatwirtschaft. 1997 trat er in die Präsidialadministration ein, wo er 1998 zu deren Stellvertretendem Leiter aufstieg.

# Literatur

Agh, Attila, (1995), The Role of the First Parliament in Democratic Transition, in: Agh, Attila/Kurtán, Sándor (ed.), The First Parliament (1990-1994). Budapest, S. 249-261.

Badovskij, D.B., (1994), Tranformacija političeskoj ėlity v Rossii – ot "organizacii professional'nych revoljucionerov" k "partii vlasti" [Transformation der politischen Elite in Rußland – von der "Organisation der Berufsrevolutionäre" zur "Partei der Macht"], in: Polis, Nr. 6, S. 42-58.

Baller, Oesten, (1992), Gesetz der Russischen Sozialistischen Föderativen Sowjetrepublik über die örtliche Selbstverwaltung. Einführung, in: Jahrbuch für Ostrecht (Bonn), 2. Halbband, S. 365-375.

Barsenkov, A.S./Koreckij, V.A./Ostapenko, A.I., (1994), Federal'noe Sobranie Rossii: Sovet Federacii, Gosudarstvennaja Duma [Die Föderalversammlung: Föderationsrat und Staatsduma]. Moskau.

Beichelt, Timm, (1996), Konsolidierungschancen des russischen Regierungssystems, in: Osteuropa, Nr. 6, S. 597-609.

Beliaev, Sergei A., (1995), Die neuen Rechtsgrundlagen der Beziehungen zwischen der Russischen Föderation und der Republik Tatarstan, in: Osteuropa-Recht, Nr. 2, S. 121-133.

Belin, Laura, (1997), All Sides Claim Victory in 1996 Gubernatorial Elections, in: Transition, Nr. 3, S. 24-27.

Belin, Laura/Orttung, Robert W., (1997), The Russian Parliamentary Elections of 1995. The Battle for the Duma. Armonk, N.Y./London.

Beyme, Klaus von, (1994), Systemwechsel in Osteuropa. Frankfurt am Main.

Brie, Michael, (1996), Rußland: Das Entstehen einer "delegierten Demokratie", in: Merkel, Wolfgang/Sandschneider, Eberhard/Segert, Dieter (Hrsg.), Systemwechsel 2. Die Institutionalisierung der Demokratie. Opladen, S. 143-178.

Brjuno, Patrik/Žirinovskij, Vladimir, (1995), Besedy na čistotu [Aufrichtige Gespräche] Moskau.

Brown, Archie, (1996), The Gorbachev Factor. Oxford.

Busygina, Irina M., (1996), Das Institut der Vertreter des Präsidenten in Rußland. Probleme des Werdegangs und Entwicklungsperspektiven, in: Osteuropa, Nr. 7, S. 664-675.

Cholodkovskij, Kirill, (1996), V kakom gosudarstve my živem? [In welchem Staat leben wir?] Regional'nye vybory i territorial'noe ustrojstvo Rossii [Regionalwahlen und der territoriale Aufbau Rußlands], in: Panorama, Nr. 51, S. 9-10.

Chryštanovskaja, Olga, (1995), Transformacija staroj nomenklatury v novuju rossijskuju èlitu [Transformation der alten Nomenklatura in die neue russische Elite], in: Obščestvennye nauki i sovremennost' [Gesellschaftswissenschaften und Gegenwart], Nr. 1, S. 51-65.

Clark, Terry D., 1995), Voting Patterns in the Russian Council of the Federation, in: The Journal of Communist Studies and Transition Politics, Nr. 4, S. 372-383.

Dahl, Robert A., (1989), Democracy and its Critics. New Haven/London.

Diamond, Larry, (1994), Toward Democratic Consolidation, in: Journal of Democracy, Nr. 3, S. 4-17.

Dunleavy, Patrick/Margetts, Helen, (1995), Understanding the Dynamics of Electoral Reform, in: International Political Science Review, Nr. 1, S. 9-29.

Fond razvitija parlamentarizma v Rossii [Stiftung zur Entwicklung des Parlamentarismus in Rußland] (Hrsg.], (1996), Federal'noe Sobranie. Gosudarstvennaja Duma: Spravočnik [Die Föderalversammlung. Die Staatsduma: Handbuch]. Moskau.

Frenzke, Dietrich, (1994), Der Wortlaut der russischen Verfassung vom 12.12.1993, in: Osteuropa Recht, Nr. 4, S. 292-325.

Frenzke, Dietrich, (1995), Die russischen Verfassungen von 1978 und 1994. Eine texthistorische Dokumentation mit komparativem Sachregister. Berlin.

Furtak, Robert K., (1996), Staatspräsident – Regierung – Parlament in Frankreich und in Rußland: Verfassungsnorm und Verfassungspraxis, in: Zeitschrift für Politikwissenschaft, Nr. 4, S. 945-968.

Gajdar, Jegor, (1995), Entscheidungen in Rußland. Die Privatisierung der Macht und der Kampf um eine zivile Gesellschaft. München.

Gel'bras, V.G., (Red.), (1993), Kto est' čto [Wer ist was]. Političeskaja Moskva 1993 [Politisches Moskau 1993]. Moskau.

Glubockij, A./Muchin, A./Tjukov, A., (1995), Organy vlasti sub-ektov Rossijskoj Federacii [Machtorgane der Subjekte der Russischen Föderation] (Obsory, biografii, telefony [Übersichten, Biographien, Telefone]). Moskau.

Gorbatschow, Michail, (1991), Der Staatsstreich. München.

Gorbatschow, Michail, (1995), Erinnerungen. Berlin.

Heinemann-Grüder, Andreas, (1998), Integration durch Asymmetrie? Regionale Verfassungen und Statuten in Rußland, in: Osteuropa, Nr. 7, S. 672-688.

Heinemann-Grüder, Andreas, (2000), Der heterogene Staat. Föderalismus und regionale Vielfalt in Rußland. Berlin.

Henderson, Jane, (1995), The Russian Constitutional Court, in: Russia and the Successor States. Briefing Service, Nr. 6, S. 18-31.

Hughes, James, (1996), Moscow's Bilateral Treaties Add to Confusion, in: Transition, Nr. 19, 1996, S. 39-43.

Institut sovremennoj politiki [Institut für moderne Politik] (Hrsg.), (1996), Gubernatory Rossii [Gouverneure Rußlands]. Moskau.

Ivanov, Lev Olegovič, (1996), Die Gesetzgebungstätigkeit der Föderalversammlung der Rußländischen Föderation 1993-1995. Köln (= Berichte des Bundesinstituts für ostwissenschaftliche und internationale Studien, Nr. 49-1996).

Jawlinskij, Grigorij, (1996), Das neue Rußland. Demokratische Reformen als letzte Chance. München.

Jelzin, Boris, (1991), Aufzeichnungen eines Unbequemen. München.

Jelzin, Boris, (1994), Auf des Messers Schneide. Tagebuch des Präsidenten. Berlin.

Khryshtanovskaya, Olga/White, Stephen, (1996), From Soviet Nomenklatura to Russian Elite, in: Europa-Asia, No. 5, S. 711-733.

Kirkow, Peter, (1997a), Im Labyrinth russischer Regionalpolitik: Ausgehandelter Föderalismus und institutionelle Veränderungen, in: Osteuropa, Nr. 1, S. 38-51.

Kirkow, Peter, (1997b), Local Self-government in Russia: Awakening from Slumber?, in: Europe-Asia Studies, Nr. 1, S. 43-58.

Kirkow, Peter, (1998), Russia's Provinces. Authoritian Transformation versus Local Autonomy? London/New York.

Korgunjuk, Ju.G./Zaslavskij, S.E., (1996), Rossijskaja mnogopartijnost' [Russischer Parteienpluralismus]. Moskau.

Krone, Nicole, (1998), Das Verfassungsgericht der Russischen Föderation. Eine juristische Institution im Spannungsfeld von Verfassungsauftrag und politischer Wirklichkeit, in: Osteuropa, Nr. 3, S. 253-267.

Kropp, Sabine, (1995), Umwege der Systemreform: Dezentralisierung und lokale Selbstverwaltung, in: Aus Politik und Zeitgeschichte, Nr. B 46, S. 34-44.

Lane, David, (1992), Soviet Elites, Monolithic or Polyarchic?, in: Lane, David (ed.), Russia in Flux. London, S. 3-23.

Lapina, Natalia, (1996), Die Formierung der neuen rußländischen Elite. Probleme der Übergangsperiode. Köln (= Berichte des Bundesinstituts für ostwissenschaftliche und internationale Studien, Nr. 7-1996)

Lapina, Natalia, (1997), Die Wirtschaftseliten im Kräftefeld der rußländischen Politik. Köln (= Berichte des Bundesinstituts für ostwissenschaftliche und internationale Studien, No. 16-1997).

Lauth, H.-J./Merkel, W., (1997), Zivilgesellschaft und Transformation. Ein Diskussionsbeitrag in revisionistischer Absicht, in: Forschungsjournal, Heft 1, S. 12-34.

Lebed, Alexander, (1997), Rußlands Weg. Hamburg.

Lentini, Peter (ed.), (1995), Elections and Political Order in Russia. The Implications of the 1993 Elections to the Federal Assembly. Budapest/London/New York.

Linz, Juan, (1990), The Perils of Presidentialism, in: Journal of Democracy, Nr. 1, S. 51-69.

Linz, Juan, (1994), Presidential or Parliamentary Democracy? in: Linz, Juan/Valenzuela, Arturo (ed.), The Failure of Presidential Democracy. Baltimore/London, S. 3-87.

Lipset, Seymour Martin, (1960), Political Man. London.

Lipset, Seymour Martin, (1962), Soziologie der Demokratie. Neuwied.

Luchterhand, Galina und Otto, (1993), Die Genesis der politischen Vereinigungen, Bewegungen und Parteien in Rußland, in: Veen, Hans-Joachim/Weilemann, Peter R. (Hrsg.), Rußland auf dem Weg zur Demokratie? Politik und Parteien in der Russischen Föderation. Paderborn/München/Wien/ Zürich, S. 125-213.

Luhmann. Niklas, (1978), Legitimation durch Verfahren. 3. Aufl. Darmstadt/Neuwied.

Mann, Dawn, (1991), Draft Party Program Approved, in: RFE/RL Research Institute (ed.), Report on the USSR, Nr. 32, S. 1-5.

McFaul, Michael, (1997), Russia's 1996 Presidential Election. The End of Polarized Politics. Stanford, Ca.

Merkel, Wolfgang, (1994), Restriktionen und Chancen demokratischer Konsolidierung in postkommunistischen Gesellschaften: Ostmitteleuropa im Vergleich, in: Berliner Journal für Soziologie, Nr. 4, S. 463-484.

Merkel, Wolfgang, (1995), Transformationsstrategien: Probleme, Erfahrungen und Grenzen, in: Internationale Politik, Nr. 6, S. 3-8.

Merkel, Wolfgang, (1996), Theorien der Transformation. Die demokratische Konsolidierung postautoritärer Gesellschaften, in: Beyme, Klaus von/Offe, Claus (Hrsg.), Politische Theorien in der Ära der Transformation. Opladen, S. 30-58 (= Politische Vierteljahresschrift. Sonderheft 26/1995).

Mildner, Kirk, (1995), Lokale Finanzen und kommunale Selbstverwaltung in Rußland, in: Osteuropa, Nr. 8, S. 717-736.

Mildner, Kirk. (1996), Lokale Politik und Verwaltung in Russland. Zwischen Neuanfang, Erbe und Korruption. Basel/Boston/Berlin.

North, Douglas, (1992), Institutions and Credible Commitment. Manuskript. Wallerfangen/Saar 1992, S. 4, zitiert nach: Merkel 1996: 39.

"Novosti" [Russische Nachrichtenagentur] (Hrsg.), (1996), Spravočnik [Handbuch]. Obščestvenno-političeskie dviženija i partii v Rossii [Gesellschaftlich-politische Bewegungen und Parteien in Rußland]. Ausgabe 2. Moskau.

O'Donnel, Guillermo, (1992), Transitions, Continuities, and Paradoxes, in: Mainwaring, Scott/O'Donnel, Guillermo/Valenzuela, J. Samuel (ed.), Issues in Democratic Consolidation. The South American Democracies in Comparative Perspective. Notre Dame/Indiana, S. 17-56.

O'Donnel, Guillermo, (1994), Delegative Democracy, in: Journal of Democracy, Nr. 1, S. 55-69.

O'Donnel, Guillermo/Schmitter, Philippe C./Whitehead, Lawrence (ed.), (1986), Transitions from Authorian Rule: Tentative Conclusions about Uncertain Democracies. Baltimore.

Offe, Claus, (1994), Der Tunnel am Ende des Lichts. Erkundungen der politischen Transformation im Neuen Osten. Frankfurt am Main/ New York.

Okun'kov, L.A., (Red.), (1996), Kommentarij k Konstitucii Rossijskoj Federacii. Podgotovlen Institutom zakonodatel'stva i sravnitel'nogo pravovedenija pri Pravitel'stve Rossijskoj Federacii [Kommentar zur Verfassung der Russischen Föderation. Erstellt vom Institut für Gesetzgebung und vergleichende Rechtswissenschaft bei der Regierung der Russischen Föderation]. Moskau.

Oleščuk, V.A./Pavlenko, V.B., (1997), Političeskaja Rossija [Politisches Rußland]. Partii, Bloki, Lidery god 1997 [Parteien, Blöcke, Führer im Jahr 1997]. Moskau.

Petrov, N.V., (1995), Političeskie ėlity v centre i na mestach [Politische Elite im Zentrum und auf der örtlichen Ebene], in: Rossijskij monitoring [Russisches Monitoring], Nr. 5, S. 41-63.

Pflüger, Rainer, (1997), Unser Haus – Rußland. Berlin (= Forschungsheft 1 des Berliner Europa Forums für Mittel- und Osteuropa und transeurasische Entwicklung).

Pivovarov, Jurij/Fursov, Andrej, (1993), Die KPdSU und das kommunistische Regime. Zum Prozeß über das Verbot der KPdSU vor dem russischen Verfassungsgericht. Köln (= Berichte des Bundesinstituts für ostwissenschaftliche und internationale Studien, Nr. 30-1993)

Političeskaja istorija Rossii v partijach i licach [Politische Geschichte Rußlands in Parteien und Personen], (1993), Moskau.

Rae, Douglas, (1968), A Note on the Fractionalization of Some European Party Systems, in: Comparative Political Studies, Nr. 1, S. 413-418.

Rossijskaja akademija nauk [Russische Akademie der Wissenschaften], Institut naučnoj informacii po obščestvennym naukam [Institut für wissenschaftliche Information auf dem Gebiet der Gesellschaftswissenschaften] (Hrsg.), (1997), Ėkonomičeskie i social'nye problemy Rossii [Wirtschaftliche und soziale Probleme Rußlands]. Finansovopromyšlennye gruppy v Rossii [Finanz-Industrie-Gruppen in Rußland]. Problemno-tematičeskij sbornik III [Problem-thematischer Sammelband III]. Moskau.

Rüb, Friedbert W., (1994a), Die Herausbildung politischer Institutionen in Demokratisierungsprozessen, in: Merkel, Wolfgang (Hrsg.), Systemwechsel 1. Theorien, Ansätze und Konzeptionen. Opladen, S. 11-140.

Rüb, Friedbert W., (1994b), Schach dem Parlament! – Über semipräsidentielle Regierungssysteme in einigen postkommunistischen Gesellschaften, in: Leviathan, Nr. 2, S. 260-292.

Rybkin, Iwan, (1997), Rußland und die Welt. Auf dem Weg zu Demokratie und Sicherheit. St. Petersburg/Nürnberg.

Savickij, Valerij M., (1993), War die KPdSU nun eine verfassungsmäßige Organisation?, in: Recht in Ost und West, Nr. 5, S. 129-135.

Schejnis, Wiktor, (1996), Die Präsidentenwahl in Rußland. Ergebnisse und Perspektiven, in: Osteuropa. Nr. 11, S. 1053-1071.

Schmitter, Philippe C., (1994), Dangers and Dilemmas of Democracy, in: Journal of Democracy, Nr. 2, S. 57-74.

Schmitter, Philippe C., (1995), Von der Autokratie zur Demokratie. Zwölf Überlegungen zur politischen Transformation, in: Internationale Politik, Nr. 6, S. 47-52.

Schneider, Eberhard, (1978), Breshnews neue Sowjet-Verfassung. Kommentar mit den Texten der UdSSR-Grundgesetze von Lenin über Stalin bis heute. Stuttgart.

Schneider, Eberhard, (1983), Social Background and Careers of the Members of the Council of Ministers of the USSR. An Empirical Study. Köln (= Berichte des Bundesinstituts für ostwissenschaftliche und internationale Studien, Nr. 11-1983).

Schneider, Eberhard, (1989), Die 19. Parteikonferenz: Reform des politischen Systems, in: Bundesinstitut für ostwissenschaftliche und internationale Studien (Hrsg.), Sowjetunion 1988/89. Perestrojka in der Krise? Köln, S. 38-48.

Schneider, Eberhard, (1992), Rußlands Präsident Boris Jelzin, in: Osteuropa, Nr. 6, S. 501-511.

Schneider, Eberhard, (1994a), Die russischen Parlamentswahlen 1993 und die neue Verfassung. Köln (= Berichte des Bundesinstituts für ostwissenschaftliche und internationale Studien, Nr. 15-1994).

Schneider, Eberhard, (1994b), Shirinowskij und seine Partei. Köln (= Berichte des Bundesinstituts für ostwissenschaftliche und internationale Studien, Nr. 35-1994).

Schneider, Eberhard, (1995), Moskaus Entschluß zum Tschetschenien-Krieg, in: Außenpolitik, Nr. 2, S. 155-165. (Englischsprachige Fassung in: Außenpolitik. German Foreign Review, Nr. 2, S. 157-167).

Schneider, Eberhard, (1996a), Die russische Staatsdumawahl 1995. Köln (= Berichte des Bundesinstituts für ostwissenschaftliche und internationale Studien, Nr. 20-1996).

Schneider, Eberhard, (1996b), Die russische Präsidentschaftswahl. Köln (= Berichte des Bundesinstituts für ostwissenschaftliche und internationale Studien, Nr. 50-1996).

Schneider, Eberhard, (1997), Föderalismus in Rußland: Kompetenzabgrenzungsverträge und Gouverneurswahlen. Köln (= Berichte des Bundesinsituts für ostwissenschaftliche und internationale Studien, Nr. 21-1997).

Schneider Eberhard, (2000), Das neue russische Präsidentenwahlgesetz und die Präsidentschaftskandidaten.Köln (=Aktuelle Analysen des BIOst, Nr. 20/2000).

Schubert, G./Tetzlaff, R./Vennewald, W., (1994), Demokratisierung und politischer Wandel. Hamburg.

Schulz-Torge, Ulrich-Joachim (Hrsg.), (1997), Die Gemeinschaft Unabhängiger Staaten. Loseblatt-Sammlung, Band III. Bonn.

Simon, Gerhard, (1996), Gennadij Sjuganow, in: Die politische Meinung, Nr. 318 (Mai), S. 17-23.

Siskin, Sergej, (1992), Selbstverwaltung in Rußland, in: Jahrbuch für Ostrecht, 2. Halbband, S. 293-310.

Sobjanin, A.A./Suchovolskij, V.G., (1995), Demokratija, ograničennaja fal'sifikacijami. [Demokratie, beschnitten durch Fälschungen.] Vvybory i referendumy v Rossii v 1991-1993 gg. [Wahlen und Referenda in Rußland 1991-1993] Moskau.

Sowjetunion, Sommer 1988, (1988), Offene Worte/Gorbatschow, Ligatschow, Jelzin und 4991 Delegierte diskutieren über den richtigen Weg. Sämtliche Beiträge und Reden der 19. Gesamtsowjetischen Konferenz der KPdSU in Moskau. Nördlingen.

Steffani, Winfried, (1996), Parlamentarisch-präsidentielle "Mischsysteme"? Bemerkungen zum Stand der Forschung in der Politikwissenschaft, in: Luchterhand, Otto (Hrsg.), Neue Regierungssysteme in Osteuropa und der GUS. Probleme der Ausbildung stabiler Machtinstitutionen. Berlin, S. 11-62.

Steininger, Andreas, (1997), Der Gerichtsaufbau der Russischen Föderation unter besonderer Berücksichtigung der Wirtschafts- und Schiedsgerichtsbarkeit, in: Osteuropa Recht, Nr. 4, S. 281-304.

Steinsdorff, Sylvia von, (1995), Die Verfassungsgenese der Zweiten Russischen und der Fünften Französischen Republik im Vergleich, in: Zeitschrift für Parlamentsfragen, Nr. 3, S. 486-504.

Stökl, Günther, (1973), Russische Geschichte. Stuttgart.

Teague, Elizabeth, (1994), Russia and Tatarstan Sign Power-sharing Treaty, in: RFE/RL Research Report, Nr. 14, S. 19-27.

Thatcher, Ian D., (1995), Elections in Russian and Early Soviet History, in: Lentini, Peter (ed.), Elections and Political Order in Russia. The

Implications of the 1993 Elections to the Federal Assembly. Budapest/London/New York,. S. 18-22.

Timmermann, Heinz, (1998), Die KP Rußlands – Struktur, Programm, Aktionsmuster. Köln (= Berichte des Bundesinstituts für ostwissenschaftliche und internationale Studien, Nr. 9-1998).

Topornin, B.N., u.a. (Red.), (1994), Konstitucija Rossijskoj Federacii. Kommentarij. [Verfassung der Russischen Föderation. Kommentar]. Moskau.

Traut, Johannes Ch. (Hrsg.), (1994), Verfassungsentwürfe der Russischen Föderation. Baden-Baden.

Trautmann, Ljuba, (1995), Rußland zwischen Diktatur und Demokratie. Die Krise der Reformpolitik seit 1993. Baden-Baden.

Tschernomyrdin, Wiktor, (1994), Ich glaube an Rußland. Der russische Ministerpräsident beantwortet Fragen aus Deutschland. Berlin.

Tschinarichina, Galina, (1997), Wahlen in den Regionen Rußlands, in: Wostok, Nr. 1, S. 14-18.

Valenzuela, J. Samuel, (1992), Democratic Consolidation in Post-Transitional Settings: Notion, Process, and Facilitating Conditions, in: Mainwaring, Scott/O'Donnel, Guillermo/Valenzuela, J. Samuel (ed.), Issues in Democratic Consolidation. The South American Democracies in Comparative Perspective. Notre Dame, Indiana, S. 57-104.

Westen, Klaus, (1994), Die Verfassung der Russischen Föderation, in: Osteuropa, Nr. 9, S. 809-832.

White, Stephen/Rose, Richard/McAllister, Ian, (1997), How Russia Votes. Chatham, New Jersey.

Wollmann, Hellmut, (1996), Kommunale Selbstverwaltung in Rußland. Zu ihrer Lage im Konfliktfeld konträrer Machtansprüche und Herrschaftsprinzipien, in: Osteuropa, Nr. 7, S. 676-695.

Wyman, Matthew, (1996), Developments in Russian Voting Behaviour: 1993 and 1995 Compared, in: Jorunal of Communist Studies and Transition Politics, Nr. 3, S. 279.

Zjuganov, Gennadij, (1994), Deržava [Großmacht]. Moskau.

Zjuganov, Gennadij, (1995a), Za gorizontom [Hinter dem Horizont]. Moskau.

Zjuganov, Gennadij, (1995b), Rossija i sovremmenyj mir [Rußland und die moderne Welt]. Moskau.

Zjuganov, Gennadij, (1996), Rossija – rodina moja [Rußland – meine Heimat]. Ideologija gosudarstvennogo patriotizma [Ideologie des Staatspatriotismus]. Moskau.

Zyuganov, Gennady, (1997), My. Russia. The Political Autobiography. Armonk, N.Y./London.

Žirinovskij, V.V., (1993), Poslednyj brosok na jug [Der letzte Sprung nach Süden]. Moskau.

# Verfassung der Russischen Föderation

Angenommen durch Volksentscheid vom 12. Dezember 1993. Übersetzt
vom Verlag "Wostok" in Berlin.

## INHALT

Wir, das multinationale Volk der Russischen Föderation[1],

*vereint durch das gemeinsame Schicksal auf unserem Boden, die
Rechte und Freiheiten des Menschen sowie den zivilen Frieden und
die Eintracht bekräftigend,*

*die historisch gewachsene staatliche Einheit wahrend, von den allgemein
anerkannten Prinzipien der Gleichberechtigung und Selbstbestimmung der Völker ausgehend, das Andenken der Vorfahren ehrend, die*

---

1   Wörtlich übersetzt müßte es "Rußländische Föderation" heißen. Mit dem Wort
"Rußländisch" soll ausgedrückt werden, daß in Rußland mehr Nationen und
Völker leben als nur Russen. Da sich aber dafür die Übersetzung "Russisch"
eingebürgert hat, wird diese verwendet.

*uns die Liebe und die Achtung für das Vaterland, den Glauben an das Gute und die Gerechtigkeit überliefert haben,*

*die souveräne Staatlichkeit Rußlands wiederbelebend und die Unerschütterlichkeit seiner demokratischen Grundlage bekräftigend,*

*in dem Bestreben, das Wohlergehen und Gedeihen Rußlands zu gewährleisten,*

*ausgehend von der Verantwortung für unsere Heimat vor der jetzigen und vor künftigen Generationen uns als Teil der Weltgemeinschaft verstehend,*

geben uns die Verfassung der Russischen Föderation.

# Erster Abschnitt

*Kapitel 1.    Die Grundlagen der Verfassungsordnung*

### Artikel 1

1. Die Russische Föderation – Rußland ist ein demokratischer föderativer Rechtsstaat mit republikanischer Regierungsform.

2. Die Bezeichnungen "Russische Föderation" und "Rußland" sind gleichbedeutend.

### Artikel 2

Der Mensch, seine Rechte und Freiheiten sind die höchsten Werte. Die Anerkennung, die Einhaltung und der Schutz der Rechte und Freiheiten des Menschen und des Bürgers sind Pflicht des Staates.

### Artikel 3

1. Träger der Souveränität und einzige Quelle der Macht in der Russischen Föderation ist ihr multinationales Volk.

2. Das Volk übt seine Macht direkt sowie durch die Organe der Staatsgewalt und die Organe der örtlichen Selbstverwaltung aus.

3. Höchster unmittelbarer Ausdruck der Macht des Volkes sind Referendum und freie Wahlen.

4. Niemand darf in der Russischen Föderation die Macht an sich reißen. Die gewaltsame Machtergreifung oder die rechtswidrige Aneignung von Machtbefugnissen wird durch föderales Gesetz verfolgt.

## Artikel 4

1. Die Souveränität der Russischen Föderation erstreckt sich auf ihr gesamtes Territorium.

2. Die Verfassung der Russischen Föderation und die föderalen Gesetze haben auf dem gesamten Territorium der Russischen Föderation höchsten Rang.

3. Die Russische Föderation gewährleistet die Integrität und die Unverletzlichkeit ihres Territoriums.

## Artikel 5

1. Die Russische Föderation besteht aus Republiken, Regionen, Gebieten, Städten föderalen Ranges, einem autonomen Gebiet und autonomen Bezirken; sie sind gleichberechtigte Subjekte der Russischen Föderation.

2. Eine Republik (Staat) hat eine eigene Verfassung und Gesetzgebung. Regionen, Gebiete, Städte föderalen Ranges, das autonome Gebiet und autonome Bezirke haben ein eigenes Statut und eine eigene Gesetzgebung.

3. Der föderative Aufbau der Russischen Föderation gründet auf ihrer staatlichen Integrität, auf der Einheit des Systems der Staatsgewalt, auf der Abgrenzung der Zuständigkeiten und Vollmachten zwischen den Organen der Staatsgewalt der Russischen Föderation und den Organen der Staatsgewalt der Subjekte der Russischen Föderation sowie auf der Gleichberechtigung und Selbstbestimmung der Völker in der Russischen Föderation.

4. In den wechselseitigen Beziehungen zu den föderalen Organen der Staatsgewalt sind die Subjekte der Russischen Föderation untereinander gleichberechtigt.

## Artikel 6

1. Die Staatsangehörigkeit der Russischen Föderation wird in Übereinstimmung mit dem föderalen Gesetz erworben und beendet; sie ist einheitlich und gleich – unabhängig von den Gründen ihres Erwerbs.

2. Jeder Bürger der Russischen Föderation genießt auf deren Territorium alle Rechte und Freiheiten und hat die gleichen Pflichten, die in der Verfassung der Russischen Föderation vorgesehen sind.

3. Dem Bürger der Russischen Föderation darf seine Staatsangehörigkeit oder sein Recht, sie zu ändern, nicht entzogen werden.

## Artikel 7

1. Die Russische Föderation ist ein sozialer Staat, dessen Politik darauf abzielt, Bedingungen zu schaffen, die ein würdiges Leben und die freie Entwicklung des Menschen gewährleisten.

2. In der Russischen Föderation werden Arbeit und Gesundheit der Menschen geschützt, ein garantierter Mindestarbeitslohn festgelegt, die staatliche Unterstützung von Familie, Mutterschaft, Vaterschaft und Kindheit sowie von körperbehinderten und alten Bürgern gewährleistet, ein System sozialer Dienste entwickelt, staatliche Renten, Beihilfen und andere Garantien des sozialen Schutzes festgelegt.

## Artikel 8

1. In der Russischen Föderation werden die Einheit des Wirtschaftsraums, der freie Verkehr von Waren, Dienstleistungen und Finanzmitteln, die Unterstützung des Wettbewerbs und die Freiheit der wirtschaftlichen Tätigkeit garantiert.

2. In der Russischen Föderation werden privates, staatliches, kommunales Eigentum sowie andere Formen des Eigentums gleichermaßen anerkannt und geschützt.

## Artikel 9

1. Grund und Boden und die anderen Naturressourcen werden in der Russischen Föderation als Grundlage des Lebens und des Wirkens der Völker, die auf dem betreffenden Territorium leben, genutzt und geschützt.

2. Grund und Boden sowie andere Naturressourcen können sich in privatem, staatlichem und kommunalem Eigentum sowie in anderen Formen des Eigentums befinden.

## Artikel 10

Die Staatsgewalt in der Russischen Föderation wird auf der Grundlage der Aufteilung in gesetzgebende, ausführende und rechtsprechende Gewalt ausgeübt. Die Organe der gesetzgebenden, ausführenden und rechtsprechenden Gewalt sind selbständig.

## Artikel 11

1. Die Staatsgewalt in der Russischen Föderation wird vom Präsidenten der Russischen Föderation, der Föderalversammlung (dem Föderationsrat und der Staatsduma), der Regierung der Russischen Föderation und den Gerichten der Russischen Föderation ausgeübt.

2. Die Staatsgewalt in den Subjekten der Russischen Föderation wird von den von ihnen gebildeten Organen der Staatsgewalt ausgeübt.

3. Die Abgrenzung der Zuständigkeiten und Vollmachten zwischen den Organen der Staatsgewalt der Russischen Föderation und den Organen der Staatsgewalt der Subjekte der Russischen Föderation wird durch die vorliegende Verfassung, den Föderationsvertrag und andere Verträge über die Abgrenzung von Zuständigkeiten und Vollmachten vorgenommen.

## Artikel 12

In der Russischen Föderation wird die örtliche Selbstverwaltung anerkannt und garantiert. Die örtliche Selbstverwaltung ist im Rahmen ihrer Vollmachten selbständig. Die Organe der örtlichen Selbstverwaltung gehören nicht zum System der Organe der Staatsgewalt.

## Artikel 13

1. In der Russischen Föderation wird die ideologische Vielfalt anerkannt.

2. Keine Ideologie darf als staatliche oder verbindliche Ideologie festgelegt werden.

3. In der Russischen Föderation werden die politische Vielfalt und das Mehrparteiensystem anerkannt.

4. Die gesellschaftlichen Vereinigungen sind vor dem Gesetz gleich.

5. Verboten sind die Bildung und Tätigkeit gesellschaftlicher Vereinigungen, deren Ziele oder Handlungen auf eine gewaltsame Änderung der Grundlagen der Verfassungsordnung und eine Verletzung der Integrität der Russischen Föderation, eine Untergrabung der Sicherheit des Staates, die Bildung von bewaffneten Formationen, das Entfachen sozialer, rassischer, nationaler und religiöser Zwietracht abzielen.

## Artikel 14

1. Die Russische Föderation ist ein weltlicher Staat. Keine Religion darf als staatliche oder verbindliche Religion festgelegt werden.

2. Die religiösen Vereinigungen sind vom Staat getrennt und vor dem Gesetz gleich.

## Artikel 15

1. Die Verfassung der Russischen Föderation hat höchste Rechtskraft, sie hat unmittelbare Gültigkeit auf dem gesamten Territorium der Russischen Föderation. Gesetze und andere Rechtsakte, die in der Russischen Föderation verabschiedet werden, dürfen der Verfassung der Russischen Föderation nicht widersprechen.

2. Die Organe der Staatsgewalt, die Organe der örtlichen Selbstverwaltung, Amtspersonen, Bürger und ihre Vereinigungen sind verpflichtet, die Verfassung der Russischen Föderation und die Gesetze einzuhalten.

3. Die Gesetze unterliegen der offiziellen Bekanntmachung. Nicht veröffentlichte Gesetze werden nicht angewendet. Jegliche normativen Rechtsakte, die die Rechte, Freiheiten und Pflichten des Menschen und des Bürgers berühren, können nicht angewendet werden, wenn sie nicht offiziell zur allgemeinen Kenntnisnahme veröffentlicht wurden.

4. Die allgemein anerkannten Prinzipien und Normen des Völkerrechts und die internationalen Verträge der Russischen Föderation sind Bestandteil ihres Rechtssystems. Wenn durch einen internationalen Vertrag der Russischen Föderation andere Bestimmungen als die vom Gesetz vorgesehenen getroffen sind, werden die Bestimmungen des internationalen Vertrages angewendet.

### Artikel 16

1. Die Bestimmungen des vorliegenden Kapitels der Verfassung bilden die Grundlage der Verfassungsordnung der Russischen Föderation und können ausschließlich nach dem von dieser Verfassung festgelegten Verfahren geändert werden.

2. Keine anderen Bestimmungen der vorliegenden Verfassung dürfen den Grundlagen der Verfassungsordnung der Russischen Föderation widersprechen.

### Kapitel 2.    Die Rechte und Freiheiten des Menschen und des Bürgers

### Artikel 17

1. In der Russischen Föderation werden die Rechte und Freiheiten des Menschen und des Bürgers gemäß den allgemein anerkannten Prinzipien und Normen des Völkerrechts und in Übereinstimmung mit der vorliegenden Verfassung anerkannt und garantiert.

2. Die Grundrechte und Grundfreiheiten des Menschen sind unveräußerlich und stehen jedem Menschen von Geburt an zu.

3. Die Ausübung der Rechte und Freiheiten des Menschen und des Bürgers darf die Rechte und Freiheiten anderer Personen nicht verletzen.

### Artikel 18

Die Rechte und Freiheiten des Menschen und des Bürgers gelten unmittelbar. Sie bestimmen den Sinn, den Inhalt und die Anwendung der Gesetze, die Tätigkeit der gesetzgebenden und der ausführenden Gewalt sowie der örtlichen Selbstverwaltung und werden durch die Rechtsprechung gewährleistet.

### Artikel 19

1. Alle Menschen sind vor dem Gesetz und vor Gericht gleich.

2. Der Staat garantiert die Gleichheit der Rechte und Freiheiten des Menschen und des Bürgers unabhängig von Geschlecht, Rasse, Nationalität, Sprache, Herkunft, Vermögenslage und Amtsstellung, Wohnort, religiöser Einstellung, Überzeugungen, Zugehörigkeit zu gesellschaftlichen Vereinigungen oder auch anderen Umständen. Jegliche Formen der Beschränkung der Rechte von Bürgern aus Gründen der sozialen, rassischen, nationalen, sprachlichen oder religiösen Zugehörigkeit sind verboten.

3. Mann und Frau haben die gleichen Rechte und Freiheiten und die gleichen Möglichkeiten, sie zu verwirklichen.

## Artikel 20

1. Jeder hat das Recht auf Leben.

2. Die Todesstrafe kann bis zu ihrer Abschaffung durch föderales Gesetz als Ausnahmemaßnahme zur Ahndung besonders schwerer Verbrechen gegen das Leben verhängt werden, wobei dem Beschuldigten das Recht auf eine Behandlung seines Falles durch ein Gericht unter Mitwirkung von Geschworenen gewährt wird.

## Artikel 21

1. Die Würde der Person wird vom Staat geschützt. Nichts darf als Grund dafür dienen, sie zu schmälern.

2. Niemand darf Folterungen, Gewalt oder einer anderen grausamen oder die Menschenwürde verletzenden Behandlung oder Bestrafung unterworfen werden. Niemand darf ohne seine freiwillige Zustimmung medizinischen, wissenschaftlichen oder anderen Versuchen ausgesetzt werden.

## Artikel 22

1. Jeder hat das Recht auf Freiheit und persönliche Unversehrtheit.

2. Nur aufgrund eines Gerichtsbeschlusses dürfen Personen unter Arrest gestellt sowie in Gewahrsam genommen und gehalten werden. Bis zu einem Gerichtsbeschluß darf eine Person nicht länger als 48 Stunden in Gewahrsam gehalten werden.

## Artikel 23

1. Jeder hat das Recht auf Unverletzlichkeit des Privatlebens, auf das Personen und Familiengeheimnis, auf den Schutz seiner Ehre und seines guten Rufes.

2. Jeder hat das Recht auf das Geheimnis des Schriftverkehrs, von Telefongesprächen, postalischen, telegrafischen und anderen Mitteilungen. Eine Einschränkung dieses Rechts ist nur auf der Grundlage eines Gerichtsbeschlusses zulässig.

## Artikel 24

1. Das Sammeln, die Speicherung, die Verwertung und die Verbreitung von Informationen über das Privatleben einer Person ist ohne ihr Einverständnis nicht zulässig.

2. Die Organe der Staatsgewalt und die Organe der örtlichen Selbstverwaltung sowie ihre Amtsträger sind verpflichtet, jedem die Möglichkeit zu geben, in Dokumente und Materialien Einsicht zu nehmen, die seine Rechte und Freiheiten unmittelbar berühren, soweit vom Gesetz nichts anderes vorgesehen ist.

## Artikel 25

Die Wohnung ist unverletzlich. Niemand hat das Recht, gegen den Willen der dort lebenden Personen in deren Wohnung einzudringen, außer in Fällen, die durch föderales Gesetz festgelegt werden, oder auf der Grundlage eines Gerichtsbeschlusses.

## Artikel 26

1. Jeder hat das Recht, seine nationale Zugehörigkeit zu bestimmen und anzugeben. Niemand darf dazu gezwungen werden, seine nationale Zugehörigkeit zu bestimmen oder anzugeben.

2. Jeder hat das Recht, seine Muttersprache zu gebrauchen und die Umgangssprache, die Sprache der Erziehung, der Ausbildung und der schöpferischen Tätigkeit frei zu wählen.

## Artikel 27

1. Jeder, der sich legal auf dem Territorium der Russischen Föderation aufhält, hat das Recht, sich frei zu bewegen und seinen Aufenthalts- und Wohnort frei zu wählen.

2. Jeder kann ungehindert aus der Russischen Föderation ausreisen. Der Bürger der Russischen Föderation hat das Recht, ungehindert in die Russische Föderation zurückzukehren.

## Artikel 28

Jedem wird Gewissensfreiheit und Glaubensfreiheit garantiert einschließlich des Rechts, sich allein oder gemeinsam mit anderen zu jeglicher Religion oder auch zu keiner Religion zu bekennen, religiöse und andere Überzeugungen frei zu wählen, zu haben und zu verbreiten und in Übereinstimmung mit ihnen zu handeln.

## Artikel 29

1. Jedem wird Gedanken- und Redefreiheit garantiert.

2. Unzulässig sind Propaganda oder Agitation, die soziale, rassische, nationale oder religiöse Feindschaft und Haß hervorrufen. Verboten ist die

Propagierung sozialer, rassischer, nationaler, religiöser oder sprachlicher Überlegenheit.

3. Niemand darf gezwungen werden, seine Meinungen und Überzeugungen zu äußern oder sich von ihnen loszusagen.

4. Jeder hat das Recht, Informationen auf jegliche legale Weise frei zu beschaffen, zu erhalten, weiterzugeben, zu produzieren und zu verbreiten. Das Verzeichnis der Daten, die ein Staatsgeheimnis darstellen, wird durch föderales Gesetz festgelegt.

5. Die Freiheit der Masseninformation wird garantiert. Zensur ist verboten.

## Artikel 30

1. Jeder hat das Recht auf Vereinigung einschließlich des Rechts, zum Schutz seiner Interessen Gewerkschaften zu gründen. Die Freiheit der Tätigkeit gesellschaftlicher Vereinigungen wird garantiert.

2. Niemand darf gezwungen werden, irgendeiner Vereinigung beizutreten oder ihr Mitglied zu bleiben.

## Artikel 31

Die Bürger der Russischen Föderation haben das Recht, sich friedlich und ohne Waffen zu versammeln sowie Versammlungen, Kundgebungen und Demonstrationen, Umzüge und Streikposten zu organisieren.

## Artikel 32

1. Die Bürger der Russischen Föderation haben das Recht, sich an der Leitung der Staatsangelegenheiten sowohl direkt als auch durch ihre Vertreter zu beteiligen.

2. Die Bürger der Russischen Föderation haben das Recht, die Organe der Staatsgewalt und die Organe der örtlichen Selbstverwaltung zu wählen oder in sie gewählt zu werden sowie am Referendum teilzunehmen.

3. Die Bürger, die vom Gericht entmündigt wurden, sowie Personen, die aufgrund eines Gerichtsurteils in Haftanstalten einsitzen, haben nicht das Recht zu wählen oder gewählt zu werden.

4. Die Bürger der Russischen Föderation haben gleichen Zugang zum Staatsdienst.

5. Die Bürger der Russischen Föderation haben das Recht, sich an der Ausübung der Rechtsprechung zu beteiligen.

## Artikel 33

Die Bürger der Russischen Föderation haben das Recht, sich persönlich an die staatlichen Organe und die Organe der örtlichen Selbstverwaltung zu wenden und individuelle und kollektive Eingaben an sie zu richten.

## Artikel 34

1. Jeder hat das Recht, seine Fähigkeiten und seinen Besitz frei für eine unternehmerische oder eine andere vom Gesetz nicht verbotene wirtschaftliche Tätigkeit zu nutzen.

2. Eine wirtschaftliche Tätigkeit, die auf Monopolisierung und unlauteren Wettbewerb abzielt, ist unzulässig.

## Artikel 35

1. Das Recht auf Privateigentum wird durch das Gesetz geschützt.

2. Jeder hat das Recht, allein oder zusammen mit anderen Personen Besitz als Eigentum zu haben, darüber zu bestimmen, ihn zu nutzen und darüber zu verfügen.

3. Niemandem darf sein Eigentum entzogen werden, es sei denn aufgrund eines Gerichtsbeschlusses. Eine Zwangsenteignung von Eigentum für staatliche Erfordernisse darf nur vorgenommen werden, wenn dafür vorab gleichwertiger Ersatz geleistet wird.

4. Das Erbrecht wird garantiert.

## Artikel 36

1. Bürger und Vereinigungen von Bürgern haben das Recht auf privates Eigentum an Grund und Boden.

2. Der Besitz, die Nutzung und die Verfügung über Grund und Boden und andere Naturressourcen wird von ihren jeweiligen Eigentümern frei ausgeübt, sofern dadurch der Umwelt kein Schaden zugefügt wird sowie die Rechte und legitimen Interessen anderer Personen dadurch nicht beeinträchtigt werden.

3. Die Bedingungen und die Verfahrensordnung für die Nutzung von Grund und Boden werden auf der Grundlage eines föderalen Gesetzes festgelegt.

## Artikel 37

1. Arbeit ist frei. Jeder hat das Recht, frei über seine Arbeitsfähigkeiten zu verfügen und die Art seiner Tätigkeit und seines Berufes frei zu wählen.

2. Zwangsarbeit ist verboten.

3. Jeder hat das Recht auf Arbeit unter Bedingungen, die den Erfordernissen von Sicherheit und Hygiene genügen, sowie auf eine Bezahlung der Arbeit, die ohne irgendeine Form der Diskriminierung erfolgt und nicht unter dem vom föderalen Gesetz festgelegten Mindestlohn liegt, ferner das Recht auf Schutz gegen Arbeitslosigkeit.

4. Das Recht auf individuelle und kollektive Arbeitskonflikte unter Anwendung der im föderalen Gesetz festgelegten Lösungsverfahren einschließlich des Streikrechts wird anerkannt.

5. Jeder hat das Recht auf Erholung. Jedem nach einem Arbeitsvertrag Beschäftigten werden die Arbeitszeit, die freien Tage und Feiertage sowie der bezahlte Jahresurlaub, wie sie im föderalen Gesetz festgeschrieben sind, garantiert.

### Artikel 38

1. Mutterschaft und Kindheit sowie die Familie stehen unter dem Schutz des Staates.

2. Die Sorge um die Kinder und ihre Erziehung sind gleiches Recht und gleiche Verpflichtung der Eltern.

3. Erwerbsfähige Kinder, die das 18. Lebensjahr vollendet haben, müssen für nicht erwerbsfähige Eltern sorgen.

### Artikel 39

1. Jedem wird für das Alter, im Fall von Krankheit, Invalidität und Verlust des Ernährers, für die Erziehung der Kinder sowie in anderen vom Gesetz festgelegten Fällen die soziale Absicherung garantiert.

2. Staatliche Renten und Sozialleistungen werden gesetzlich geregelt.

3. Die freiwillige Sozialversicherung sowie die Schaffung zusätzlicher Formen von sozialer Absicherung und Wohltätigkeit werden gefördert.

### Artikel 40

1. Jeder hat ein Recht auf Wohnraum. Niemandem darf willkürlich der Wohnraum entzogen werden.

2. Die Organe der Staatsgewalt und die Organe der örtlichen Selbstverwaltung fördern den Wohnungsbau und schaffen die Bedingungen für die Verwirklichung des Rechts auf Wohnraum.

3. Bedürftigen und anderen im Gesetz genannten Bürgern, die Wohnraum benötigen, wird dieser kostenlos oder zu einem erschwinglichen Preis aus Staats-, Gemeinde- oder anderen Wohnraumbeständen in Übereinstimmung mit den im Gesetz festgelegten Normen bereitgestellt.

### Artikel 41

1. Jeder hat das Recht auf Gesundheitsschutz und medizinische Hilfe. Medizinische Hilfe wird den Bürgern in staatlichen und kommunalen Einrichtungen des Gesundheitswesens unentgeltlich zu Lasten entsprechender Haushaltsmittel, Versicherungsbeiträge und anderer Einnahmen geleistet.

2. In der Russischen Föderation werden föderale Programme zum Schutz und zur Verbesserung der Gesundheit der Bevölkerung finanziert, Maßnahmen ergriffen, um das staatliche, das kommunale und das private Gesundheitssystem zu entwickeln, und Anreize für Tätigkeiten gegeben, die zur Verbesserung der Gesundheit eines jeden, zur Entwicklung der Körperkultur und des Sports sowie zur ökologischen und hygienisch-epidemiologischen Wohlfahrt beitragen.

3. Wenn Amtspersonen Tatsachen oder Umstände verheimlichen, die eine Gefahr für Leben und Gesundheit der Menschen darstellen, tragen sie dafür in Übereinstimmung mit dem föderalen Gesetz die Verantwortung.

## Artikel 42

Jeder hat das Recht auf eine für ihn günstige Umwelt, auf eine wahrheitsgetreue Information über den Zustand der Umwelt und auf Ausgleich für den Schaden, der seiner Gesundheit oder seinem Besitz durch eine ökologische Rechtsverletzung zugefügt worden ist.

## Artikel 43

1. Jeder hat das Recht auf Bildung.

2. Die allgemeine Zugänglichkeit und Unentgeltlichkeit der Vorschul-, der grundlegenden Allgemein- und der mittleren Berufsbildung in staatlichen oder kommunalen Bildungseinrichtungen und in Betrieben wird garantiert.

3. Jeder hat das Recht, auf Wettbewerbsgrundlage kostenlos eine Hochschulbildung in einer staatlichen oder kommunalen Bildungseinrichtung und in einem Betrieb zu erhalten.

4. Eine grundlegende Allgemeinbildung ist obligatorisch. Die Eltern oder die Personen, die sie ersetzen, stellen sicher, daß die Kinder eine grundlegende Allgemeinbildung erhalten.

5. Die Russische Föderation legt die föderalen staatlichen Bildungsnormen fest und unterstützt verschiedene Formen der Bildung und des Selbstunterrichts.

## Artikel 44

1. Jedem wird die Freiheit literarischer, künstlerischer, wissenschaftlicher, technischer und andersgearteter schöpferischer Tätigkeiten sowie die Freiheit der Lehre garantiert. Das geistige Eigentum wird vom Gesetz geschützt.

2. Jeder hat das Recht auf Teilnahme am kulturellen Leben, auf Nutzung der kulturellen Einrichtungen und auf Zugang zu kulturellen Werten.

3. Jeder ist verpflichtet, für die Erhaltung des historischen und kulturellen Erbes Sorge zu tragen und Geschichts und Kulturdenkmäler zu bewahren.

## Artikel 45

1. Der staatliche Schutz der Rechte und Freiheiten des Menschen und des Bürgers in der Russischen Föderation wird garantiert.

2. Jeder hat das Recht, seine Rechte und Freiheiten mit allen Mitteln zu verteidigen, die nicht vom Gesetz verboten sind.

## Artikel 46

1. Jedem wird gerichtlicher Schutz seiner Rechte und Freiheiten garantiert.

2. Die Beschlüsse und Handlungen (oder die Untätigkeit) von Organen der Staatsmacht, von Organen der örtlichen Selbstverwaltung, von gesellschaftlichen Vereinigungen und von Amtspersonen können vor Gericht angefochten werden.

3. Jeder hat das Recht, sich in Übereinstimmung mit den internationalen Verträgen der Russischen Föderation an die zwischenstaatlichen Organe für den Schutz der Rechte und Freiheiten des Menschen zu wenden, wenn alle bestehenden innerstaatlichen Mittel des Rechtsschutzes ausgeschöpft sind.

## Artikel 47

1. Niemandem darf das Recht entzogen werden, daß seine Angelegenheit von dem Gericht und dem Richter untersucht wird, deren gerichtlicher Zuständigkeit sie durch das Gesetz zugeteilt ist.

2. Wer einer Straftat beschuldigt wird, hat das Recht, daß seine Angelegenheit in den vom föderalen Gesetz vorgesehenen Fällen von einem Gericht unter Beteiligung von Geschworenen verhandelt wird.

## Artikel 48

1. Jedem wird das Recht garantiert, qualifizierten juristischen Beistand zu erhalten. In den vom Gesetz vorgesehenen Fällen wird der juristische Beistand kostenlos erteilt.

2. Jeder Festgenommene, Inhaftierte oder einer Straftat Beschuldigte hat das Recht, die Hilfe eines Anwalts (Verteidigers) in Anspruch zu nehmen und zwar von dem Moment an, wo er festgenommen, inhaftiert oder beschuldigt wird.

## Artikel 49

1. Jeder einer Straftat Beschuldigte gilt so lange als unschuldig, bis seine Schuld nach dem vom föderalen Gesetz vorgesehenen Verfahren bewiesen und in einem rechtskräftigen Gerichtsurteil festgestellt worden ist.

2. Der Beschuldigte ist nicht verpflichtet, seine Unschuld zu beweisen.

3. Nicht ausräumbare Zweifel an der Schuld einer Person werden zugunsten des Beschuldigten ausgelegt.

## Artikel 50

1. Niemand darf für ein und dieselbe Straftat mehrfach verurteilt werden.

2. Beweismittel, die unter Verstoß gegen föderales Gesetz erlangt wurden, sind bei der Ausübung der Rechtsprechung nicht zugelassen.

3. Jeder für eine Straftat Verurteilte hat das Recht, daß sein Urteil von einem übergeordneten Gericht nach dem vom föderalen Gesetz vorgesehenen Verfahren überprüft wird. Darüber hinaus hat er das Recht, um Begnadigung oder Strafmilderung nachzusuchen.

## Artikel 51

1. Niemand ist verpflichtet, gegen sich selbst, gegen seinen Ehegatten oder gegen nahe Verwandte auszusagen; deren Kreis wird durch ein föderales Gesetz bestimmt.

2. Durch föderales Gesetz können auch andere Fälle festgelegt werden, in denen eine Person von der Pflicht zur Zeugenaussage befreit ist.

## Artikel 52

Die Rechte derjenigen, die Opfer einer Straftat oder eines Falles von Machtmißbrauch geworden sind, werden vom Gesetz geschützt. Der Staat sichert den Betroffenen Zugang zur Gerichtsbarkeit und Entschädigung für den ihnen zugefügten Schaden zu.

## Artikel 53

Jeder hat das Recht auf einen staatlichen Ausgleich für den Schaden, der ihm durch ungesetzliche Handlungen (oder Untätigkeit) von Organen der Staatsgewalt oder ihren Amtspersonen entstanden ist.

## Artikel 54

1. Ein Gesetz, das die Haftbarkeit festlegt oder verschärft, gilt nicht rückwirkend.

2. Niemand kann für eine Tat zur Rechenschaft gezogen werden, die zum Zeitpunkt ihrer Begehung nicht als Rechtsverletzung galt. Wenn nach der Begehung einer Rechtsverletzung die Haftbarkeit für diese Tat aufgehoben oder eingeschränkt wird, wird das neue Gesetz angewendet.

## Artikel 55

1. Die Aufzählung der Grundrechte und -freiheiten in der Verfassung der Russischen Föderation darf nicht als Negierung oder Einschränkung

anderer allgemein anerkannter Rechte und Freiheiten des Menschen und Bürgers ausgelegt werden.

2. In der Russischen Föderation dürfen keine Gesetze erlassen werden, die die Rechte und Freiheiten des Menschen und Bürgers aufheben oder einschränken.

3. Die Rechte und Freiheiten des Menschen und des Bürgers können durch föderales Gesetz nur in dem Maße eingeschränkt werden, wie dies zum Schutz der Grundlagen der Verfassungsordnung, der Moral, der Gesundheit, der Rechte und legitimen Interessen anderer Personen sowie zur Gewährleistung der Verteidigung des Landes und der Sicherheit des Staates notwendig ist.

### Artikel 56

1. Unter den Bedingungen des Ausnahmezustandes können zur Gewährleistung der Sicherheit der Bürger und zum Schutz der Verfassungsordnung in Übereinstimmung mit einem föderalen Verfassungsgesetz einzelne Beschränkungen der Rechte und Freiheiten mit Angabe der Grenzen und der Dauer ihrer Gültigkeit festgelegt werden.

2. Der Ausnahmezustand auf dem gesamten Territorium der Russischen Föderation und in einzelnen Landesteilen kann unter den Umständen und nach dem Verfahren verhängt werden, die in einem föderalen Verfassungsgesetz festgelegt sind.

3. Die Rechte und Freiheiten, die in den Artikeln 20, 21, 23 (Absatz 1), 24, 28, 34 (Absatz 1), 40 (Absatz 1), 46 bis 54 der Verfassung der Russischen Föderation festgelegt sind, unterliegen keiner Einschränkung.

### Artikel 57

Jeder ist verpflichtet, die vom Gesetz festgelegten Steuern und Abgaben zu zahlen. Gesetze, die neue Steuern einführen oder die Lage der Steuerzahler verschlechtern, gelten nicht rückwirkend.

### Artikel 58

Jeder ist verpflichtet, die Natur und die Umwelt zu erhalten und schonend mit den Naturreichtümern umzugehen.

### Artikel 59

1. Der Schutz des Vaterlandes ist die Pflicht und Schuldigkeit des Bürgers der Russischen Föderation.

2. Der Bürger der Russischen Föderation leistet Militärdienst in Übereinstimmung mit dem föderalen Gesetz.

3. Falls die Ableistung des Militärdienstes zu den Überzeugungen oder zum Glaubensbekenntnis eines Bürgers der Russischen Föderation in

Widerspruch steht, hat er das Recht, statt dessen einen zivilen Ersatzdienst zu leisten; dies gilt auch in anderen vom föderalen Gesetz festgelegten Fällen.

## Artikel 60

Der Bürger der Russischen Föderation kann mit 18 Jahren selbständig in vollem Umfang seine Rechte und Pflichten wahrnehmen.

## Artikel 61

1. Ein Bürger der Russischen Föderation darf nicht aus der Russischen Föderation ausgewiesen oder an einen anderen Staat ausgeliefert werden.

2. Die Russische Föderation garantiert ihren Bürgern Schutz und Beistand außerhalb ihrer Grenzen.

## Artikel 62

1. Ein Bürger der Russischen Föderation darf in Übereinstimmung mit dem föderalen Gesetz oder einem internationalen Vertrag der Russischen Föderation die Staatsangehörigkeit eines anderen Staates (doppelte Staatsangehörigkeit) besitzen.

2. Besitzt ein Bürger der Russischen Föderation die Staatsangehörigkeit eines anderen Staates, so bedeutet dies keine Einschränkung seiner Rechte und Freiheiten und befreit ihn auch nicht von den Verpflichtungen, die sich aus der Russischen Staatsangehörigkeit ergeben, wenn nicht durch föderales Gesetz oder einen internationalen Vertrag der Russischen Föderation anderes vorgesehen ist.

3. Ausländische Staatsbürger und Personen ohne Staatsangehörigkeit genießen in der Russischen Föderation in gleichem Maße Rechte und haben in gleichem Maße Pflichten wie die Bürger der Russischen Föderation, außer in Fällen, die vom föderalen Gesetz oder in einem internationalen Vertrag der Russischen Föderation festgelegt sind.

## Artikel 63

1. Die Russische Föderation gewährt ausländischen Staatsbürgern und Personen ohne Staatsangehörigkeit in Übereinstimmung mit den allgemein anerkannten Normen des Völkerrechts politisches Asyl.

2. In der Russischen Föderation dürfen Personen, die aufgrund ihrer politischen Überzeugung oder aufgrund von Handlungen (oder Unterlassungen) verfolgt werden, die in der Russischen Föderation nicht als Straftaten eingestuft werden, nicht an andere Staaten ausgeliefert werden. Die Auslieferung von Personen, die einer Straftat beschuldigt werden, sowie die Übergabe von Verurteilten zur Verbüßung ihrer Strafe in anderen Staaten erfolgt auf der Grundlage des föderalen Gesetzes oder eines internationalen Vertrages der Russischen Föderation.

## Artikel 64

Die Bestimmungen dieses Kapitels stellen die Grundlagen für den Rechtsstatus der Person in der Russischen Föderation dar und können nur nach dem Verfahren geändert werden, das in der vorliegenden Verfassung festgelegt ist.

## Kapitel 3.    Der föderative Aufbau

### Artikel 65

1. Zur Russischen Föderation gehören die Subjekte der Russischen Föderation:

Republik Adygien (Adygien), Republik Altai, Republik Baschkortostan, Republik Burjatien, Republik Dagestan, Inguschische Republik, Kabardino-Balkarische Republik, Republik Kalmykien – Chalmg Tangtsch, Karatschaisch-Tscherkessische Republik, Republik Karelien, Republik Komi, Republik Mari El, Republik Mordwinien, Republik Sacha (Jakutien), Republik Nordossetien, Republik Tatarstan (Tatarstan), Republik Tuwa, Udmurtische Republik, Republik Chakassien, Tschetschenische Republik, Tschuwaschische Republik – Tschawasch Respubliki;

Region Altai, Region Krasnodar, Region Krasnojarsk, Region Primorje, Region Stawropol, Region Chabarowsk;

Gebiet Amur, Gebiet Archangelsk, Gebiet Astrachan, Gebiet Belgorod, Gebiet Brjansk, Gebiet Wladimir, Gebiet Wolgograd, Gebiet Wologda, Gebiet Woronesch, Gebiet Iwanowo, Gebiet Irkutsk, Gebiet Kaliningrad, Gebiet Kaluga, Gebiet Kamtschatka, Gebiet Kemerowo, Gebiet Kirow, Gebiet Kostroma, Gebiet Kurgan, Gebiet Kursk, Gebiet Leningrad, Gebiet Lipezk, Gebiet Magadan, Gebiet Moskau, Gebiet Murmansk, Gebiet Nischni Nowgorod, Gebiet Nowgorod, Gebiet Nowosibirsk, Gebiet Omsk, Gebiet Orenburg, Gebiet Orjol, Gebiet Pensa, Gebiet Perm, Gebiet Pskow, Gebiet Rostow, Gebiet Rjasan, Gebiet Samara, Gebiet Saratow, Gebiet Sachalin, Gebiet Swerdlowsk, Gebiet Smolensk, Gebiet Tambow, Gebiet Twer, Gebiet Tomsk, Gebiet Tula, Gebiet Tjumen, Gebiet Uljanowsk, Gebiet Tscheljabinsk, Gebiet Tschita, Gebiet Jaroslawl;

Moskau, St. Petersburg als Städte föderalen Ranges;

Jüdisches Autonomes Gebiet;

Autonomer Bezirk der Aginer Burjaten, Autonomer Bezirk der Komi-Permjaken, Autonomer Bezirk der Korjaken, Autonomer Bezirk der Nenzen, Taimyrischer (Dolgano-Nenzischer) Autonomer Bezirk, Autonomer Bezirk der Ust-Ordyner Burjaten, Autonomer Bezirk der Chanten und Mansen, Autonomer Bezirk der Tschuktschen, Autonomer Bezirk der Ewenken, Autonomer Bezirk der Jamal-Nenzen.

2. Die Aufnahme in die Russische Föderation und die Bildung eines neuen Subjekts innerhalb der Russischen Föderation erfolgt nach dem Verfahren, das durch föderales Verfassungsgesetz festgelegt ist.

## Artikel 66

1. Der Status einer Republik wird durch die Verfassung der Russischen Föderation und durch die Verfassung der Republik bestimmt.

2. Der Status einer Region, eines Gebiets, einer Stadt föderalen Ranges, eines autonomen Gebiets und eines autonomen Bezirks wird durch die Verfassung der Russischen Föderation und durch das Statut der Region, des Gebiets, der Stadt föderalen Ranges, des autonomen Gebiets und des autonomen Bezirks bestimmt, das von dem gesetzgebenden (Vertretungs-) Organ des betreffenden Subjekts der Russischen Föderation verabschiedet wird.

3. Auf Vorschlag der Gesetzgebungs- und Exekutivorgane eines autonomen Gebiets beziehungsweise eines autonomen Bezirks kann ein föderales Gesetz über das autonome Gebiet beziehungsweise den autonomen Bezirk verabschiedet werden.

4. Die Beziehungen der autonomen Bezirke, die einer Region oder einem Gebiet angehören, können durch ein föderales Gesetz und einen Vertrag zwischen den Organen der Staatsgewalt des autonomen Bezirks beziehungsweise den Organen der Staatsgewalt der Region oder des Gebiets geregelt werden.

5. Der Status eines Subjekts der Russischen Föderation kann im gegenseitigen Einvernehmen der Russischen Föderation und des Subjekts der Russischen Föderation in Übereinstimmung mit einem föderalen Verfassungsgesetz geändert werden.

## Artikel 67

1. Das Territorium der Russischen Föderation umfaßt die Territorien ihrer Subjekte, die Binnengewässer und Seehoheitsgewässer der Russischen Föderation sowie den darüber liegenden Luftraum.

2. Die Russische Föderation besitzt die souveränen Rechte und übt die Rechtshoheit auf dem Festlandsockel und in der ausschließlichen Wirtschaftszone der Russischen Föderation in der Weise aus, die im föderalen Gesetz und in den Normen des Völkerrechts festgelegt ist.

3. Die Grenzen zwischen den Subjekten der Russischen Föderation können in deren gegenseitigem Einvernehmen verändert werden.

## Artikel 68

1. Die Staatssprache der Russischen Föderation ist auf ihrem gesamten Territorium die russische Sprache.

2. Die Republiken haben das Recht, ihre Staatssprachen festzulegen. In den Organen der Staatsgewalt, den Organen der örtlichen Selbstverwaltung und in den staatlichen Einrichtungen der Republiken werden diese neben der Staatssprache der Russischen Föderation verwendet.

3. Die Russische Föderation garantiert allen ihren Völkern das Recht auf Bewahrung der Muttersprache sowie die Schaffung von Bedingungen für deren Erlernen und deren Entwicklung.

### Artikel 69

Die Russische Föderation garantiert die Rechte der kleinen Urvölker in Übereinstimmung mit den allgemein anerkannten Prinzipien und Normen des Völkerrechts und den internationalen Verträgen der Russischen Föderation.

### Artikel 70

1. Die Staatsflagge, das Staatswappen und die Staatshymne der Russischen Föderation, ihre Beschreibung sowie die Ordnung ihrer offiziellen Verwendung werden durch föderales Verfassungsgesetz festgelegt.

2. Hauptstadt der Russischen Föderation ist die Stadt Moskau. Der Status der Hauptstadt wird durch föderales Gesetz festgelegt.

### Artikel 71

In die Zuständigkeit der Russischen Föderation fallen:

a) die Verabschiedung und Änderung der Verfassung der Russischen Föderation und der föderalen Gesetze sowie die Kontrolle ihrer Einhaltung;

b) der föderative Aufbau und das Territorium der Russischen Föderation;

c) die Regelung und der Schutz der Rechte und Freiheiten des Menschen und des Bürgers; die Staatsangehörigkeit in der Russischen Föderation; die Regelung und der Schutz der Rechte der nationalen Minderheiten;

d) die Festlegung des Systems der föderalen Organe der gesetzgebenden, ausführenden und rechtsprechenden Gewalt, der Art und Weise ihrer Organisation und Tätigkeit sowie die Bildung föderaler Organe der Staatsgewalt;

e) das föderale Staatseigentum und seine Verwaltung;

f) die Festlegung der Grundlagen der föderalen Politik sowie föderale Programme auf dem Gebiet der staatlichen, wirtschaftlichen, ökologischen, sozialen, kulturellen und nationalen Entwicklung der Russischen Föderation;    .

g) die Festlegung der rechtlichen Grundlagen eines einheitlichen Marktes; die Regelung des Finanz, Währungs-, Kredit- und Zollwesens, die Geldemission und die Grundlagen der Preispolitik; die föderalen Wirtschaftsdienste einschließlich der föderalen Banken;

h) der föderale Haushalt; die föderalen Steuern und Abgaben; die föderalen Fonds für regionale Entwicklung;

i) die föderalen Energiesysteme, das Kernenergiewesen und spaltbare Materialien; das föderale Transportsystem, die föderalen Verkehrsverbindungen, das föderale Informations- und Fernmeldewesen; die Aktivitäten im Weltraum;

j) die Außenpolitik und die internationalen Beziehungen der Russischen Föderation, die internationalen Verträge der Russischen Föderation; Fragen von Krieg und Frieden;

k) die Außenwirtschaftsbeziehungen der Russischen Föderation;

l) Verteidigung und Sicherheit; Rüstungsproduktion; die Bestimmung des Verfahrens für den Kauf und den Verkauf von Waffen, Munition, Militärtechnik und anderen militärischen Gütern; Produktion von Giftstoffen und Narkotika sowie die Art und Weise ihrer Anwendung;

m) die Bestimmung des Status und der Schutz der Staatsgrenze, der Seehoheitsgewässer, des Luftraums, der Sonderwirtschaftszone und des Festlandsockels der Russischen Föderation;

n) Gerichtsordnung; Staatsanwaltschaft; Straf-, Strafprozeß- und Strafvollzugsgesetzgebung; Amnestie und Begnadigung; Zivil, Zivilprozeß und Schiedsgerichtsprozeßgesetzgebung; rechtliche Regelung des geistigen Eigentums;

o) das föderale Kollisionsrecht;

p) der meteorologische Dienst, Normen, Eichmaße, metrisches System und Zeitrechnung; Geodäsie und Kartographie; die Benennung geographischer Objekte, offizielle Statistik und Buchführung;

q) staatliche Auszeichnungen und Ehrentitel der Russischen Föderation;

r) der föderale Staatsdienst.

## Artikel 72

In die gemeinsame Zuständigkeit der Russischen Föderation und der Subjekte der Russischen Föderation fallen:

a) die Gewährleistung der Übereinstimmung der Verfassungen und Gesetze der Republiken, der Statuten, Gesetze und anderen normativen Rechtsakte der Regionen, der Gebiete, der Städte föderalen

Ranges, des autonomen Gebiets und der autonomen Bezirke mit der Verfassung der Russischen Föderation und den föderalen Gesetzen;

b) der Schutz der Rechte und Freiheiten des Menschen und des Bürgers; der Schutz der Rechte der nationalen Minderheiten; die Gewährleistung von Recht und Ordnung, der Rechtsordnung und der öffentlichen Sicherheit; die Ordnung der Grenzgebiete;

c) Fragen des Besitzes, der Nutzung und der Verfügung über Grund und Boden, Bodenschätze, Wasser und andere Naturressourcen;

d) die Abgrenzung des Staatseigentums;

e) Naturnutzung; Umweltschutz und Gewährleistung ökologischer Sicherheit; besonders schützenswerte Naturterritorien; Schutz der Geschichts- und Kulturdenkmäler;

f) allgemeine Fragen der Erziehung, der Bildung, der Wissenschaft, der Kultur, der Körperkultur und des Sports;

g) Koordinierung von Fragen des Gesundheitswesens; Schutz von Familie, Mutterschaft, Vaterschaft und Kindheit; sozialer Schutz einschließlich sozialer Absicherung;

h) Durchführung von Maßnahmen zur Bekämpfung von Katastrophen, Naturkatastrophen und Epidemien sowie die Beseitigung ihrer Folgen;

i) Festlegung allgemeiner Prinzipien für Besteuerung und Abgaben in der Russischen Föderation;

j) Verwaltungs-, Verwaltungsverfahrens-, Arbeits-, Familien-, Wohnungs-, Boden-, Wasser- und Forstgesetzgebung, Gesetzgebung über die Bodenschätze und über den Umweltschutz;

k) Personal der Justiz und Rechtsschutzorgane; Rechtsanwaltschaft und Notariat;

l) Schutz des angestammten Lebensraums und der traditionellen Lebensform kleiner ethnischer Gemeinschaften;

m) Festlegung allgemeiner Organisationsprinzipien für das System der Organe der Staatsgewalt und der örtlichen Selbstverwaltung;

n) Koordinierung der internationalen und außenwirtschaftlichen Beziehungen der Subjekte der Russischen Föderation und die Erfüllung der internationalen Verträge der Russischen Föderation.

2. Die Bestimmungen dieses Artikels gelten in gleichem Maße für Republiken, Regionen, Gebiete, Städte föderalen Ranges, das autonome Gebiet und autonome Bezirke.

## Artikel 73

Außerhalb der Grenzen der Zuständigkeit der Russischen Föderation und der Befugnisse der Russischen Föderation für gemeinsame Zuständigkeiten der Russischen Föderation und der Subjekte der Russischen Föderation verfügen die Subjekte der Russischen Föderation über die gesamte Fülle der Staatsgewalt.

## Artikel 74

1. Auf dem Territorium der Russischen Föderation ist die Festlegung von Zollgrenzen, Zöllen und Zollgebühren sowie jeglicher anderer Hindernisse für den freien Verkehr von Waren, Dienstleistungen und Finanzmitteln unzulässig.

2. Beschränkungen des Verkehrs von Waren und Dienstleistungen können in Übereinstimmung mit dem föderalen Gesetz eingeführt werden, wenn dies für die Gewährleistung der Sicherheit, des Schutzes des Lebens und der Gesundheit der Menschen sowie der Erhaltung der Natur und der kulturellen Werte notwendig ist.

## Artikel 75

1. Die Geldeinheit in der Russischen Föderation ist der Rubel. Die Geldemission erfolgt ausschließlich durch die Zentralbank der Russischen Föderation. Die Einführung und Emission von anderem Geld ist in der Russischen Föderation unzulässig.

2. Der Schutz und die Gewährleistung der Stabilität des Rubels ist die grundlegende Funktion der Zentralbank der Russischen Föderation, die diese unabhängig von anderen Organen der Staatsgewalt ausübt.

3. Das System der Steuern, die an den föderalen Haushalt abgeführt werden, sowie die allgemeinen Prinzipien der Besteuerung und Abgaben in der Russischen Föderation werden durch föderales Gesetz festgelegt.

4. Staatsanleihen werden in der durch föderales Gesetz bestimmten Art und Weise emittiert und auf freiwilliger Basis gezeichnet.

## Artikel 76

1. Zu Gegenständen der Zuständigkeit der Russischen Föderation werden föderale Verfassungsgesetze und föderale Gesetze verabschiedet, die unmittelbar auf dem gesamten Territorium der Russischen Föderation gelten.

2. Zu Gegenständen der gemeinsamen Zuständigkeit der Russischen Föderation und der Subjekte der Russischen Föderation ergehen föderale Gesetze sowie Gesetze und andere normative Rechtsakte der Subjekte der Russischen Föderation, die in Übereinstimmung mit ersteren verabschiedet werden.

3. Die föderalen Gesetze dürfen föderalen Verfassungsgesetzen nicht widersprechen.

4. Außerhalb der Grenzen der Zuständigkeit der Russischen Föderation und der gemeinsamen Zuständigkeit der Russischen Föderation und der Subjekte der Russischen Föderation treffen die Republiken, die Regionen, die Gebiete, die Städte föderalen Ranges, das autonome Gebiet und die autonomen Bezirke ihre eigenen rechtlichen Regelungen einschließlich der Verabschiedung von Gesetzen und anderen normativen Rechtsakten.

5. Gesetze und andere normative Rechtsakte der Subjekte der Russischen Föderation dürfen den föderalen Gesetzen, die in Übereinstimmung mit Absatz 1 und 2 dieses Artikels verabschiedet wurden, nicht widersprechen. Widersprechen sich ein föderales Gesetz und ein anderer Akt, der in der Russischen Föderation erlassen wurde, so gilt das föderale Gesetz.

6. Widersprechen sich ein föderales Gesetz und ein normativer Rechtsakt eines Subjekts der Russischen Föderation, der in Übereinstimmung mit Absatz 4 dieses Artikels erlassen wurde, so gilt der normative Rechtsakt des Subjekts der Russischen Föderation.

## Artikel 77

1. Das System der Organe der Staatsgewalt der Republiken, der Regionen, der Gebiete, der Städte föderalen Ranges, des autonomen Gebiets und der autonomen Bezirke wird selbständig durch die Subjekte der Russischen Föderation in Übereinstimmung mit den Grundlagen der Verfassungsordnung der Russischen Föderation und den allgemeinen Prinzipien der Organisation der Vertretungsorgane und der ausführenden Organe der Staatsgewalt festgelegt, die durch föderales Gesetz festgelegt sind.

2. Innerhalb der Zuständigkeit und der Vollmachten der Russischen Föderation hinsichtlich der gemeinsamen Zuständigkeiten der Russischen Föderation und der Subjekte der Russischen Föderation bilden die föderalen Organe der ausführenden Gewalt und die Organe der ausführenden Gewalt der Subjekte der Russischen Föderation ein einheitliches System der ausführenden Gewalt in der Russischen Föderation.

## Artikel 78

1. Die föderalen Organe der ausführenden Gewalt können zur Ausübung ihrer Vollmachten eigene territoriale Organe bilden und entsprechende Amtspersonen ernennen.

2. Die föderalen Organe der ausführenden Gewalt können aufgrund einer Übereinkunft mit den Organen der ausführenden Gewalt der Subjekte der Russischen Föderation diesen die Ausübung eines Teils ihrer Vollmachten

übertragen, wenn dies nicht der Verfassung der Russischen Föderation und den föderalen Gesetzen widerspricht.

3. Die Organe der ausführenden Gewalt der Subjekte der Russischen Föderation können aufgrund einer Übereinkunft mit den föderalen Organen der ausführenden Gewalt diesen die Ausübung eines Teils ihrer Vollmachten übertragen.

4. Der Präsident der Russischen Föderation und die Regierung der Russischen Föderation gewährleisten in Übereinstimmung mit der Verfassung der Russischen Föderation die Ausübung der Vollmachten der föderalen Staatsgewalt auf dem gesamten Territorium der Russischen Föderation.

## Artikel 79

Die Russische Föderation kann sich in Übereinstimmung mit internationalen Verträgen an zwischenstaatlichen Vereinigungen beteiligen und ihnen einen Teil ihrer Vollmachten übertragen, wenn dies keine Einschränkungen der Rechte und Freiheiten des Menschen und des Bürgers zur Folge hat und den Grundlagen der Verfassungsordnung der Russischen Föderation nicht widerspricht.

Kapitel 4.   Der Präsident der Russischen Föderation

## Artikel 80

1. Der Präsident der Russischen Föderation ist das Staatsoberhaupt.

2. Der Präsident der Russischen Föderation ist der Garant der Verfassung der Russischen Föderation sowie der Rechte und Freiheiten des Menschen und des Bürgers. Nach dem von der Verfassung der Russischen Föderation festgelegten Verfahren ergreift er Maßnahmen zum Schutz der Souveränität der Russischen Föderation, ihrer Unabhängigkeit und ihrer staatlichen Integrität und gewährleistet das koordinierte Funktionieren und Zusammenwirken der Organe der Staatsgewalt.

3. Der Präsident der Russischen Föderation bestimmt in Übereinstimmung mit der Verfassung der Russischen Föderation und den föderalen Gesetzen die grundlegenden Richtungen der Innen und Außenpolitik des Staates.

4. Der Präsident der Russischen Föderation vertritt als Staatsoberhaupt die Russische Föderation innerhalb des Landes und in den internationalen Beziehungen.

## Artikel 81

1. Der Präsident der Russischen Föderation wird von den Bürgern der Russischen Föderation auf der Grundlage des allgemeinen, gleichen und direkten Wahlrechts in geheimer Abstimmung für vier Jahre gewählt.

2. Zum Präsidenten kann ein Bürger der Russischen Föderation gewählt werden, der nicht jünger als 35 Jahre ist und seit mindestens zehn Jahren ständig in der Russischen Föderation lebt.

3. Ein und dieselbe Person kann das Amt des Präsidenten der Russischen Föderation nicht länger als zwei Amtszeiten nacheinander innehaben.

4. Das Verfahren für die Wahl des Präsidenten der Russischen Föderation wird durch föderales Gesetz bestimmt.

### Artikel 82

1. Bei Amtsantritt leistet der Präsident der Russischen Föderation dem Volk folgenden Eid:

> Ich schwöre, bei der Ausübung der Vollmachten des Präsidenten der Russischen Föderation die Rechte und Freiheiten des Menschen und des Bürgers zu achten und zu schützen, die Verfassung der Russischen Föderation einzuhalten und zu verteidigen, die Souveränität und Unabhängigkeit, die Sicherheit und Integrität des Staates zu verteidigen und dem Volk treu zu dienen.

2. Der Eid wird in feierlichem Rahmen in Anwesenheit der Mitglieder des Föderationsrats, der Abgeordneten der Staatsduma und der Richter des Verfassungsgerichts der Russischen Föderation geleistet.

### Artikel 83

Der Präsident der Russischen Föderation

a) ernennt mit Zustimmung der Staatsduma den Vorsitzenden der Regierung der Russischen Föderation;

b) hat das Recht, bei Sitzungen der Regierung der Russischen Föderation den Vorsitz zu führen;

c) beschließt über den Rücktritt der Regierung der Russischen Föderation;

d) schlägt der Staatsduma einen Kandidaten für die Ernennung zum Vorsitzenden der Zentralbank der Russischen Föderation vor; legt der Staatsduma die Frage der Entlassung des Vorsitzenden der Zentralbank der Russischen Föderation vor;

e) ernennt auf Vorschlag des Vorsitzenden der Regierung der Russischen Föderation die Stellvertretenden Vorsitzenden der Regierung und die föderalen Minister und entläßt sie;

f) schlägt dem Föderationsrat die Kandidaten für die Ernennung zu Richtern des Verfassungsgerichts der Russischen Föderation, des Obersten Gerichts der Russischen Föderation und des Obersten Schiedsgerichts der Russischen Föderation sowie den Kandidaten für das Amt des Generalstaatsanwalts der Russischen Föderation vor; unterbreitet dem

Föderationsrat den Vorschlag über die Entlassung des Generalstaatsanwalts der Russischen Föderation; ernennt die Richter der anderen föderalen Gerichte;

g) bildet und leitet den Sicherheitsrat der Russischen Föderation, dessen Status durch föderales Gesetz festgelegt wird;

h) bestätigt die Militärdoktrin der Russischen Föderation;

i) bildet die Verwaltung des Präsidenten der Russischen Föderation;

j) ernennt und entläßt die bevollmächtigten Vertreter des Präsidenten der Russischen Föderation;

k) ernennt und entläßt das Oberkommando der Streitkräfte der Russischen Föderation;

l) ernennt und beruft ab nach Konsultationen mit den entsprechenden Ausschüssen oder Kommissionen der Kammern der Föderalversammlung die diplomatischen Vertreter der Russischen Föderation in ausländischen Staaten und bei internationalen Organisationen.

## Artikel 84

Der Präsident der Russischen Föderation

a) setzt in Übereinstimmung mit der Verfassung der Russischen Föderation und dem föderalen Gesetz die Wahlen zur Staatsduma an;

b) löst die Staatsduma in den Fällen und nach dem Verfahren auf, die in der Verfassung der Russischen Föderation vorgesehen sind;

c) setzt ein Referendum nach dem Verfahren an, das durch föderales Verfassungsgesetz festgelegt ist;

d) bringt in die Staatsduma Gesetzentwürfe ein;

e) unterzeichnet und veröffentlicht die föderalen Gesetze;

f) wendet sich mit jährlichen Botschaften über die Lage im Land und über die grundlegenden Richtungen in der Innen und Außenpolitik des Staates an die Föderalversammlung.

## Artikel 85

1. Der Präsident der Russischen Föderation kann Schlichtungsverfahren zur Lösung von Unstimmigkeiten zwischen den Organen der Staatsgewalt der Russischen Föderation und den Organen der Staatsgewalt der Subjekte der Russischen Föderation sowie zwischen Organen der Staatsgewalt der Subjekte der Russischen Föderation anwenden. Falls keine einvernehmliche Lösung erreicht wird, kann er die Beilegung des Streits dem entsprechenden Gericht zur Behandlung zuweisen.

2. Der Präsident der Russischen Föderation hat das Recht, die Gültigkeit von Akten der Organe der ausführenden Gewalt der Subjekte der Russischen Föderation auszusetzen, wenn diese Akte der Verfassung der Rus-

sischen Föderation, föderalen Gesetzen oder internationalen Verpflichtungen der Russischen Föderation widersprechen beziehungsweise die Rechte und Freiheiten der Bürger verletzen, bis diese Frage vom zuständigen Gericht entschieden ist.

## Artikel 86

Der Präsident der Russischen Föderation

a) leitet die Außenpolitik der Russischen Föderation;

b) führt Verhandlungen und unterzeichnet die internationalen Verträge der Russischen Föderation;

c) unterzeichnet Ratifikationsurkunden;

d) nimmt die Beglaubigungs- und Abberufungsurkunden der bei ihm akkreditierten diplomatischen Vertreter entgegen.

## Artikel 87

1. Der Präsident der Russischen Föderation ist der Oberste Befehlshaber der Streitkräfte der Russischen Föderation.

2. Im Falle einer Aggression gegen die Russische Föderation oder einer unmittelbar drohenden Aggression verhängt der Präsident der Russischen Föderation auf dem Territorium der Russischen Föderation oder in einzelnen Landesteilen den Kriegszustand und benachrichtigt darüber unverzüglich den Föderationsrat und die Staatsduma.

3. Das Regime des Kriegszustands wird durch föderales Verfassungsgesetz bestimmt.

## Artikel 88

Der Präsident der Russischen Föderation verhängt unter den Umständen und in der Art und Weise, die in einem föderalen Verfassungsgesetz vorgesehen sind, den Ausnahmezustand auf dem Territorium der Russischen Föderation oder in einzelnen Landesteilen und informiert darüber unverzüglich den Föderationsrat und die Staatsduma.

## Artikel 89

Der Präsident der Russischen Föderation

a) entscheidet Fragen der Staatsangehörigkeit der Russischen Föderation und der Gewährung von politischem Asyl;

b) verleiht staatliche Auszeichnungen der Russischen Föderation, verleiht Ehrentitel der Russischen Föderation sowie die höchsten militärischen Ränge und die höchsten Dienstränge;

c) übt das Begnadigungsrecht aus.

## Artikel 90

1. Der Präsident der Russischen Föderation erläßt Dekrete und Anordnungen.

2. Die Dekrete und Anordnungen des Präsidenten der Russische Föderation sind auf dem gesamten Territorium der Russischen Föderation verbindlich auszuführen.

3. Die Dekrete und Anordnungen des Präsidenten der Russischen Föderation dürfen der Verfassung der Russischen Föderation und den föderalen Gesetzen nicht widersprechen.

## Artikel 91

Der Präsident der Russischen Föderation genießt Immunität.

## Artikel 92

1. Der Präsident der Russischen Föderation beginnt mit der Wahrnehmung seiner Vollmachten in dem Augenblick, da er den Eid leistet, und beendet ihre Wahrnehmung mit dem Ende seiner Amtszeit in dem Augenblick, da der neu gewählte Präsident der Russischen Föderation den Eid ablegt.

2. Der Präsident der Russischen Föderation beendet die Wahrnehmung seiner Vollmachten vorzeitig, falls er zurücktritt oder aus Gesundheitsgründen dauerhaft außerstande ist, die ihm obliegenden Vollmachten auszuüben, oder des Amtes enthoben wird. In diesen Fällen müssen die Präsidentschaftswahlen spätestens drei Monate nach dem Zeitpunkt der vorzeitigen Beendigung der Wahrnehmung der Vollmachten stattfinden.

3. In allen Fällen, in denen der Präsident der Russischen Föderation nicht in der Lage ist, seine Pflichten wahrzunehmen, nimmt sie vorübergehend der Vorsitzende der Regierung der Russischen Föderation wahr. Derjenige, der die Pflichten des Präsidenten der Russischen Föderation ausübt, hat nicht das Recht, die Staatsduma aufzulösen, ein Referendum anzuberaumen und Vorlagen über Änderungen und über eine Revision von Bestimmungen der Verfassung der Russischen Föderation einzubringen.

## Artikel 93

1. Der Präsident der Russischen Föderation kann nur dann vom Föderationsrat seines Amtes enthoben werden, wenn die Staatsduma ihn des Hochverrats oder eines anderen schweren Verbrechens anklagt und ein Gutachten des Obersten Gerichts der Russischen Föderation bestätigt, daß die Handlungen des Präsidenten Merkmale eines Verbrechens aufweisen, und ferner ein Gutachten des Verfassungsgerichts der Russischen Föderation bestätigt, daß das vorgeschriebene Verfahren der Anklageerhebung eingehalten wurde.

2. Der Beschluß der Staatsduma über eine Anklageerhebung und der Beschluß des Föderationsrats über eine Amtsenthebung des Präsidenten müssen mit zwei Dritteln der Gesamtstimmenzahl in jeder der Kammern auf Initiative von mindestens einem Drittel der Abgeordneten der Staatsduma und unter Vorlage des Gutachtens einer Sonderkommission, die von der Staatsduma eingesetzt wurde, verabschiedet werden.

3. Der Beschluß des Föderationsrats über die Amtsenthebung des Präsidenten der Russischen Föderation muß spätestens drei Monate, nachdem die Staatsduma gegen den Präsidenten Anklage erhoben hat, gefaßt werden. Wenn innerhalb dieser Frist kein Beschluß des Föderationsrats erfolgt, gilt die Anklage gegen den Präsidenten als abgewiesen.

Kapitel 5.    Die Föderalversammlung

### Artikel 94

Die Föderalversammlung – das Parlament der Russischen Föderation – ist das Vertretungs- und Gesetzgebungsorgan der Russischen Föderation.

### Artikel 95

1. Die Föderalversammlung besteht aus zwei Kammern dem Föderationsrat und der Staatsduma.

2. Dem Föderationsrat gehören je zwei Vertreter aus jedem Subjekt der Russischen Föderation an: je einer aus dem Vertretungs- und aus dem ausführenden Organ der Staatsgewalt.

3. Die Staatsduma besteht aus 450 Abgeordneten.

### Artikel 96

1. Die Staatsduma wird für einen Zeitraum von vier Jahren gewählt.

2. Das Verfahren für die Bildung des Föderationsrats und das Verfahren für die Wahl der Abgeordneten der Staatsduma wird durch föderales Gesetz festgelegt.

### Artikel 97

1. Zum Abgeordneten der Staatsduma kann ein Bürger der Russischen Föderation gewählt werden, der das 21. Lebensjahr vollendet hat und das Recht besitzt, an Wahlen teilzunehmen.

2. Ein und dieselbe Person kann nicht gleichzeitig Mitglied des Föderationsrats und Abgeordneter der Staatsduma sein. Ein Abgeordneter der Staatsduma kann nicht Abgeordneter anderer Vertretungsorgane der Staatsgewalt oder örtlicher Selbstverwaltungsorgane sein.

3. Die Abgeordneten der Staatsduma arbeiten auf hauptberuflicher Grundlage. Die Abgeordneten der Staatsduma dürfen nicht im Staats-

dienst stehen und keiner anderen bezahlten Tätigkeit mit Ausnahme einer unterrichtenden, wissenschaftlichen oder schöpferischen Tätigkeit nachgehen.

## Artikel 98

1. Die Mitglieder des Föderationsrats und die Abgeordneten der Staatsduma genießen während der gesamten Dauer ihrer Vollmachten Immunität. Sie dürfen nicht festgenommen, verhaftet oder einer Durchsuchung unterzogen werden, außer in Fällen einer Festnahme am Tatort eines Verbrechens. Sie dürfen keiner Leibesvisitation unterzogen werden, mit Ausnahme solcher Fälle, in denen dies im föderalen Gesetz zur Gewährleistung der Sicherheit anderer Menschen vorgesehen ist.

2. Über die Frage der Aufhebung der Immunität wird auf Vorschlag des Generalstaatsanwaltes der Russischen Föderation durch die jeweilige Kammer der Föderalversammlung entschieden.

## Artikel 99

1. Die Föderalversammlung ist ein ständig tätiges Organ.

2. Die Staatsduma tritt am dreißigsten Tag nach ihrer Wahl zu ihrer ersten Sitzung zusammen. Der Präsident der Russischen Föderation kann vor diesem Zeitpunkt eine Sitzung der Staatsduma einberufen.

3. Die erste Sitzung der Staatsduma wird vom ältesten Abgeordneten eröffnet.

4. In dem Augenblick, in dem die Staatsduma der neuen Legislaturperiode ihre Arbeit aufnimmt, erlöschen die Vollmachten der Staatsduma der vorherigen Legislaturperiode.

## Artikel 100

1. Föderationsrat und Staatsduma tagen getrennt.

2. Die Sitzungen von Föderationsrat und Staatsduma sind öffentlich. In den von der Geschäftsordnung einer Kammer vorgesehenen Fällen hat sie das Recht, geschlossene Sitzungen abzuhalten.

3. Die Kammern können gemeinsam zusammentreten, um Botschaften des Präsidenten der Russischen Föderation, Botschaften des Verfassungsgerichts der Russischen Föderation oder Reden ausländischer Staatsführer zu hören.

## Artikel 101

1. Der Föderationsrat wählt aus seinen Reihen den Vorsitzenden des Föderationsrats und seine Stellvertreter. Die Staatsduma wählt aus ihren Reihen den Vorsitzenden der Staatsduma und seine Stellvertreter.

2. Der Vorsitzende und die Stellvertreter des Vorsitzenden des Föderationsrats sowie der Vorsitzende und die Stellvertreter des Vorsitzenden der Staatsduma leiten die Sitzungen und sind für die interne Ordnung der jeweiligen Kammer zuständig.

3. Der Föderationsrat und die Staatsduma richten Ausschüsse[2] und Kommissionen ein und führen zu Fragen, die in ihre Zuständigkeit fallen, parlamentarische Anhörungen durch.

4. Jede Kammer verabschiedet eine eigene Geschäftsordnung und entscheidet Fragen ihres internen Arbeitsablaufs.

5. Zur Ausübung der Kontrolle über den Vollzug des Föderationshaushaltes richten der Föderationsrat und die Staatsduma einen Rechnungshof ein, dessen Zusammensetzung und Verfahrensordnung durch föderales Gesetz bestimmt werden.

### Artikel 102

1. In die Zuständigkeit des Föderationsrats fallen

a)  die Bestätigung einer Änderung der Grenzen zwischen Subjekten der Russischen Föderation;

b)  die Bestätigung eines Dekrets des Präsidenten der Russischen Föderation über die Verhängung des Kriegszustands;

c)  die Bestätigung eines Dekrets des Präsidenten der Russischen Föderation über die Verhängung des Ausnahmezustands;

d)  die Entscheidung der Frage, ob ein Einsatz der Streitkräfte der Russischen Föderation außerhalb des Territoriums der Russischen Föderation möglich ist;

e)  die Anberaumung von Wahlen des Präsidenten der Russischen Föderation;

f)  die Amtsenthebung des Präsidenten der Russischen Föderation;

g)  die Ernennung der Richter des Verfassungsgerichts der Russischen Föderation, des Obersten Gerichts der Russischen Föderation und des Obersten Schiedsgerichts der Russischen Föderation;

h)  die Ernennung und die Amtsenthebung des Generalstaatsanwalts der Russischen Föderation;

---

2   Das im russischen Text stehende Wort "komitet" wurde nicht mit "Komitee" übersetzt, sondern entsprechend der Funktionen im russischen parlamentarischen System mit "Ausschuß". Ähnlich wurde auch bei anderen Begriffen verfahren.

i) die Ernennung und die Amtsenthebung des stellvertretenden Vorsitzenden des Rechnungshofs sowie der Hälfte der Mitglieder des Rechnungshofs.

2. Der Föderationsrat verabschiedet Beschlüsse zu den Fragen, für die er nach der Verfassung der Russischen Föderation zuständig ist.

3. Beschlüsse des Föderationsrats werden mit der Mehrheit der Stimmen aller Mitglieder des Föderationsrats gefaßt, sofern die Verfassung der Russischen Föderation kein anderes Verfahren vorsieht.

## Artikel 103

1. In die Zuständigkeit der Staatsduma fallen

a) die Erteilung der Zustimmung an den Präsidenten der Russischen Föderation zur Ernennung des Vorsitzenden der Regierung der Russischen Föderation;

b) die Beschlußfassung über die Frage des Vertrauens in die Regierung der Russischen Föderation;

c) die Ernennung und die Amtsenthebung des Vorsitzenden der Zentralbank der Russischen Föderation;

d) die Ernennung und die Amtsenthebung des Vorsitzenden des Rechnungshofs sowie der Hälfte der Mitglieder des Rechnungshofs;

e) die Ernennung und die Amtsenthebung des Menschenrechtsbeauftragten, der in Übereinstimmung mit einem föderalen Verfassungsgesetz tätig ist;

f) die Verkündung einer Amnestie;

g) die Erhebung einer Anklage gegen den Präsidenten der Russischen Föderation mit dem Ziel seiner Amtsenthebung.

2. Die Staatsduma verabschiedet Beschlüsse zu den Fragen, für die sie nach der Verfassung der Russischen Föderation zuständig ist.

3. Beschlüsse der Staatsduma werden mit der Mehrheit der Stimmen aller Abgeordneten der Staatsduma verabschiedet, sofern die Verfassung der Russischen Föderation kein anderes Verfahren zur Beschlußfassung vorsieht.

## Artikel 104

1. Das Recht der Gesetzgebungsinitiative steht dem Präsidenten der Russischen Föderation, dem Föderationsrat, den Mitgliedern des Föderationsrats, den Abgeordneten der Staatsduma, der Regierung der Russischen Föderation sowie den gesetzgebenden (Vertretungs-) Organen der Subjekte der Russischen Föderation zu. Das Recht der Gesetzgebungsinitiative steht ferner dem Verfassungsgericht der Russischen Föderation, dem

Obersten Gericht der Russischen Föderation und dem Obersten Schiedsgericht der Russischen Föderation in Fragen ihrer Zuständigkeit zu.

2. Gesetzentwürfe werden in die Staatsduma eingebracht.

3. Gesetzentwürfe über die Einführung oder Abschaffung von Steuern, über die Befreiung von Steuerzahlungen, über die Ausgabe von Staatsanleihen und Änderungen der finanziellen Verpflichtungen des Staates sowie andere Gesetzentwürfe, die Ausgaben vorsehen, welche aus dem Föderationshaushalt zu decken sind, können nur eingebracht werden, sofern ein Gutachten der Regierung der Russischen Föderation vorliegt.

### Artikel 105

1. Föderale Gesetze werden von der Staatsduma verabschiedet.

2. Föderale Gesetze werden mit der Mehrheit der Stimmen aller Abgeordneten der Staatsduma verabschiedet, sofern die Verfassung der Russischen Föderation nichts anderes vorsieht.

3. Von der Staatsduma verabschiedete föderale Gesetze werden innerhalb von fünf Tagen zur Behandlung an den Föderationsrat weitergeleitet.

4. Ein föderales Gesetz gilt als vom Föderationsrat gebilligt, wenn mehr als die Hälfte aller Mitglieder dieser Kammer für das betreffende Gesetz gestimmt hat oder wenn es nicht innerhalb von vierzehn Tagen vom Föderationsrat behandelt wurde. Falls ein föderales Gesetz vom Föderationsrat abgelehnt wird, können die Kammern einen Schlichtungsausschuß bilden, um die entstandenen Unstimmigkeiten zu überwinden; anschließend muß das föderale Gesetz erneut von der Staatsduma behandelt werden.

5. Ist die Staatsduma mit dem Beschluß des Föderationsrats nicht einverstanden, gilt das föderale Gesetz als angenommen, wenn bei der erneuten Abstimmung mindestens zwei Drittel aller Abgeordneten der Staatsduma für dieses Gesetz stimmen.

### Artikel 106

Der obligatorischen Behandlung im Föderationsrat unterliegen von der Staatsduma verabschiedete föderale Gesetze zu Fragen:

a) des Föderationshaushaltes;

b) der föderalen Steuern und Abgaben;

c) der Regelung von Finanz-, Währungs-, Kredit- und Zollangelegenheiten sowie der Geldemission;

d) der Ratifizierung und Aufkündigung internationaler Verträge der Russischen Föderation;

e) des Status und des Schutzes der Staatsgrenze der Russischen Föderation;

f) von Krieg und Frieden.

## Artikel 107

1. Ein verabschiedetes föderales Gesetz wird dem Präsidenten der Russischen Föderation innerhalb von fünf Jagen zwecks Unterzeichnung und Verkündung vorgelegt.

2. Der Präsident der Russischen Föderation unterzeichnet und verkündet das föderale Gesetz innerhalb von vierzehn Tagen.

3. Wenn der Präsident der Russischen Föderation ein föderales Gesetz innerhalb von vierzehn Tagen nach dessen Eingang ablehnt, so behandeln es die Staatsduma und der Föderationsrat erneut nach dem in der Verfassung der Russischen Föderation vorgesehenen Verfahren. Wenn das föderale Gesetz bei erneuter Behandlung abermals in der zuvor verabschiedeten Fassung mit einer Mehrheit von mindestens zwei Drittel der Gesamtzahl der Stimmen der Mitglieder des Föderationsrats und der Abgeordneten der Staatsduma gebilligt wird, ist es vom Präsidenten der Russischen Föderation innerhalb von sieben Tagen zu unterzeichnen und zu verkünden.

## Artikel 108

1. Föderale Verfassungsgesetze werden zu den in der Verfassung der Russischen Föderation vorgesehenen Fragen verabschiedet.

2. Ein föderales Verfassungsgesetz gilt als verabschiedet, wenn mit einer Mehrheit von mindestens drei Viertel der Stimmen all Mitglieder des Föderationsrats und mindestens zwei Dritteln der Stimmen aller Abgeordneten der Staatsduma gebilligt wurde. Ein verabschiedetes föderales Verfassungsgesetz ist binnen vierzehn Tagen vom Präsidenten der Russischen Föderation zu unterzeichnen und zu verkünden.

## Artikel 109

1. Die Staatsduma kann vom Präsidenten der Russischen Föderation in den in Artikel 111 und 117 der Verfassung der Russischen Föderation vorgesehenen Fällen aufgelöst werden.

2. Im Falle einer Auflösung der Staatsduma setzt der Präsident der Russischen Föderation den Wahltermin so an, daß die neu gewählte Staatsduma spätestens vier Monate nach der Auflösung zusammentreten kann.

3. Innerhalb eines Jahres nach ihrer Wahl kann die Staatsduma nicht aus den in Artikel 117 der Verfassung der Russischen Föderation vorgesehenen Gründen aufgelöst werden.

4. Von dem Zeitpunkt an, da die Staatsduma Anklage gegen den Präsidenten der Russischen Föderation erhoben hat, kann sie bis zur Verabschiedung des entsprechenden Beschlusses des Föderationsrats nicht aufgelöst werden.

5. Solange auf dem gesamten Territorium der Russischen Föderation der Kriegszustand oder der Ausnahmezustand gilt sowie in den sechs Monaten vor Ablauf der Amtszeit des Präsidenten der Russischen Föderation kann die Staatsduma nicht aufgelöst werden.

Kapitel 6.   Die Regierung der Russischen Föderation

### Artikel 110

1. Die ausführende Gewalt der Russischen Föderation wird von der Regierung der Russischen Föderation ausgeübt.

2. Die Regierung der Russischen Föderation besteht aus dem Vorsitzenden der Regierung der Russischen Föderation, den Stellvertretern des Vorsitzenden der Regierung und den föderalen Ministern.

### Artikel 111

1. Der Vorsitzende der Regierung der Russischen Föderation wird mit Zustimmung der Staatsduma vom Präsidenten der Russischen Föderation ernannt.

2. Der Kandidatenvorschlag für das Amt des Vorsitzenden der Regierung der Russischen Föderation wird spätestens zwei Wochen nach dem Amtsantritt des neu gewählten Präsidenten der Russischen Föderation oder nach dem Rücktritt der Regierung der Russischen Föderation oder innerhalb einer Woche ab dem Tage, an dem die Staatsduma einen Kandidaten abgelehnt hat, eingebracht.

3. Die Staatsduma erörtert die vom Präsidenten der Russischen Föderation unterbreitete Kandidatur für das Amt des Vorsitzenden der Regierung der Russischen Föderation innerhalb einer Woche nach der Einbringung des Vorschlags für die Kandidatur.

4. Hat die Staatsduma dreimal die vorgeschlagenen Kandidaten für das Amt des Vorsitzenden der Regierung der Russischen Föderation abgelehnt, ernennt der Präsident der Russischen Föderation den Vorsitzenden der Regierung, löst die Staatsduma auf und setzt Neuwahlen an.

### Artikel 112

1. Spätestens eine Woche nach seiner Ernennung legt der Vorsitzende der Regierung der Russischen Föderation dem Präsidenten der Russischen Föderation Vorschläge über die Struktur der föderalen Exekutivorgane vor.

2. Der Vorsitzende der Regierung der Russischen Föderation schlägt dem Präsidenten der Russischen Föderation die Kandidaten für die Ämter der stellvertretenden Vorsitzenden der Regierung der Russischen Föderation und der föderalen Minister vor.

## Artikel 113

Der Vorsitzende der Regierung der Russischen Föderation legt in Übereinstimmung mit der Verfassung der Russischen Föderation, den föderalen Gesetzen und den Dekreten des Präsidenten der Russischen Föderation die Hauptrichtungen der Tätigkeit der Regierung der Russischen Föderation fest und organisiert ihre Arbeit.

## Artikel 114

1. Die Regierung der Russischen Föderation:

a) arbeitet den föderalen Haushalt aus, legt ihn der Staatsduma vor und gewährleistet seinen Vollzug; legt gegenüber der Staatsduma Rechenschaft über den Vollzug des föderalen Haushalts ab;

b) gewährleistet, daß in der Russischen Föderation eine einheitliche Finanz, Kredit und Geldpolitik betrieben wird;

c) gewährleistet, daß in der Russischen Föderation im Bereich von Kultur, Wissenschaft, Bildung, Gesundheitswesen, sozialer Sicherheit und Ökologie eine einheitliche staatliche Politik betrieben wird;

d) nimmt die Verwaltung des föderalen Eigentums wahr;

e) trifft Maßnahmen, um die Verteidigung des Landes und die Sicherheit des Staates zu gewährleisten und die Außenpolitik der Russischen Föderation zu verwirklichen;

f) trifft Maßnahmen, um Recht und Gesetz sowie die Bürgerrechte und -freiheiten zu gewährleisten, das Eigentum zu schützen, die öffentliche Ordnung zu wahren und die Kriminalität zu bekämpfen;

g) nimmt weitere Befugnisse wahr, die ihr durch die Verfassung der Russischen Föderation, föderale Gesetze und Dekrete des Präsidenten der Russischen Föderation übertragen worden sind.

2. Die Verfahrensordnung für die Tätigkeit der Regierung der Russischen Föderation wird durch föderales Verfassungsgesetz bestimmt.

## Artikel 115

1. Auf der Grundlage und in Vollziehung der Verfassung der Russischen Föderation, der föderalen Gesetze und der normativen Dekrete des Präsidenten der Russischen Föderation erläßt die Regierung der Russischen Föderation Bestimmungen und Anordnungen und gewährleistet deren Vollzug.

2. Die Bestimmungen und Anordnungen der Regierung der Russischen Föderation sind verbindlich in der Russischen Föderation auszuführen.

3. Falls Verordnungen und Anordnungen der Regierung der Russischen Föderation im Widerspruch zur Verfassung der Russischen Föderation, zu föderalen Gesetzen oder zu Dekreten des Präsidenten der Russischen

Föderation stehen, können sie vom Präsidenten der Russischen Föderation aufgehoben werden.

## Artikel 116
Vor dem neu gewählten Präsidenten der Russischen Föderation legt die Regierung der Russischen Föderation ihre Vollmachten nieder.

## Artikel 117
1. Die Regierung der Russischen Föderation kann ihren Rücktritt einreichen, der vom Präsidenten der Russischen Föderation angenommen oder abgelehnt wird.

2. Der Präsident der Russischen Föderation kann die Entscheidung über die Entlassung der Regierung der Russischen Föderation treffen.

3. Die Staatsduma kann der Regierung der Russischen Föderation das Mißtrauen aussprechen. Ein Beschluß über das Mißtrauen gegen die Regierung der Russischen Föderation wird mit der Mehrheit der Stimmen aller Abgeordneten der Staatsduma verabschiedet. Hat die Staatsduma der Regierung der Russischen Föderation das Mißtrauen ausgesprochen, ist der Präsident der Russischen Föderation berechtigt, entweder die Entlassung der Regierung der Russischen Föderation zu erklären oder den Beschluß der Staatsduma abzulehnen. Falls die Staatsduma der Regierung der Russischen Föderation innerhalb von drei Monaten erneut das Mißtrauen ausspricht, erklärt der Präsident der Russischen Föderation entweder die Entlassung der Regierung oder er löst die Staatsduma auf.

4. Der Vorsitzende der Regierung der Russischen Föderation kann vor der Staatsduma die Vertrauensfrage für die Regierung der Russischen Föderation stellen. Wenn die Staatsduma das Vertrauen verweigert, beschließt der Präsident innerhalb von sieben Tagen die Entlassung der Regierung der Russischen Föderation oder die Auflösung der Staatsduma und die Anberaumung von Neuwahlen.

5. Im Falle des Rücktritts oder der Niederlegung der Vollmachten führt die Regierung der Russischen Föderation im Auftrag des Präsidenten der Russischen Föderation die Geschäfte so lange weiter, bis eine neue Regierung der Russischen Föderation gebildet ist.

Kapitel 7.    Die rechtsprechende Gewalt

## Artikel 118
1. Die Rechtsprechung wird in der Russischen Föderation ausschließlich durch Gerichte ausgeübt.

2. Die rechtsprechende Gewalt wird durch Verfassungs-, Zivil-, Verwaltungs- und Strafgerichtsverfahren ausgeübt.

3. Das Gerichtssystem der Russischen Föderation wird durch die Verfassung der Russischen Föderation und durch föderales Verfassungsgesetz festgelegt. Die Einrichtung von Ausnahmegerichten ist nicht zulässig.

## Artikel 119

Richter können Bürger der Russischen Föderation sein, welche das 25. Lebensjahr erreicht haben, über eine juristische Hochschulausbildung verfügen und eine juristische Berufserfahrung von mindestens fünf Jahren haben. Durch föderales Gesetz können zusätzliche Anforderungen an die Richter der Gerichte der Russischen Föderation festgelegt werden.

## Artikel 120

1. Die Richter sind unabhängig und unterstehen nur der Verfassung der Russischen Föderation und dem föderalen Gesetz.

2. Wenn ein Gericht bei der Behandlung eines Falles festgestellt hat, daß ein Akt eines staatlichen oder anderen Organs nicht im Einklang mit dem Gesetz steht, faßt es einen Beschluß im Einklang mit dem Gesetz.

## Artikel 121

1. Die Richter sind nicht absetzbar.

2. Die Vollmachten eines Richters können nur aus den im föderalen Gesetz festgelegten Gründen und nach dem dort festgelegten Verfahren aufgehoben oder ausgesetzt werden.

## Artikel 122

1. Die Richter genießen Immunität.

2. Ein Richter kann nur nach dem durch föderales Gesetz bestimmten Verfahren strafrechtlich zur Verantwortung gezogen werden.

## Artikel 123

1. Die Verhandlung der Fälle erfolgt in allen Gerichten öffentlich. In den vom föderalen Gesetz vorgesehenen Fällen ist eine Anhörung in geschlossener Sitzung zulässig.

2. Eine Verhandlung von Strafsachen in Abwesenheit des Angeklagten ist außer in den durch föderales Gesetz vorgesehenen Fällen nicht zulässig.

3. Das Gerichtsverfahren erfolgt auf der Grundlage des Parteienstreits und der Gleichberechtigung der Parteien.

4. In den durch föderales Gesetz vorgesehenen Fällen erfolgt das Gerichtsverfahren unter Mitwirkung von Geschworenen.

## Artikel 124

Die Finanzierung der Gerichte erfolgt ausschließlich aus dem föderalen Haushalt und muß die Möglichkeit einer vollständigen und unabhängigen Ausübung der Rechtsprechung in Übereinstimmung mit dem föderalen Gesetz gewährleisten.

## Artikel 125

1. Das Verfassungsgericht der Russischen Föderation besteht aus neunzehn Richtern.

2. Das Verfassungsgericht der Russischen Föderation entscheidet auf Ersuchen des Präsidenten der Russischen Föderation, des Föderationsrats, der Staatsduma, eines Fünftels der Mitglieder des Föderationsrats beziehungsweise der Abgeordneten der Staatsduma, der Regierung der Russischen Föderation, des Obersten Gerichts der Russischen Föderation und des Obersten Schiedsgerichts der Russischen Föderation, der Organe der gesetzgebenden und der ausführenden Gewalt der Subjekte der Russischen Föderation Fälle zur Frage der Vereinbarkeit der Verfassung der Russischen Föderation mit:

a) föderalen Gesetzen und normativen Akten des Präsidenten der Russischen Föderation, des Föderationsrats, der Staatsduma und der Regierung der Russischen Föderation;

b) Verfassungen der Republiken, Statuten sowie Gesetzen und anderen normativen Akten der Subjekte der Russischen Föderation, die zu Fragen erlassen wurden, welche in die Zuständigkeit der Staatsgewalt der Russischen Föderation oder in die gemeinsame Zuständigkeit der Organe der Staatsgewalt der Russischen Föderation und der Organe der Staatsgewalt der Subjekte der Russischen Föderation fallen;

c) Verträgen zwischen Organen der Staatsgewalt der Russischen Föderation und Organen der Staatsgewalt der Subjekte der Russischen Föderation sowie Verträgen zwischen Organen der Staatsgewalt der Subjekte der Russischen Föderation;

d) nicht in Kraft getretenen internationalen Verträgen der Russischen Föderation.

3. Das Verfassungsgericht der Russischen Föderation entscheidet über Kompetenzstreitigkeiten

a) zwischen föderalen Organen der Staatsgewalt;

b) zwischen Organen der Staatsgewalt der Russischen Föderation und Organen der Staatsgewalt der Subjekte der Russischen Föderation;

c) zwischen den höchsten staatlichen Organen der Subjekte der Russischen Föderation.

4. Das Verfassungsgericht der Russischen Föderation überprüft nach Beschwerden über die Verletzung der verfassungsmäßigen Rechte und Freiheiten der Bürger und nach Ersuchen von Gerichten die Verfassungsmäßigkeit eines Gesetzes, das in dem konkreten Fall angewendet wurde oder anzuwenden ist, nach einem durch föderales Gesetz festgelegten Verfahren.

5. Das Verfassungsgericht der Russischen Föderation legt auf Ersuchen des Präsidenten der Russischen Föderation, des Föderationsrats, der Staatsduma, der Regierung der Russischen Föderation und der Organe der gesetzgebenden Gewalt der Subjekte der Russischen Föderation die Verfassung der Russischen Föderation aus.

6. Akte oder einzelne ihrer Bestimmungen, die für verfassungswidrig erklärt wurden, verlieren ihre Gültigkeit; nicht mit der Verfassung der Russischen Föderation übereinstimmende internationale Verträge der Russischen Föderation dürfen nicht in Kraft gesetzt oder angewendet werden.

7. Das Verfassungsgericht der Russischen Föderation gibt auf Ersuchen des Föderationsrats ein Gutachten darüber ab, ob das festgelegte Verfahren für eine Anklageerhebung gegen den Präsidenten der Russischen Föderation wegen Hochverrats oder eines anderen schweren Verbrechens eingehalten wurde.

## Artikel 126

Das Oberste Gericht der Russischen Föderation ist das höchste Gerichtsorgan in zivilrechtlichen, strafrechtlichen, verwaltungsrechtlichen und sonstigen Fällen, die in die Zuständigkeit der allgemeinen Rechtsprechung fallen. Es übt in den vom föderalen Gesetz vorgesehenen prozessualen Formen die gerichtliche Aufsicht über deren Tätigkeit aus und gibt Erläuterungen zu Fragen der gerichtlichen Praxis ab.

## Artikel 127

Das Oberste Schiedsgericht der Russischen Föderation ist das höchste Gerichtsorgan zur Beilegung von Wirtschaftsstreitigkeiten und anderen Angelegenheiten, die der Prüfung durch die Schiedsgerichte unterliegen. Es übt in den vom föderalen Gesetz vorgesehenen prozessualen Formen die gerichtliche Aufsicht über deren Tätigkeit aus und gibt Erläuterungen zu Fragen der gerichtlichen Praxis ab.

## Artikel 128

1. Die Richter des Verfassungsgerichts der Russischen Föderation, des Obersten Gerichts der Russischen Föderation und des Obersten Schiedsgerichts der Russischen Föderation werden auf Vorschlag des Präsidenten der Russischen Föderation durch den Föderationsrat ernannt.

**2.** Die Richter der anderen föderalen Gerichte werden vom Präsidenten der Russischen Föderation gemäß dem durch föderales Gesetz festgelegten Verfahren ernannt.

**3.** Die Vollmachten sowie das Verfahren für die Bildung und die Tätigkeit des Verfassungsgerichts der Russischen Föderation, des Obersten Gerichts der Russischen Föderation, des Obersten Schiedsgerichts der Russischen Föderation und anderer föderaler Gerichte werden durch föderales Verfassungsgesetz festgelegt.

### Artikel 129

**1.** Die Staatsanwaltschaft der Russischen Föderation bildet ein einheitliches zentralisiertes System, in dem untergeordnete Staatsanwälte übergeordneten Staatsanwälten und dem Generalstaatsanwalt der Russischen Föderation unterstellt sind.

**2.** Der Generalstaatsanwalt der Russischen Föderation wird auf Vorschlag des Präsidenten der Russischen Föderation vom Föderationsrat in sein Amt berufen und aus seinem Amt entlassen.

**3.** Die Staatsanwälte der Subjekte der Russischen Föderation werden im Einvernehmen mit den Subjekten vom Generalstaatsanwalt der Russischen Föderation ernannt.

**4.** Andere Staatsanwälte werden vom Generalstaatsanwalt der Russischen Föderation ernannt.

**5.** Die Vollmachten, die Organisation sowie die Art und Weise der Tätigkeit der Staatsanwaltschaft der Russischen Föderation werden durch föderales Gesetz bestimmt.

Kapitel 8.  Die örtliche Selbstverwaltung

### Artikel 130

**1.** Die örtliche Selbstverwaltung in der Russischen Föderation gewährleistet, daß die Bevölkerung über Fragen von örtlicher Bedeutung entscheidet und das kommunale Eigentum besitzt, nutzt und darüber verfügt.

**2.** Die örtliche Selbstverwaltung wird von den Bürgern mittels Referendum, Wahlen und anderer Formen der unmittelbaren Willensbekundung sowie durch gewählte und sonstige Organe der örtlichen Selbstverwaltung ausgeübt.

### Artikel 131

**1.** Die örtliche Selbstverwaltung wird in städtischen und ländlichen Siedlungen sowie in sonstigen Territorien unter Berücksichtigung historischer und sonstiger örtlicher Traditionen ausgeübt. Die Struktur der örtlichen Selbstverwaltung wird von der Bevölkerung eigenständig bestimmt.

2. Eine Änderung der Grenzen von Territorien, in denen die örtliche Selbstverwaltung ausgeübt wird, ist unter Beachtung der Ansicht der Bevölkerung der betreffenden Territorien zulässig.

## Artikel 132

1. Die Organe der örtlichen Selbstverwaltung verwalten selbständig das kommunale Eigentum, stellen den örtlichen Haushalt auf, bestätigen und vollziehen ihn, legen örtliche Steuern und Abgaben fest, sorgen für den Schutz der öffentlichen Ordnung und regeln sonstige Fragen von örtlicher Bedeutung.

2. Die Organe der örtlichen Selbstverwaltung können per Gesetz mit einzelnen staatlichen Vollmachten ausgestattet werden, wobei ihnen zu deren Wahrnehmung die erforderlichen materiellen und finanziellen Mittel übertragen werden. Die Ausübung der übertragenen Vollmachten steht unter der Kontrolle des Staates.

## Artikel 133

Die örtliche Selbstverwaltung wird in der Russischen Föderation garantiert durch das Recht auf gerichtlichen Schutz und auf Abgeltung zusätzlicher Ausgaben, die durch Beschlüsse von Organen der Staatsgewalt entstanden sind, sowie durch das Verbot einer Einschränkung der durch die Verfassung der Russischen Föderation und durch föderales Gesetz festgelegten Rechte der örtlichen Selbstverwaltung.

Kapitel 9.     Verfassungsänderungen und Revision der Verfassung

## Artikel 134

Vorlagen über Änderungen oder über eine Revision von Bestimmungen der Verfassung der Russischen Föderation können der Präsident der Russischen Föderation, der Föderationsrat, die Staatsduma, die Regierung der Russischen Föderation, die gesetzgebenden (Vertretungs-) Organe der Subjekte der Russischen Föderation sowie eine Gruppe, die mindestens ein Fünftel der Mitglieder des Föderationsrats oder der Abgeordneten der Staatsduma umfaßt, einbringen.

## Artikel 135

1. Die Bestimmungen der Kapitel 1, 2 und 9 der Verfassung der Russischen Föderation können von der Föderalversammlung nicht revidiert werden.

2. Wird eine Vorlage zur Revision von Bestimmungen der Kapitel 1, 2 und 9 der Verfassung der Russischen Föderation mit drei Fünfteln der

Stimmen der Gesamtzahl der Mitglieder des Föderationsrats und der Abgeordneten der Staatsduma unterstützt, so wird in Übereinstimmung mit einem föderalen Verfassungsgesetz eine Verfassungsversammlung einberufen.

3. Die Verfassungsversammlung bekräftigt entweder die Unveränderlichkeit der Verfassung der Russischen Föderation oder sie erarbeitet den Entwurf einer neuen Verfassung der Russischen Föderation, der von der Verfassungsversammlung mit zwei Dritteln der Stimmen aller ihrer Mitglieder angenommen wird oder aber in einem Referendum zur Entscheidung gestellt wird. Wird ein Referendum durchgeführt, so gilt die Verfassung der Russischen Föderation als angenommen, wenn sich mehr als die Hälfte derjenigen Wähler für sie ausgesprochen haben, die an der Abstimmung teilgenommen haben – vorausgesetzt, daß an ihr mehr als die Hälfte der Wähler teilgenommen haben.

### Artikel 136

Änderungen an den Kapiteln 3 bis 8 der Verfassung der Russischen Föderation werden nach dem Verfahren verabschiedet, das für die Verabschiedung eines föderalen Verfassungsgesetzes vorgesehen ist, und treten nach Billigung durch die Gesetzgebungsorgane von mindestens zwei Dritteln der Subjekte der Russischen Föderation in Kraft.

### Artikel 137

1. Änderungen an Artikel 65 der Verfassung der Russischen Föderation, der die Zusammensetzung der Russischen Föderation bestimmt, erfolgen auf der Grundlage eines föderalen Verfassungsgesetzes über die Aufnahme in die Russische Föderation und die Bildung eines neues Subjekts innerhalb der Russischen Föderation beziehungsweise über die Änderung des verfassungsrechtlichen Status eines Subjekts der Russischen Föderation.

2. Ändert eine Republik, eine Region, ein Gebiet, eine Stadt föderalen Ranges, ein autonomes Gebiet oder ein autonomer Bezirk ihren/seinen Namen, so ist der neue Name dieses Subjekts der Russischen Föderation in Artikel 65 der Verfassung der Russischen Föderation aufzunehmen.

## Zweiter Abschnitt

### Schluß- und Übergangsbestimmungen

1. Die Verfassung der Russischen Föderation tritt mit dem Tag in Kraft, an dem sie entsprechend den Ergebnissen der Volksabstimmung offiziell veröffentlicht wird.

Der Tag der Volksabstimmung, der 12. Dezember 1993, gilt als der Tag

der Verabschiedung der Verfassung der Russischen Föderation. Gleichzeitig erlischt die Gültigkeit der am 12. April 1978 verabschiedeten Verfassung (des Grundgesetzes) der Russischen Föderation (Rußlands) mit-
samt den nachfolgend vorgenommenen Änderungen und Ergänzungen.

Falls die Bestimmungen des Föderationsvertrages des Vertrages über die
Abgrenzung der Zuständigkeiten und Vollmachten zwischen den föderal-
len Organen der Staatsgewalt der Russischen Föderation und den Organen der Staatsgewalt der souveränen Republiken innerhalb der Russischen Föderation, des Vertrages über die Abgrenzung der Zuständigkeiten und Vollmachten zwischen den föderalen Organen der Staatsgewalt
der Russischen Föderation und den Organen der Staatsgewalt der Regionen, der Gebiete sowie der Städte Moskau und St. Petersburg der Russischen Föderation, des Vertrages über die Abgrenzung der Zuständigkeiten und Vollmachten der föderalen Organe der Staatsgewalt der Russischen Föderation und den Organen der Staatsgewalt des autonomen
Gebiets und der autonomen Bezirke innerhalb der Russischen Föderation
sowie sonstiger Verträge zwischen den föderalen Organen der Staatsgewalt der Russischen Föderation und Organen der Staatsgewalt der Subjekte der Russischen Föderation sowie der Verträge zwischen den Organen der Staatsgewalt der Subjekte der Russischen Föderation nicht in
Einklang mit Bestimmungen der Verfassung der Russischen Föderation
stehen, gelten die Bestimmungen der Verfassung der Russischen Föderation.

2. Die Gesetze und sonstigen Rechtsakte, die bis zum Inkrafttreten der
vorliegenden Verfassung auf dem Territorium der Russischen Föderation
gegolten haben, werden angewandt, soweit sie der Verfassung der Russischen Föderation nicht widersprechen.

3. Der Präsident der Russischen Föderation, der in Übereinstimmung mit
der Verfassung (dem Grundgesetz) der Russischen Föderation gewählt
worden ist, übt ab dem Tag des Inkrafttretens der vorliegenden Verfassung die darin festgelegten Vollmachten bis zum Ablauf des Zeitraums
aus, für den er gewählt wurde.

4. Der Ministerrat die Regierung der Russischen Föderation übernimmt
mit dem Tag des Inkrafttretens der vorliegenden Verfassung die Rechte,
die Verpflichtungen und die Verantwortung der Regierung der Russischen
Föderation, wie sie in der Verfassung der Russischen Föderation festgelegt sind, und wird fortan als Regierung der Russischen Föderation bezeichnet.

5. Die Gerichte in der Russischen Föderation üben die Rechtsprechung
in Übereinstimmung mit ihren Vollmachten aus, die durch die vorliegende Verfassung festgelegt sind.

Nach Inkrafttreten der Verfassung behalten die Richter aller Gerichte der Russischen Föderation ihre Vollmachten bis zum Ablauf des Zeitraums, für den sie gewählt worden sind. Vakante Stellen werden nach dem in der vorliegenden Verfassung festgesetzten Verfahren besetzt.

6. Bis zum Inkrafttreten des föderalen Gesetzes, das das Verfahren für die Behandlung von Fällen durch ein Gericht mit Beteiligung von Geschworenen festlegt, wird das frühere Verfahren der gerichtlichen Behandlung entsprechender Fälle beibehalten.

Bis die Strafprozeßgesetzgebung der Russischen Föderation mit den Bestimmungen der vorliegenden Verfassung in Einklang gebracht worden ist, bleibt das frühere Verfahren der Verhaftung, Inhaftierung und vorläufigen Festnahme von Personen, die eines Verbrechens verdächtigt werden, in Kraft.

7. Der Föderationsrat der ersten Legislaturperiode und die Staatsduma der ersten Legislaturperiode werden für einen Zeitraum von zwei Jahren gewählt.

8. Der Föderationsrat kommt am dreißigsten Tag nach seiner Wahl zu seiner ersten Sitzung zusammen. Die erste Sitzung des Föderationsrats eröffnet der Präsident der Russischen Föderation.

9. Ein Abgeordneter der Staatsduma der ersten Legislaturperiode kann gleichzeitig Mitglied der Regierung der Russischen Föderation sein. Die Bestimmungen der vorliegenden Verfassung über die parlamentarische Immunität erstrecken sich nicht auf die Abgeordneten der Staatsduma, die zugleich Mitglieder der Regierung der Russischen Föderation sind, sofern es sich um die Haftung für Handlungen (oder Untätigkeit) im Zusammenhang mit der Erfüllung ihrer Dienstpflicht handelt.

Die Mitglieder des Föderationsrats der ersten Legislaturperiode üben ihre Vollmachten auf nicht ständiger Grundlage aus.

Oscar W. Gabriel, Oskar Niedermayer, Richard Stöss (Hrsg.)
**Parteiendemokratie in Deutschland**
1997. 575 S. Br. DM 58,00
ISBN 3-531-13060-9

Dieser Band liefert eine umfassende Bestandsaufnahme der Parteiendemokratie in Deutschland. Er beschäftigt sich auf breiter Grundlage sowohl
mit der strukturellen als auch mit der funktionalen Dimension von Parteiendemokratie, analysiert also auf der einen Seite inner- und zwischenpar-
teiliche Strukturen sowie deren Bestimmungsfaktoren und auf der anderen
Seite die Funktionen der Parteien und deren Erfüllung.

Thomas Ellwein, Everhard Holtmann (Hrsg.)
**50 Jahre Bundesrepublik Deutschland**
Rahmenbedingungen - Entwicklungen - Perspektiven
1999. 665 S. Politische Vierteljahresschrift, Bd. 30/1999. Br. DM 98,00
ISBN 3-531-13182-6

Der Band umfasst mehr als 40 Einzelbeiträge, die, in der Form knapper
wissenschaftlicher Essays, in insgesamt 6 Abschnitten zusammengefasst
werden: Entwicklungsgeschichte der Bundesrepublik und der DDR, Verfassung und Verfassungswandel, Kontinuität und Veränderung der öffentlichen Aufgaben, Die Gebietskörperschaften und ihre Verflechtung, Institutionen und Verfahren der Politik, Akzeptanz und Erneuerung.

Klaus von Beyme
**Die parlamentarische Demokratie**
Entstehung und Funktionsweise 1789 - 1999
3., völlig neubearb. Aufl. 1999. 557 S. mit 40 Tab. Br. DM 118,00
ISBN 3-531-13319-5

In dieser Untersuchung zeichnet von Beyme systematisch die historische
Entwicklung des parlamentarischen Systems seit der französischen Revolution nach. Was im 19. Jahrhundert „Demokratisierung" genannt wird, ist
- so die These des Buches - allenfalls Parlamentarisierung. Die Demokratisierung setzte umfassend erst um 1918 ein und hat schon konsolidierte
parlamentarische Systeme in eine schwere Krise gestürzt. Erst in der zweiten (1945 ff), in der dritten (1970er Jahre in Südeuropa) und in der vierten
Welle der Demokratisierung (1989 ff) in Osteuropa kam es zu einer erneuten Konsolidierung des parlamentarischen Systems.

AUS DEM PROGRAMM

Politikwissenschaft

**www.westdeutschervlg.de**

Erhältlich im Buchhandel oder beim Verlag.
Änderungen vorbehalten. Stand: November 2000.

Abraham-Lincoln-Str.46
65189 Wiesbaden
Tel. 06 11. 78 78 - 285
Fax. 06 11. 78 78 - 400

West
deutscher
Verlag